AF357515

DU MÊME AUTEUR

Tribunes et Tréteaux, esquisses parlementaires. Paris, Ernest Flammarion, éditeur, 1891. Préface d'André DE LORDE.

Charroux à travers l'histoire (En pays civraisien), avec gravures. Moreau, imprimeur, Civray, 1909.

Vieux Souvenirs, notes sur les cimetières de Poitiers. Imprimerie du *Courrier de la Vienne*, 1910, Poitiers.

Les Prisons de Poitiers sous la Terreur. *Bulletin des Antiquaires de l'Ouest* et tiré à part. Poitiers, imprimerie Roy, 1912.

La Terreur à Poitiers, d'après des documents inédits ou peu connus. Préface de FUNCK-BRENTANO, G. Oudin et Cie, éditeurs Paris, 1912.

Ces ouvrages sont épuisés.

MANUSCRIT.

Histoire de Saint-Pierre-d'Exideuil (avec de nombreux dessins à la plume), ouvrage couronné au Concours de monographies, de la Société des agriculteurs de France en 1898.

Tiré à 150 exemplaires numérotés

EXEMPLAIRE N° *95*

ETIENNE SALLIARD

Trois petits Constitutionnels de Province

LES FRÈRES PRESSAC

(DE CIVRAY)

1789-1815

d'après des documents inédits

Préface du Comte Paul DE FLEURY

ANCIEN ÉLÈVE DE L'ÉCOLE DES CHARTES

LAURÉAT DE L'INSTITUT

Avec portrait hors texte

L. CLOUZOT
LIBRAIRIE POITEVINE
A. BOURDEAU, A PARTHENAY
Successeur

1922

Copie de la lettre du Curé de Saint Gaudent, près Civray en Poitou.
écrite à son Confrere.

MON CHER AMI,

Une femme de Sparte avoit cinq fils à l'armée: elle attendoit des nouvelles de la bataille plutôt que de ses chers fils. Un Ilotte arrive, et lui crie: Tes cinq fils ont été tués.... Vil esclave, je te demande des nouvelles de la bataille, et non pas de mes fils. L'Ilotte crie: Ils ont gagné la bataille. Cette mere joyeuse court au temple, et en rend graces aux Dieux, &c.

Je suis persuadé, mon cher ami, que cette citoyenne disoit dans ses prieres.... Grands Dieux! vous m'aviez donné cinq fils que j'aimois plus que ma vie, mais que j'aimois mille fois moins que la patrie; et je crois que toute personne qui hésite de donner sa vie et sa fortune pour elle, est nulle de plein droit, parce qu'on ne doit vivre et mourir que pour cette même patrie.

L'église nous est représentée comme arrachant son sein pour ses enfans. C'est-la notre modele: allons faire notre priere comme la femme de Sparte, et disons: Grand Dieu! vous aviez donné beaucoup de bien à nos confreres; mais comme nous n'en sommes qu'usufruitiers, en bons citoyens nous le remettons avec plaisir à la nation de qui nous le tenons; quoique même ce ne seroit pas ainsi, l'église arrache son sein pour ses enfans, nous devons bien moins craindre et hésiter de nous dépouiller pour la nation. Un bon citoyen ne doit jamais regretter de suivre l'exemple de la femme de Sparte; sur-tout quand il s'agit de sauver et illustrer à jamais la nation, et rendre notre monarque le plus heureux, le plus riche et le plus puissant des rois de la terre — Disons encore: Ce n'est pas un Libera qu'on a chanté pour nous le jour des morts de cette mémorable année 1789; c'est au contraire un Alleluia et un chant d'allégresse, puisqu'en qualité de curés et citoyens, nous devons arracher notre sein pour notre patrie et le meilleur des rois.

J'ai l'honneur d'être, messieurs, votre très humble et très obéissant serviteur.

Ce 10 Nov. 1789.   Signé P...D...I...C....., Curé.

PRÉFACE

A la veille de faire bénéficier le public d'une nouvelle étude sur les périodes révolutionnaire et post-révolutionnaire, M. Salliard me fait l'honneur de me demander pour cet ouvrage quelques pages d'introduction. Il me serait pénible, on le comprend, de ne pas déférer à un désir si aimablement exprimé. Toutefois, je n'y accéderai pas sans faire remarquer qu'en s'adressant à ma plume vieillie et rouillée, M. Salliard n'a peut-être pas été inspiré par la plus pure sagesse.

Lorsqu'on a atteint, à plus forte raison lorsqu'on a dépassé de quelques unités l'octogénariat, on a perdu la vigueur d'esprit qu'exigerait un travail de ce genre.

D'autre part, quoique beaucoup plus âgé que l'auteur, je n'ai pas été, plus que lui, contemporain des événements et des hommes qu'il fait revivre. Mais il a pensé, sans doute, que des conversations entendues autrefois me reviendraient à l'esprit, me permettraient d'ajouter quelque chose à son travail. Il m'a même rappelé que mes ascendants avaient connu les Pressac ; que parfois ils avaient été mêlés à leurs événements de famille ; que Julie de Fleury, Mme Desmiers de Chenon, avait été marraine de l'une des sœurs des trois frères Pressac, et qu'un Pressac avait épousé une de Montfrebœuf, dame de Beauregard, proche parente de notre aïeule.

Malheureusement, des souvenirs personnels, j'en ai bien peu sur ces temps troublés. Ma famille habitait alors la *terre de Beauregard, paroisse d'Asnois, aux confins du Limousin et du Poitou. Le château, qui datait de la seconde moitié du XVIIe siècle, avait été construit par un de Montfrebœuf qui, à la suite de la mort accidentelle de son fils, l'avait quitté pour n'y plus revenir. La terre et le château avaient été apportés aux de Fleury par Marie-Charlotte de Montfrebœuf, mariée, en 1761, à Louis-Charles de Fleury, écuyer, seigneur de Blanzac.*

Il me semble voir encore dans le grenier de la grosse tour des éperons de taille gigantesque et des bottes dignes des contes de Perrault; de même que j'entends encore mon père me raconter que son oncle, chevalier de Saint-Louis, prénommé Jean-Baptiste, s'amusait, à ses jours de joyeuse humeur, à signer : Baptiste, cheval de cinq louis.

M. Salliard met en scène un « M. de Fleury le jeune », qui paraît d'abord devoir être le chevalier, le plus jeune des deux frères, mais qui, en réalité, ne peut être que l'aîné, mon grand-père, qui seul habitait le château de Beauregard. A son retour de l'émigration, en 1801, il avait repris la vie de famille, près de la femme héroïque qui, à force d'énergie et de prudence, avait conservé ce lambeau de fortune. Quant au chevalier, il resta dans l'armée, fut fait capitaine-adjudant de place et commanda, en cette qualité, l'île d'Oléron. Il ne se retira du service qu'en 1830, à l'avènement des d'Orléans.

Le sous-préfet de Civray, Pressac des Planches, lui, ne fit pas de même et il conserva son poste, à la satisfaction de certains, mais à la colère et au scandale des autres, mettant en pratique la recommandation que Bonaparte avait laissée aux serviteurs de l'Empire de garder son lit en se contentant d'en changer les draps.

D'ailleurs, comme tous les gouvernements nouveaux, celui des Bourbons maintint en place une grande partie des fonctionnaires du précédent régime ; ce fut le cas de Des Planches, dont la révocation ne se produisit que plus tard, par la suite même des événements.

Ceci me rappelle une anecdote que j'ai entendu mon père raconter souvent, sans savoir exactement quand ni sur quel terrain la chose se passait.

Le duc d'Angoulême, qui manquait rarement l'occasion de commettre ce qu'en langage familier on appelle « une gaffe », assistait à la manœuvre d'une troupe composée de grognards de l'Empire, commandée par d'anciens émigrés. Affectant des airs connaisseurs, le duc dit à haute voix et comme pour être entendu : « Bons soldats, mais on voit bien que ce sont de pauvres b... d'émigrés qui les commandent. » La réplique ne se fit pas attendre, et ce fut M. de Saint-Abre qui se chargea de la donner. « Corbleu, Monseigneur, riposta-t-il, vous avez bien raison. Les émigrés ne sont que des ganaches, mais ce qu'ils ont appris ils l'ont appris à votre école ! »

Je demande pardon au lecteur de m'être laissé aller à une digression aussi longue et j'ajouterai aussi personnelle. J'ai trouvé l'occasion de faire revivre des souvenirs qui sans cela auraient péri. Cette occasion, c'est M. Salliard qui me l'a donnée, et j'en ai profité. On m'accordera, du moins, que sur un sujet encore brûlant, je n'ai cependant blessé personne, suivant en cela l'exemple que M. Salliard lui-même m'a donné, côtoyant sans accident les écueils qui bordent le chemin qu'il a suivi.

Réussirai je à traduire exactement ici sa manière de voir sur ces trois petits constitutionnels qui échantillonnent si bien, pour une période et un pays déterminés, la vie locale, et sur leurs adversaires qui ne veulent tenir aucun compte de la Révolution ? Louis le Désiré entend être le roi de tous, mais les émigrés de l'armée de Condé s'irritent, se scandalisent même de la part qu'on fait à ceux qui, après avoir souffert de la Révolution pendant quelques mois, en ont *profité pendant des années. Cette politique à la Talleyrand, qui veut ménager des dévouements conditionnels, parce qu'elle est sûre des fidélités anciennes, les blesse profondément, et ils se laissent aller à des intempérances de langage qui, habilement exploitées par leurs adversaires, empêchent le nouveau gouvernement d'obtenir du pays une adhésion unanime et sans réserves.*

Au milieu de ces conflits de personnes et d'idées, le pays flotte incertain et n'arrive pas à se fixer. Beaucoup regrettent Bonaparte qui cependant sont heureux que soit close l'ère des guerres et des réquisitions. N'était la crainte de voir revenir à leurs anciens propriétaires les biens nationaux, qu'un grand nombre d'entre eux ont achetés, et de voir aussi le retour des droits féodaux, le gouvernement du roi Louis aurait leurs préférences et leurs suffrages. Mais les paroles inquiétantes qu'ils entendent les font se réserver encore, et dans quinze ans ils salueront l'avènement de la monarchie de Juillet qui, née de la Révolution, ne leur fait pas redouter le retour à l'ancien régime.

De ce livre, écrit avec une bonne foi et une impartialité que nul ne pourra prendre en défaut, par un auteur qui connaît parfaitement sa province, se dégage cette impression que plus encore que les événements, les idées philosophiques du XVIIIe siècle avaient fait deux Frances qui ne pouvaient arriver à se comprendre. Les uns voyaient la patrie dans le roi qui en était, à leurs yeux, l'incarnation vivante ; les autres la cherchaient surtout dans la constitution et dans la loi ; et lorsqu'ils adhéraient avec un empressement, près d'être scandaleux, aux divers régimes qui se succédaient, ils restaient, au fond d'eux-mêmes, les hommes de 1789 et de ses doctrines.

En écrivant avec le talent qu'on lui connaît, et avec lequel contrasteront ces modestes pages, la préface d'un autre ouvrage de M. Salliard, l'éminent historien M. Funck-

Brentano félicitait celui-ci d'avoir placé ses personnages « dans leur vrai jour, dans la lumière que répandent sur eux leurs actes mêmes ». Nous n'hésitons pas à reconnaître que le nouveau venu n'a point dégénéré et qu'il a droit aux mêmes éloges que son devancier, sûr que nous sommes de voir notre jugement confirmé par les lecteurs.

Poitiers, le 1ᵉʳ juin 1922.

Comte P. DE FLEURY.

Remerciements

Nous tenons à remercier, avec les personnes dont nous citons les noms par ailleurs, et qui ont bien voulu nous aider dans nos recherches : M. Galopaud, notaire honoraire et président de la Société « Les Amis du Pays civraisien », Mme Baraton, de Civray ; la comtesse de Pressac de Lioncel ; M. Rambaud, président de la « Société des Antiquaires de l'Ouest » ; M. Ginot, conservateur de la bibliothèque municipale de Poitiers ; le comte René de la Bastide ; le colonel de Périgord ; M. de la Quintinie ; M. Bobe, de Civray ; M. Traver, avoué à Melle ; Mlle Joyaux ; le chanoine Vigué ; M. Henri Blondet-Desbordes ; M. Dubois, professeur de Droit ; le comte François Le Camus ; M. de la Ménardière ; M. Chauvet ; le vicomte de Cressac, président du Conseil d'administration du « Courrier de la Vienne » ; M. Vallet, directeur de ce journal et de son imprimerie ainsi que ses collaborateurs auxquels nous devons l'impression de ce livre.

Les études du genre de celle ci ne peuvent avoir quelque intérêt et quelque valeur qu'autant qu'elles soient une reconstitution exacte et même scrupuleuse des événements rapportés.

Nous avons conscience de n'avoir noté aucun fait aussi ténu soit-il, sans l'avoir minutieusement contrôlé.

Aux recueils poitevins nous devons les premiers éléments de nos recherches, mais les archives publiques, et plus particulièrement les archives départementales de la Vienne, nous en ont fourni les matériaux les plus importants. Des papiers de famille, des correspondances heureusement conservées, nous ont permis d'animer nos sujets en pénétrant leur intimité. M. le premier président Giraud, M. le conseiller Adolphe Chauveau, Mmes de Belleville et Dousset, Mlle de Pressac, et plus particulièrement Mme Dubrac, de Mazières, descendants des Pressac, qui ont bien voulu nous confier leurs papiers de famille, ont droit au témoignage de notre gratitude.

Nous avouons avoir éprouvé — et nous en devions la confidence au lecteur — de réelles difficultés à parler, sans rien farder et sans rien taire, d'événements causes de tant de discordes entre Français, événements auxquels, par surcroît, se trouvaient mêlées des familles encore représentées parmi nous.

Ces difficultés s'aggravaient de cette circonstance que

1

l'un des nôtres apparaissait au milieu de conjonctures singulièrement délicates.

En évoquant cette mémoire, nous avions à éviter — y
avons-nous réussi? — un double danger : l'un qui, dans un
sentiment de piété filiale, nous eût fait découvrir des beautés
où il y aurait eu des exagérations et confondre le courage
avec la violence; l'autre qui nous aurait porté, dans la
crainte d'excéder la louange, à ne pas assez montrer la
fermeté d'âme et le dévouement du loyaliste et du soldat.

On nous reprochera peut-être aussi de n'avoir pas tu tels
ou tels incidents, tels ou tels scandales. Mais comment l'historien local mériterait-il la confiance de ceux qui le liraient,
et pour lesquels il lui appartient de dégager, à travers les
faits mêlés d'une époque, la psychologie d'un petit pays et
d'une cité, s'il se permettait de taire les événements qui le
gênent? Amicus Plato...

AVANT-PROPOS

LES ORIGINES

BIBLIOTHÈQUE NATIONALE IMPRIMÉS

TROIS FAMILLES PRESSAC. — CELLE DE CIVRAY. — NORBERT PRESSAC DE LA CHAGNAYE. — PRESSAC DES PLANCHES. — THÉODORE PRESSAC. — LE PAYS DE CIVRAY.

On connaissait naguère deux maisons du nom de Pressac.

L'une, puissante et millénaire, issue des ducs de Gascogne, des d'Esclignac et Fezenzac, que ses alliances avec les Latour-Landry, les Gontault, les Durfort, plaçaient au premier plan en notre société féodale (1).

L'autre, moins ancienne et moins importante, que Dom Fonteneau avait qualifié « une des meilleures maisons de la Saintonge dans l'ordre de la noblesse de deuxième classe » et d'où sont sorties les branches de la Chèze, de Lioncel, de la Grelière, du Repaire, du Maravat et des Soudans de Latran (2).

A ces deux familles, les Poitevins en ajoutaient une troisième, de beaucoup moindre envergure, les Pressac de Civray, celle de Norbert Pressac de la Chagnaye, le curé patriote de Saint-Gaudent, de Pressac des Planches, le député à la Législative, et le sous-préfet de Civray, son frère.

(1) et (2) Chérin, vol. 162; Saint-Alais, t. XVI, p. 579; t. XXVI, p. 43; t. LVI, p. 25; *Archives historiques de la Saintonge et de l'Aunis*, p. 45; *Armorial de la noblesse du Périgord*, I, p. 405; *La Noblesse aux Croisades*, P. Rogier. Chartrier de la famille de Pressac-Lioncel.

Les généalogistes avaient bien parlé d'une communauté d'origine possible entre les deux premières maisons : ils n'en avaient pas apporté la preuve.

Des recherches récentes l'ont enfin découverte : la soudure de ce côté est faite.

Nous l'avons personnellement, avec une patience digne d'un résultat meilleur, tentée de l'autre côté en rattachant les Pressac de Civray, *nos* Pressac, à la lignée dont ils paraissaient issus. Nous devons reconnaître que nous n'avons pu démêler complètement l'écheveau d'une généalogie particulièrement touffue.

Notre conviction n'en est pas moins conforme à celle de Mme la comtesse de Pressac de Lioncel à qui on doit les recherches définitives dont il vient d'être question ; à celle aussi d'un descendant des Pressac de Civray, le lieutenant Dousset, chercheur averti et consciencieux ; il doit y avoir identité d'origines entre les deux maisons. En plus d'un point en Basse-Marche, elles se pénètrent, habitent les mêmes paroisses et s'unissent entre elles (1).

Séparés du tronc, probablement à la Révocation de l'Edit de Nantes, *nos* Pressac, dont l'un porte pourtant le titre d'écuyer, ne font plus figure de gentilshommes. Ils paraîtraient même avoir oublié jusqu'à l'ancienneté de leurs origines, si de l'un d'eux nous n'avions recueilli cette confidence : « Je ne suis riche qu'en sentiments d'honneur, zèle et *naissance* (2). »

(1) Barbier Aymé, s^r de Cornac, nommé en 1690 capitaine major de Civray, décédé à Cornac en 1740, avait abjuré le protestantisme dans son bas âge, épousé en premières noces Jeanne Garnier, en secondes noces Marie Dupont, d'où : 1° Anne, mariée à Jean de Pressac, écuyer, seigneur de l'Isle, après avoir obtenu dispense du 4° degré de consanguinité. (Notes du curé de Saint-Gaudent. Papiers communiqués par Me Galopaud, notaire à Civray et président des *Amis du pays civraisien;* 2° Jeanne, mariée à Jean-Félix Faulcon. Les Pressac de l'Isle appartiennent à la branche de Saintonge. Aymé Barbier était le grand-père paternel de nos Pressac (*Dictionnaire des familles du Poitou,* 2e édition, p. 277 et 278. Voir chapitre 1er de cet ouvrage *in fine.*

(2) Lettre de Norbert Pressac au ministre de l'Intérieur, 1er brumaire an XII.

Au surplus, il ne s'agit point ici de dépouiller des chartriers féodaux, de démêler les affinités, encore inextricables, d'une maison d'un essaimage considérable (1). L'histoire des trois frères n'est pas une monographie de famille ; elle ne nous permettrait pas cet à-côté, si intéressant soit-il. Nous avons seulement à considérer nos personnages dans le milieu où nous les avons trouvés, au cours du xviiie siècle, parmi les familles d'échevinage et de judicature civraisiennes, qui s'appelaient Albert, Fradin, Imbert, Vaugelade, Rivaud, Dunoyer, Guyot, Cartier, Jozeau et Bricault, pour n'en citer que quelques-unes (2).

Les frères Pressac sont nés à Civray, où leur existence s'est presque entièrement écoulée. Ils y ont traversé une époque étrangement tourmentée, mêlés, à la fois, à la vie locale et à la vie publique.

Après avoir connu les enthousiasmes de la Révolution, ils en ont éprouvé les plus diverses et les plus cruelles vicissitudes.

En vivant leur vie pendant un demi-siècle, c'est le passé de ces temps révolus que nous allons évoquer dans le cadre de la petite et chère cité avec 89, 93, l'Empire, Louis XVIII, les Cent jours et les premières heures de la deuxième Restauration.

. . . .

Philosophe, théologien, polémiste, philologue, orateur, administrateur, économiste, agriculteur, botaniste, médecin, vétérinaire, Norbert Pressac de la Chagnaye, curé de Saint-Gaudent, disserte avec une égale assurance des connaissances les plus diverses de l'esprit humain.

Il échafaude des constitutions en même temps qu'il élève des mérinos ; il déclame des sermons sur la guerre

(1) Voir les tableaux généalogiques à la fin de cet ouvrage.
(2) *Dictionnaire des Familles du Poitou*, passim.

et écrit des traités sur le raisiné d'Angoumois; il éteint la mendicité et guérit la goutte.

Lui-même il laboure le clos de la Cure, obtient des récompenses des Sociétés d'agriculture, concourt pour les prix décennaux, le premier en France plante un arbre de la Liberté.

Entre temps, il exerce son ministère avec une « houlette pastorale garnie de fleurs et de roses sans épines ». Il enseigne un catholicisme où l'Evangile et la déclaration de 1682 sont mis à jour par *le Contrat social.* Patriote, il est interné par la Révolution. Curé, il se fait interdire sous l'Empire et à peu près destituer sous la Restauration.

Enthousiaste, généreux, chimérique, brouillon tout à la fois, c'est un cerveau « volcanisé »; un mot de lui, qu'affolent les événements et les doctrines nouvelles

Il croit que le monde date d'hier et nous le fait savoir dans un chaos d'idées et de mots dont l'antiquité fait les frais.

Pressac de la Chagnaye est de grande taille, de corpulence moyenne. Le visage est long, osseux, les méplats saillants, le nez fortement aquilin, le front large, l'œil profond (1).

Le curé précurseur exerçait une influence incontestable dans le pays de Civray et plus particulièrement dans les paroisses de Saint-Gaudent, Saint-Macoux et Saint-Saviol, où son souvenir revit encore dans le prénom de Norbert que se transmettent les familles.

. . . .

Jean-Jacques-Louis Pressac des Planches ressemble assez peu à son aîné; il est aussi prudent et discret que Norbert impulsif et bavard.

Il sait ce qu'il veut dire et il le dit clairement, avec

(1) D'après le portrait qui nous est resté de lui et que nous tenons de M. Galopaud.

le minimum de métaphores et de citations héroïques que lui permet le goût de l'époque.

Avocat de toujours, député pendant un an, sous-préfet pendant quatorze, magistrat, il est administrateur et juriste, pas autre chose.

Il a, comme Norbert, mais avec un enthousiasme plus réfléchi, épousé les idées de la Révolution.

Poursuivi, traqué, menacé dans sa vie, emprisonné deux fois en 1793, il se heurte, après la chute de l'Empire, au parti émigré dont la fidélité jalouse s'accommode malaisément des opinions successives des anciens révolutionnaires.

Après s'être rallié à Louis XVIII, le sous-préfet de Civray acclame le retour de l'île d'Elbe. Sa situation devenait impossible, malgré son nouveau ralliement, à la seconde Restauration, quand il fut révoqué de ses fonctions qu'il exerçait depuis l'an VIII.

Constitutionnel avant tout, Pressac des Planches a donc adhéré à tous les gouvernements qui se sont partagé le pouvoir de 1789 à 1815. Il a servi tous les régimes avec un égal respect, sinon un égal attachement.

Cette mobilité d'opinions, qui nous choque tant, est, à y regarder de près, plus apparente que réelle et des Planches resta sous la Restauration l'homme des mêmes principes qu'il avait été sous la Terreur et dès les premiers jours de la Révolution.

Au physique, le personnage, dont le portrait nous manque, mais dont nous avons retrouvé un signalement assez complet, ressemble peu à son aîné.

Il toise cinq pieds quatre pouces et six lignes ; ses cheveux et ses sourcils sont noirs, ainsi que ses yeux ; le nez est gros ; la bouche grande ; le menton fourchu ; le front, comme celui de Norbert, est élevé ; le visage long (1).

_____

(1) Passeport. Papiers de Mazières, communiqués par Mme Dubrac.

C'est une physionomie qui manque évidemment d'élégance et d'harmonie, mais dont le relief est nettement accusé.

.   .   .   .

Le troisième frère s'appelle Théodore Pressac. On l'a dénommé « Doré », l'oncle Doré, nom que lui donnent également certaines pièces officielles qui écrivent Pressac-Doré, ainsi d'ailleurs que plusieurs dictionnaires parlementaires de date récente.

C'est un personnage un peu en marge des autres .. en marge aussi de la société religieuse à laquelle il appartient par ses origines et de la société laïque à laquelle il ne paraît pas s'être jamais complètement assimilé.

Théodore Pressac était prêtre de l'Eglise romaine ; il avait occupé légitimement les fonctions de vicaire de Saint-Nicolas de Civray, avant son élection comme curé intrus de Saint-Saviol.

Vingt ans plus tard, nous le retrouvons procureur impérial dans sa même petite ville. Le collège électoral de l'arrondissement l'envoie par 36 suffrages, sur 119 électeurs inscrits, siéger à la Chambre des représentants des Cent jours.

C'est un subtil, « difficile à prendre sur le vif ». Pendant que Norbert et sa sœur Sophie défendent, au risque de leur propre vie, l'existence et la liberté de leur frère... on cherche Doré sans le trouver.

Le curé de Saint-Gaudent est arrêté ; Théodore passe, lui, à travers les mailles du filet. Il a non seulement la réputation d'être habile, mais celle aussi d'être intelligent, le plus intelligent, peut-être le plus instruit des trois frères.

La seconde Restauration le contraignit à descendre de son siège de procureur impérial de Civray ; en même temps que des Planches, pour lequel il était un frère bien compromettant, abandonnait ses bureaux de la sous-préfecture.

Doré, resté célibataire, vivait entouré d'un certain mystère. Il inspirait à ses concitoyens un sentiment de malaise dont les traditions orales nous ont conservé le souvenir. Son caractère, son passé, pesaient sur lui et cependant on en était arrivé à ne plus bien se rappeler ce passé. Ses contemporains avaient vu, même à Civray, tant de choses et l'éducation religieuse était si rudimentaire alors, qu'ils devaient avoir quelque peine à s'y reconnaître dans cette existence disparate et troublée.

Il mourut à 73 ans, le 6 juin 1833, à onze heures du matin, dans cette vieille maison de famille de la rue Bourbon, qu'on appelait encore la sous-préfecture parce qu'elle avait été la maison du sous-préfet (1).

Il fut inhumé à Civray, dans une tombe voisine de celle de des Planches. A cette date, la paroisse Saint-Nicolas ne mentionne pas le décès de son ancien vicaire. La sépulture religieuse lui fut-elle refusée ?... Le silence des registres est-il une réparation, est-il un oubli ?

Constatons sans interpréter.

La municipalité nous a laissé de Théodore Pressac ce signalement daté de l'an III : « Taille de cinq pieds cinq pouces, cheveux et sourcils noirs, ieux noirs enfoncés, nez écrasé, bouche grande, menton fourchu, front étroit et couvert, visage rond et marqué de petite vérolle » (2).

Le pays de Civray, où nous allons voir s'écouler la vie de nos trois frères, a toujours laissé des impressions pénétrantes à ceux qui, après l'avoir habité, s'en sont éloignés.

Etrangers, intendants, géographes, préfets, vantent volontiers nos rives de la Charente et « le pays fort agréable » « où passe cette belle rivière ».

Non seulement, en effet, ce cours d'eau fertilise les

---

(1) C'est à l'obligeance de Mme Baraton, petite-fille de M. Brothier, maire de Civray sous le premier Empire, et ami de la famille Pressac que nous devons ce renseignement particulier et quelques autres.

(2) Passeport. Papiers de Mazières.

terres et les prairies qu'il traverse, mais il les imprègne encore de grâce et de fraîcheur.

Maupeou d'Albeiges traduit ainsi, à la fin du XVIIe siècle, ses impressions sur notre contrée :

« La ville n'est pas d'une grande étendue, mais elle est bien située, en bon pays, sur le bord de la rivière « la Chèrente » qui est encore en cet endroit trop faible pour la navigation, ce qui fait quantité de bonnes prairies où elle passe ; elle est à 18 lieues de Poitiers du côté du midi vers l'Angoumois et la Saintonge ; les habitants sont paresseux et sont sans commerce. M. le marquis de Dangeau tient par engagement de la couronne le domaine de Civray. Il y a une sénéchaussée, une maréchaussée et un maire perpétuel de nouvelle création, une juridiction des traites foraines et un bureau, une cure de peu de revenus, un couvent de capucins et un de religieuses (1). »

L'intendant de ce pays signale les productions en blés, vins et châtaignes, bestiaux et chevaux.

Dans un mémoire de Colbert de Croissy (2), nous trouvons encore un éloge de Civray, mais suivi d'une appréciation peu flatteuse sur ses officiers de justice « qui sont en réputation d'être peu habiles et peu honnêtes gens ». Nous ne retiendrons rien de cette critique. Elle ne peut atteindre nos Pressac, magistrats des traites foraines, qui n'étaient point en fonctions à cette époque.

Beaucoup plus tard, le préfet Cochon (3), dans sa description générale du département de la Vienne, constatera lui aussi, comme Maupeou, « que la ville est sans commerce » ; mais au lieu d'en attribuer la cause à la

---

(1) La distance de 18 lieues, à laquelle l'intendant situe Poitiers de Civray, est kilométrée conformément aux *Livres de poste* par la grande route Paris-Bordeaux. *Poitiers à Civray*, par Croutelle, Vivonne, les Minières, Couhé, Chaunay, les Maisons-Blanches.

(2) *État du Poitou sous Louis XIV*, par Ch. Colbert de Croissy, publié par Dugast-Matifeu, in-8°, Fontenay, 1865.

(3) *Description générale du département de la Vienne*, Paris, Imprimerie des sourds-muets, an X, in-8.

paresse des habitants, il l'imputera au défaut de débou-
chés, et en particulier à ce que la Charente n'est pas
navigable à Civray.

Toutefois, il faut bien le reconnaître, il parle, lui
aussi, de leur peu d'énergie et de leur esprit de routine,
qui a comme heureux corollaires leur fidélité aux traditions et leur amour du foyer.

Le législateur Félix Faulcon, cousin par sa mère de
nos Pressac, rappellera lui-même plus tard les souvenirs
aimables que son âme poétique avait conservés de ses
séjours à Cornac, dans la paroisse de Saint-Gaudent,
tout près de Civray (1).

(1) Lettre de Félix Faulcon du 6 juin 1833. Papiers de Mazières.

NORBERT PRESSAC DE LA CHAGNAYE

CHAPITRE PREMIER

LES GRANDS-PÈRES. — MŒURS D'AUTREFOIS. — LE BUREAU DES
TRAITES FORAINES. — ALLIANCE AVEC LES BARBIER. — UN
INVENTAIRE. — LES ONZE ENFANTS DE M. DE LA CHAGNAYE.

D'André Pressac, sieur du Ressat, le premier de la famille qui apparaît dans notre contrée, et de Françoise Cartier, son épouse, naquirent trois enfants : 1° François ; 2° Madeleine, morts en 1781 ; 3° Jeanne, mariée à Jean Boisceau, écuyer, sieur de la Borderie.

André Pressac fut inhumé à Savigné le 23 janvier 1729. Sa femme l'avait précédé de trois ans dans la tombe. Son aîné, François Pressac, écuyer seigneur de la Forgerie (1), conseiller du roi, président des traites de Civray, assesseur à la maréchaussée générale du Poitou, épouse en premières noces Jeanne Albert de Bellevue et, trois ans après son veuvage, la cousine germaine de sa première femme, Suzanne Albert de Combourg.

De cette double union avec les filles des deux frères naissent de nombreux enfants : quatre de la première, huit de la seconde. Mme de la Forgerie était décédée en donnant le jour à ce huitième enfant qui

(1) La Forgerie, près de Lessac (Charente).

naquit même après la mort de sa mère « par l'opération caesarienne que fit M⁰ Barbier le chirurgien et qui fut parrain de cet enfant qui fut appelé Caesar et qui vécut trois jours » (1).

Une feuille jaunie, où tout un temps se révèle, nous a conservé la mémoire de cet homme de bien, dans la relation que son fils Louis-François Pressac, le premier qui porta le nom de la Chagnaye (2), nous a laissé de sa mort :

« Le huit janvier mil sept cent quarante trois jour de mercredy, à trois heures du matin Est mort mon cher père françois Pressac de la Forgerie à la suite d'un accident qui luy arriva et luy ota lusage de la parole que jamais il n'a pu avoir depuis, il a souffert dans sa vie plusieurs maux avec une patience admirable et dans ses derniers moments il sembla lutter avec la mort jusqu'à ce qu'il m'eut donné sa Bénédiction que je reçus avec toute la douleur düe à la perte du plus tendre de tous les pères, que Dieu veuille luy accorder sont saint paradis, j'adresse mes prières au ciel tous les jours, pour luy je recommande son âme à tous ceux qui liront cecy Son épouse et lui sont enterrés dans l'église de Civray, de Saint Nicollas. *Requiescat in pace* (3). »

Ces sentiments de vénération et de respect, si peu conformes aux mœurs de notre époque, se retrouvent dans cette famille non seulement de fils à pères,

---

(1) Feuille détachée d'un livre de raison. Papiers de Mazières.

(2) La Chagnaye, près de Benest (Charente).

La métairie de la Chagnée ou Chagnaye, aux termes d'un partage fait en 1742 entre les enfants de Pressac de la Forgerie, n'avait pas été comprise dans les lotissements. « Attendu qu'étant noble et quartomangeable il en revient les deux tiers avec le droit de préciput au sieur de la Chagnée, par droit d'aînesse. » Estimation faite, le tiers, fixé à la somme de 71 livres, avait été attribué au puîné. Archives de Mmes de Belleville et Doussel.

(3) Feuille détachée d'un livre de raison. Papiers de Mazières.

Sur la même feuille, le fils de M. de la Forgerie a noté le décès d'André Bricault et aussi, à la date du 2 août 1751, celui de M. Jozeau, « honnête homme s'il en fut un au monde ».

mais aussi de cadets à aînés, nous en apportons, en témoignage, le document suivant :

« MONSIEUR ET CHER FRÈRE (1),

« Quoy que vous ne m'avez point fait l'honneur l'année dernière de me faire Réponse cela nempesche pas que je sais trop ce que je vous dois pour laisser passer un commancemant d'année, sans avoir l'honneur de vous la souhaiter Bonne et heureuze et l'accomplissement de mes souhaits et de toutes sortes de prospérités et une prolongation d'année et la gloire éternelle à la fin de vos jours aussi bien qu'à ma belle-sœur et tante Jeannette. De plus mon cher frère je vous ay trop d'obligation pour ne point vous le témoignées et vous en demander la continuation laquelle je tâcheroy de mériter mieux que je n'ai fait par le passé en ne vous donnant aucun mécontantement, et en me conservant mon emploi par votre moyen et celui de mon oncle car c'est en vous deux que je   toute mon espérance ; je vous diray que je arrive aujourdhui 30 de ce mois d'un détacheman qui a commancé le 9 du présant je vous laisse à penser le froid et le   que j'ay enduré aussi bien que ceux avec qui je étais, je vous serais bien obligé de faire en sorte de me tirais   car je ne puis plus y rézister soit par la dépense que cela occasionne que par la fatigue.

« Ce sera une obligation que je ne pourray jamais vous reconnaître je tiens mon cher frère En attendant ce plaisir et en me disant avec respect,

Mon cher frère,
Votre très humble et
obéissant serviteur toujours
soumis votre frère
PRESSAC. »

« Au Soupère, le 30 décembre 1747. »

(1) Cette lettre, qui porte le timbre de Pouzauges, émane très probablement de Jean-Alexis Pressac de la Motte, qui fut dans la suite directeur de

Louis-François Pressac de la Chagnaye, le fils aîné de M. de la Forgerie, passa son enfance à Civray. Il étudia la philosophie au collège Sainte-Marthe de Poitiers, avec le père Briquet (1).

Ses titres de droit pris, il entra dans les traites foraines des Charentes dont son père était président, nous l'avons dit, pour le bureau de Civray (2).

On sait peu de choses de cette juridiction fiscale, aujourd'hui bien oubliée, si ce n'est qu'elle avait pour objet de frapper de droits, s'élevant sensiblement au vingtième de leur valeur, certaines marchandises qui s'échangeaient entre la Saintonge et le Poitou par voie de terre et par les rivières de la Charente, la Boutonne, la Seudre et la Gironde et les ports qui en dépendaient.

Les traditions se conservaient alors et les charges se perpétuaient dans les familles. Non seulement le fils continuait le père dans les fonctions qu'il avait exercées, mais il se mariait le plus souvent dans les mêmes milieux.

C'est ainsi que nous voyons Pressac de la Chagnaye, juge royal des traites foraines, épouser Suzanne Barbier, fille de Thomas Barbier, procureur pour les traites.

Les Barbier étaient considérés ; ils occupaient un rang d'une certaine distinction et jouissaient d'une jolie fortune.

Des motifs que nous ignorons, mais dont le principal pourrait bien être le peu d'importance du patrimoine de notre jeune magistrat rendirent le mariage difficile. Il le reconnaît en notant ainsi l'événement :

la Poste aux lettres de Civray, petit-fils, comme son destinataire, de M. de Pressac. Papiers de Mazières.

(1) Cahier de philosophie. Papiers de Mazières. Claude Briquet, recteur du collège Sainte-Marthe de 1744 à 1747.

Les Jésuites à Poitiers (Delfour).

Arch. de la Vienne, D. 193.

(2) Le bureau de Civray fut quelques années plus tard transféré à Ruffec.

« Le quinze février mil sept cent quarante six. jour de mercredy, à trois heures du matin, M. Jacques Marie Magnen, curé de Saint-Nicolas de Civray, a administré le sacrement de mariage à Suzanne Barbier mon Epouze et à moy. Dieu veuille que ce lien qui est le plus cher pour moi ne se rompe qu'après de longues années et qu'une si chère et aimable femme, et que j'ay eu tant de peine à avoir, me soit conservée longtemps. »

Thomas Barbier possédait les métairies de Gesson et de la Chagne, de chez Perrochon et des Laurent les terres de la Maisonneuve et de Cornac, des prés de Charente, des jardins, une quantité de rentes nobles, la maison de Civray et la maison noble de Cornac dont le partáge se fit entre ses cinq enfants (1).

Si nous en jugeons par le mobilier dont est garnie la chambre basse de la maison de Civray, celle où le capitaine de la milice vécut de nombreuses années et mourut, nous devons penser que la vie, à ce foyer, était ennemie du faste et du désordre.

Pas de meubles luxueux, de miroirs de Venise ou de tapisseries de Bergame... Le même appartement sert à la fois de salle et de chambre à coucher. Le lit voisine avec le buffet et le vaisselier sur lequel s'étagent des plats et des pintes d'étain. Aux murs pendent des chaudrons et des poêles ; sur la cheminée huit flambeaux et une lampe. Autour de deux tables dont l'une est recouverte d'un tapis, un fauteuil, un seul et dix-huit chaises. Dans le foyer des chenets, une crémaillère et la traditionnelle boîte à sel où, souvent, assis sur laquelle, l'aïeul à la veillée dut lire *la Vie des saints* ou conter Perrault (2).

De son mariage avec Suzanne Barbier, Louis-François Pressac de la Chagnaye eut cinq fils et six filles (1), et c'est

---

(1) Papiers de Mazières.
(2) Ibid.
(3) 1. Jean-François-Modeste, 14 septembre 1746, vécut peu de temps.
2. Louis-François-Dominique-Norbert, 10 juin 1751.

l'existence de trois d'entre eux, Norbert, Jean Jacques et Théodore que nous nous proposons de retracer.

3. Jean-Jacques-Louis, 28 décembre 1753.
4. Théodore-Jacques, 4 janvier 1755.
5. François-Fabien, 20 janvier 1771.
1. Marie-Modeste, 24 juillet 1748.
2. Suzanne-Louise-Claire-Marguerite, 16 février 1750.
3. Julie-Madeleine, 16 août 1750.
4. Jeanne-Monique, 18 septembre 1760 (baptisée le 3 novembre).
5. Jeanne-Sophie, 11 septembre 1764.
6. Louise-Rose, 10 septembre 1766.
Registres de l'état civil de Savigné et de Civray.

CHAPITRE II

LA NAISSANCE DE L'AÎNÉ. — JEUNESSE DÉLICATE. — VOCATION. — ÉTUDES DE CLÉRICATURE. — UN SCANDALE A POITIERS. — VICAIRE DE MAZIÈRES. — L'ONCLE BARBIER, CURÉ DE MAZIÈRES. — IL COMMENCE A DONNER DES SOINS MÉDICAUX. — IL SE PRÉOCCUPE DES QUESTIONS SOCIALES. — LES DOLÉANCES DE MAZIÈRES.
CURÉ DE SAINT-GAUDENT. — LA BOURGADE. — L'ÉGLISE. — LE PRESBYTÈRE. — INSTALLATION DU CIMETIÈRE. — L'ASSOCIATION DE LA BONNE-MORT. — LE FRÈRE THÉODORE, STIPENDIÉ DE SAINT-NICOLAS DE CIVRAY.

L'aîné, Norbert, vint au monde au printemps de l'année de grâce 1751, le 10 juin, à quatre heures du soir, et fut baptisé le même jour (1).

Mme de la Chagnaye, pour la seconde et dernière fois, était venue faire ses couches sur le territoire de la paroisse de Savigné (2); les neuf autres enfants devaient voir le jour à Civray.

(1) Le 10 du mois de juin 1751 a été baptisé Louis-François-Dominique Norbert, né à quatre heures du soir, fils légitime de Louis-François Pressac de la Chagnaye et de dame Jeanne-Suzanne Barbier, le parrain et la marraine ont été Monsieur Charles Dominique-Albert et damoiselle Marie-Anne Barbier qui ont déclaré savoir signer

Mariane BARBIER, Charles ALBERT,

OGIER, *vicaire de Savigny*.

(2) Probablement à Bellevue, résidence des Albert, peut-être à la Frenicardière, résidence des Carlier.

Le berceau du nouveau-né se trouvait placé dans le cadre de cette nature pastorale qu'il devait tant aimer et où notre imagination se représenterait volontiers les joyeux ébats de son enfance, si nous ne savions qu'alors ses parents le privaient d'exercice et de grand air.

« Des médecins et chirurgiens, nous apprendra-t-il lui-même, me tâtaient le pouls et me faisaient avaler tant de drogues que je suis étonné d'avoir vécu jusqu'à ce jour.

« A douze ans j'étais un nain très bouffi et jaune comme du safran (1). »

Une circonstance heureuse devait amener son père à changer d'hygiène. Un médecin de ses amis étant venu dîner chez lui et lui ayant démontré les dangers que ses soins malentendus faisaient courir à la santé de l'enfant, orviétan et préjugés furent aussitôt abandonnés.

Dès le lendemain, la journée terminée, bien qu'il fût cinq heures du soir, M. de la Chagnaye emmenait Norbert à la chasse, en compagnie de gamins de son âge.

La promenade fut joyeuse et mémorable. Certains souvenirs de l'enfance laissent dans les âmes des empreintes que le temps n'effacera pas ; cinquante ans plus tard, le curé de Saint-Gaudent se rappellera la joie qu'il avait éprouvée en courant, sans contrainte, ramasser les perdreaux et les cailles que son père, adroit chasseur, avait occis ce soir-là.

Norbert attribue même au tressaillement de l'être, qu'il ressentit alors, son goût très vif pour la vie au grand air, en même temps que sa répulsion profonde pour la pharmacopée dont on l'avait saturé jusque-là (2).

M. de la Chagnaye n'était pas riche ; il lui fallait compter avec l'instruction de ses enfants et de bonne heure songer à leur établissement.

(1) *Mon contrepoison ou supplément aux remèdes du curé de Saint-Gaudent*, à Angoulême, à l'imprimerie de Broquisse fils, 1813.
(2) *Mon contrepoison.*

Des traditions de famille l'engagèrent à diriger son aîné vers l'état ecclésiastique et son beau-frère Barbier, archiprêtre de Melle, ne fut sans doute pas étranger à cette détermination.

Des motifs d'intérêt humain devaient pousser également le jeune homme à écouter les suggestions de sa famille. Il nous en a fait l'aveu.

« Mon père était ami d'un bénéficier qui m'avait promis des prieurés et des bénéfices simples. Cette promesse me fit prendre la soutane et le surplis que je n'ai pas quittés, depuis, » ajoute-t-il, comme pour témoigner que sa vocation resta pourtant conforme à la carrière qu'il avait choisie (1).

Les années passent. Le 20 janvier 1771, Norbert signe, comme parrain de son frère François Fabien (2), de son grade ecclésiastique de clerc tonsuré. Au cours de ses études cléricales à Poitiers, il fut témoin d'un scandale qui paraît avoir frappé son esprit et peut-être troublé sa foi.

Les capucins, qui comptaient des prédicateurs éloquents et « suivis dans la ville », furent interdits, l'un d'entre eux, le Père Binet, ayant exposé en chaire des principes contraires à l'orthodoxie (3).

Pamphlets et chansons de tour sans doute un peu libre coururent la ville. On prit parti pour les capucins et « aussitôt que l'interdit fut levé, le cuisinier déclara que jamais les tables du réfectoire n'avaient été si remplies de provisions et à toute force il demandait une seconde excommunication », rapportera Norbert avec irrévérence, et peut-être aussi quelque exagération, quand il sera frappé lui-même des censures de son Ordinaire.

Un peu plus tard, nous le retrouvons donnant la bénédiction nuptiale à son frère Pressac des Planches. Il est

(1) *Mon contrepoison.*

(2) Le dernier né de la famille.

(3) *Les curés interdits*, par Norbert Pressac, desservant de Lizant, à Civray, département de la Vienne. Civray, 1809.

alors vicaire de Mazières, dont son oncle Barbier est curé en même temps que de Melle. Il cumule lui-même ses fonctions avec le bénéfice de la chapelle Saint-Antoine de Charroux.

C'est sans doute autant à l'influence du curé, son oncle, qu'à celle du temps et au commerce des philosophes qu'il faut attribuer les directions de son esprit.

Pendant les cinq années de son vicariat, c'est-à-dire au moment où se fixait son orientation sacerdotale, ne vécut-il pas, en effet, dans l'intimité de ce dernier?

Fils de Thomas Barbier, sieur du Gazeau (1), procureur du roi, et de dame Vaugelade du Breuilhac, Aymé Barbier, archiprêtre de Melle et de Mazières, prieur de Saint-Romain (2), était le propre frère de Mme Pressac de la Chagnaye. Nommé en 1767, il devait occuper sa résidence de Mazières jusqu'à fin de 1792 (3).

Adossé à un coteau escarpé d'où jaillissaient des eaux vives à travers la cour et le jardin, le presbytère était une résidence charmante. Il était entouré des prés de la Béronne, au tapis toujours vert, et contigu à l'église dont le portail roman n'est point sans mérites.

C'est dans ce cadre que Norbert, entre son oncle et sa sœur Monique, passa plusieurs années de sa vie.

Le presbytère est d'ailleurs une maison de famille. Monique y épousera Mandé Bourcy en 1790, et ce dernier deux ans plus tard, après le départ du curé, l'habitera encore et continuera, en sa qualité de membre du conseil général de la commune, à y tenir les registres paroissiaux.

(1) Barbier du Gazeau avait eu dix enfants; l'aîné était Jacques-Isaac, procureur du roi; le deuxième, Mme de la Chagnaye; l'archiprêtre de Melle, le huitième.

(2) Aujourd'hui Saint-Romans. La cure de Mazières était à la nomination de l'évêque; celle de Saint-Hilaire de Melle relevait du prieur de Saint-Hilaire et dépendait de l'abbaye de Saint-Jean-d'Angély. Elle valait 800 livres, dit le mémoire de l'élection de Saint-Maixent en 1698 et avait droit de fief.

(3) L'ancien presbytère est habité par Mme Dubrac, petite-fille de Monique Pressac. Nous y avons reçu lors de nos recherches la plus affable hospitalité.

Il serait hasardeux cependant de conclure que la vie de Mazières fût exempte de soucis et que le jeune vicaire y coula des jours invariablement heureux (1).

Le caractère d'Aymé Barbier était cassant, atrabilaire, comme nous apparaîtra plus tard celui de son frère aîné Isaac.

On aimait beaucoup les discussions d'intérêt et les procès dans la famille. A l'occasion de l'inventaire des effets laissés par M. Liffault, archiprêtre de Melle et curé de Mazières, les hommes d'affaires assisteront à une scène d'emportement qui nous laisse quelques doutes sur le charme d'une cohabitation.

Voici les dernières lignes d'un acte passé par M. d'Abbaye, notaire à Melle, le 3 juillet 1767 (2) :

« Sur quoy nous dits notaires, en donnant acte du contenu en ces présentes à touttes les partyes comparantes ainsy que de leurs dires, réquisitions et protestations et atteudu que dans cet instant le dit M. Barbier archiprêtre du dit Melle et curé de Mazières et M. Barbier son frère nous ont troublés dans nos fonctions par le tumulte qu'ils ont causé et par les insultes qu'ils nous ont faites ainsy qu'à tous les comparants en nous traitant de faussaire et en dizant que nous étions tous associés pour le voller et piller la succession, n'ayant pu résister à tous leurs bruits et insultes et n'étant pas possible de   ni clore le présent inventaire dans la dite chambre haute occupée par les dits s^{rs} Barbier, nous nous sommes

      retirés dans la chambre haute ancienne.   .   . »

On sait peu de choses du séjour de Pressac au pays mellois. Sur sa vocation, sur les troubles de sa conscience ou sur les certitudes de sa foi, Norbert ne nous

---

(1) « Etant demeuré à Mazières pendant cinq ans, j'avais appris à connaître le caractère du défunt. » Lettre du curé de Saint-Gaudent du 11 nivôse an X, à son beau-frère Bourcy. (Minutes étude Léveillé, Civray ; communication de M. Dindinaud, notaire.)

(2) Documents que nous devons avec un certain nombre d'autres à la grande obligeance de M. Traver, avoué à Melle, minutes en l'étude de Me Hubin, notaire à Melle.

fait point les confidences du *Vicaire savoyard*, auquel il ressemble par plus d'un trait. Des mœurs, des coutumes, des croyances, des préjugés ou des superstitions de ses paroissiens nous ignorerions tout si ses pratiques d'agriculteur et de médecin ne l'avaient amené à consigner certains incidents particuliers.

Telle cette circonstance qui paraît avoir décidé de sa vocation de guérisseur et que trente ans plus tard (1) il contera dans un des opuscules qu'il nous a laissés.

« En entrant en vicariat je fus appelé auprès d'un meunier qui avait passé quatre jours à boire, à manger et à danser à des noces. . . . . je commençai par faire laver et frotter avec de l'eau tiède tout le corps de ce malade. . . . . . je lui fis donner beaucoup de lavements. . . . avec du sucre râpé — qu'il croyait de l'émétique — je lui fis avaler abondance d'eau. »

La médication fut bonne et le meunier, grand amateur de pantagruéliques prouesses, revint promptement à la santé, et fit tellement l'éloge « dans les cabarets » — naturellement ! — de son sauveur qu'on s'échauffa fort de part et d'autre, au sujet de l'aventure. Dans « un grand repas » de prêtres et de médecins, le jeune vicaire soutint avec véhémence les effets thérapeutiques de l'eau *intus* et *extra*.

Et déjà il se montre également préoccupé de l'hygiène et des questions sociales qui s'agitent autour de lui. A propos du droit de parcours (2), il évoque encore son séjour au pays mellois.

« Près Le jardin du curé de Mazières, il existe une petite prairie, sur Laquelle Le Seigneur de Saint-Romain avoit le droit de faire parcourir tout Le Bétail de son château, suivant Les anciens, ce droit avoit occasionné plusieurs voyes de fait, ont Etoit soumis au caprice des Bergers, mais ce droit a été converti en une rente

(1) Remèdes du curé de Saint-Gaudent.
(2) Lettre adressée au président de l'Assemblée nationale le 13 septembre 1780. (Arch. nat. F. 10, 284.)

annuelle et perpétuelle. Je crois d'après ces deux exemples que tout le terrain soumis au droit de parcours ne devrait jamais payer qu'une rente annuelle. »

A la veille des Etats généraux, la paroisse de Mazières, après avoir demandé dans ses doléances « qu'il soit établi dans tous les cantons de la campagne des bureaux de charité pour empêcher la mendicité, donner de l'ouvrage aux pauvres en état de travailler, » etc., insiste pour qu'« il soit permis à un vassal de se redimer en donnant en échange un domaine qui vaille au moins autant que la redevance » (1).

Des rapprochements et des comparaisons, faciles à faire, nous diraient si certaines analogies entre ses doléances de Mazières et celles de Saint-Gaudent n'indiquent pas une inspiration commune, celle du curé Barbier ou de Pressac, des deux peut-être. Nous en reparlerons.

. . . .

A la fin de l'année 1780, le vicaire de Mazières était appelé à la cure de Saint-Gaudent. Le premier acte d'état civil signé de son nom porte la date du 14 février 1781.

Pressac de la Chagnaye succédait à un vénérable prêtre qui administrait cette petite communauté rurale, depuis plus de trente ans : Messire Beaulieu de Saint-Hilaire ; il avait lui-même, nous l'avons déjà dit, continué deux oncles de Norbert.

Situé à trois kilomètres à l'est de Civray, sur le chemin de Ruffec, dans un bon pays, bien qu'aux dires de Pressac, mal cultivé, pour une partie, couvert de ronces et peuplé de mendiants, la paroisse de Saint-Gaudent comptait environ cent feux et quinze métairies, dont neuf étaient possédées noblement et douze borderies (2).

(1) Procès-verbal des doléances du 1ᵉʳ mars 1789. Archives de la Vienne, C. 865.

(2) Archives de la Vienne, papiers de la sénéchaussée de Civray, C. 65.

Les Pressac avaient des intérêts à Saint-Gaudent. Des cousins du nouveau curé habitaient un massif boisé aux pieds duquel musardait, parmi les menthes et le cresson, un ruisseau aux eaux de cristal, la terre, à désinence latine, de Cornac (1).

Accroché à l'autre versant du coteau, le lieu dit les Tymlorier, résidence habituelle de l'oncle Isaac Barbier, frère du curé de Mazières, faisaient vis-à-vis. D'autres parents habitaient, près de la cure, le village de la Bourlianderie. Les fiefs du Roc et du Montet appartenaient à l'antique et noble maison de Desmier et étaient habités par elle ; les de Pindray étaient établis à la Roche d'Aurillac, à mi-chemin de Saint-Gaudent et de Genouillé, où les parents de Norbert, les Pressac de l'Isle, étaient également fixés.

L'église (2) était une modeste chapelle sans style, sans sculptures, sans ornements, sans voûte, de 17 mètres de longueur sur 5 et demi de large, assez bien éclairée par deux fenêtres, l'une en ogive, celle de l'abside ; l'autre en plein cintre, celle de la porte ; son campanile à baie unique était surmonté d'une croix lourde de médiocre aspect.

C'est ici qu'ils disaient la messe, les prédécesseurs immédiats et lointains de Norbert Pressac, dont les registres paroissiaux nous ont conservé les noms (3) : les Dubourgvieux, Imbert, Gallebois, Brun, Cartier, Maignen, de Saint-Hilaire... ; ici ils baptisaient, mariaient,

(1) « Cornac, dit une étude de *l'Echo de Civray* du 21 décembre 1893, *sans nous indiquer autrement ses sources*, petit village des plus ancien. En 1141, avait déjà vieux logis et église Saint-Jean-Baptiste, détruite en 1166. Cornac contenait des archives considérables remontant au XIII° siècle. Ces archives sont en la possession d'un de nos compatriotes descendant de la famille Barbier ».

(2) L'ancienne église, aujourd'hui désaffectée, sert de fourrière municipale et semble une véritable masure à côté de l'église nouvelle dont l'élégant clocher de pierre blanche jalonne au loin la plaine.

(3) Dubourgvieux (1669-1700) ; Imbert (1700-1703) ; Gallebois (1703-1704) ; Brun (1704-1705) ; Cartier, conseiller du roi au siège royal de Civray (1706-1731) ; Maignen (1731) ; de Saint-Hilaire (1733-1781). Pressac de la Chagnaye.

absolvaient. Des générations se sont succédé dans ces murs imprégnés de traditions et de prières.

Le curé de la Révolution lui-même, à la foi inquiète, mais à l'instinct généreux, s'incrustera à ses autels. Il ne sera pas moins que ses devanciers le ministre de Dieu et le dispensateur des sacrements de la religion catholique et romaine.

La façade sud de l'église fermait, sur un de ses côtés, la cour de l'ancien presbytère, maison basse que traversait un couloir ouvrant, à l'arrière, sur un jardin. Une porte dérobée y donnait accès sur le parvis.

Il fallut au curé Norbert quelque temps pour organiser sa vie, connaître ses paroissiens, aménager à ses goûts la maison curiale et principalement mettre en valeur les terres qui en formaient le domaine.

La première réforme importante à laquelle il attache son nom est l'installation du nouveau cimetière C'est sans doute aux préoccupations d'hygiène qui commençaient à se répandre alors qu'il faut attribuer l'abandon du vieux « charnier » contigu à l'église et voisin de plusieurs puits, et le transfert du terrain de sépulture situé en dehors du bourg. Il fut convenu que le nouveau cimetière serait clos et fermé de fossés. Le seigneur du Roc et de la Remigère, propriétaire du fonds, s'engageait, en outre, à concéder aux habitants de Saint-Gaudent un chemin de 27 pieds avec liberté de « s'y promener ».

Les habitants assemblés acceptèrent ces conditions dûment établies par acte Serph et, le 15 juin 1783, la paroisse prit liturgiquement possession des nouveaux terrains. « Moy prêtre curé de Saint-Gaudent, je me suis transporté processionnellement et suivi par toute ma paroisse et ay fait la bénédiction du nouveau cimetière (1). »

C'est là que, trente-neuf ans plus tard, s'élèvera la tombe de Norbert Pressac.

----

(1) Archives de la Vienne, Q. 25.

Quelques années après, nous relevons le nom du curé de Saint-Gaudent sur la liste d'une association de prêtres dont le but est d'assurer à ses membres des secours spirituels avant et après leur mort.

Par exception, des laïcs, au nombre desquels Jacob de Pressac et Jean de Pressac de Lisle figurent sur les mêmes listes imprimées par François Barbier.

Dans la décurie de Civray, on rencontre également les noms de Dupas, Henri de Pindray de la Roche, Pierre-Charles-Gabriel Duroc de Laremigère, Joseph-Jean-François-Marie Laubier de Grandfief, lieutenant général de police, de Jacques Pressac, aumônier de Mons, et de Gabriel de Pressac, curé de la Forêt de Tessé (1).

Un autre Pressac, qui nous intéresse tout particulièrement, appartient aussi à cette confrérie de la Bonne-Mort, c'est Théodore, frère puîné de Norbert et de huit ans plus jeune que lui.

Il prend alors la qualité de stipendié, sous laquelle il signera des actes d'état civil dans la paroisse Saint-Nicolas de Civray, où il exercera jusqu'en 1791 les fonctions de vicaire, en même temps que dans celle de Savigné.

---

(1) Gabriel de Pressac, Jean-Jacob et Mme de Vasselot étaient les enfants de Charles de Pressac des Isles et de Marie Barbier, fille d'Aymé.

CHAPITRE III

NORBERT PRESSAC, AGRICULTEUR. — SES INITIATEURS. — LES
« AFFICHES DU POITOU ». — LETTRES D'UN CURÉ DES ENVI-
RONS DE CIVRAY. — LES SEMENCES. — LA PRÉPARATION DU
SOL. — LES DÉBOISEMENTS. — LA MÉTÉOROLOGIE ET L'AGRI-
CULTURE. — UTILITÉ DES MONOGRAPHIES DE PAROISSE. —
LETTRE A L'ASSEMBLÉE NATIONALE. — BUREAU DE CHARITÉ. —
BUREAU DE CONCILIATION. — L'ARBRE DE LA LIBERTÉ. —
L'OURAGAN QUI VIENT. — LA BLESSURE DE M. DU ROC.

De toutes les connaissances humaines qu'ait essayé de
pénétrer l'esprit, sans cesse en éveil, du curé de Saint-
Gaudent, il n'en est pas pour lesquelles il ait eu plus
d'attrait que l'agriculture.

En religion, en philosophie, en politique, à côté
d'idées généreuses et parfois justes, il a souvent émis de
purs paradoxes, de pesantes erreurs, d'invraisemblables
niaiseries.

Agriculteur, agronome, il nous apparaît vraiment un
maître, et son rôle, examiné à ce seul point de vue, mériterait infiniment mieux que les quelques pages de cette
monographie d'ensemble.

Sa passion de la nature, son amour profond et sincère
du paysan, sa persévérance, lui acquièrent la confiance des
campagnes civraisiennes que l'audace de ses nouveautés
lui eût tout autrement inévitablement aliénées.

Un courant d'idées poussait alors les esprits à s'occuper des intérêts des campagnes. Vers le milieu du XVIIIe siècle, l'agriculture reprenait sa place d'autrefois du temps de la Renaissance et de Sully. L'école économique des physiocrates contribuait puissamment, de son côté, à la remettre en honneur. Des savants, et plus particulièrement Daubenton et l'abbé Rozier — dont Norbert Pressac invoque souvent le témoignage — propageaient des procédés nouveaux. De grands propriétaires donnaient, de toutes parts, l'exemple du retour à la terre. Près de nous, à Saint-Saviol et à Saint-Macoux, le marquis du Rousseau de Fayolle (1). et dans la plaine fertile de Couhé, ce vicomte de la Châtre (2), dont la laideur n'était pas moins proverbiale que son amour du bien public, imprimaient à l'agriculture un essor nouveau.

Il n'était pas jusqu'aux pastorales de Trianon qui ne contribuassent à leur manière à l'engouement général.

Agriculteur, le curé de Saint-Gaudent se révèle, à la fois praticien, vulgarisateur, publiciste. Norbert Pressac fit lui-même de la culture. Il commença par nettoyer le sol « des ronces et des épines » qu'avait laissé croître, dans le petit domaine de la cure, son vieux prédécesseur et, appliquant les méthodes anglaises dont il s'était pénétré, il y créa des prairies artificielles.

Nous ignorons la contenance totale du clos que certaines pièces officielles appellent le domaine de la Cure (3).

Il fut vendu nationalement, le 3 fructidor an III, « une pièce de terre provenant de la cy-devant cure de Saint-

(1). *Affiches du Poitou*, 12 janvier 1786. Pressac nous apprend que la famille de Rousseau de Fayolle a établi un atelier de charité où elle distribue aux paroisses des laboureurs dépendant d'elle le blé « à quinze sous meilleur marché qu'au marché de Civray ».

« Cette maison tient la conduite que tenait Joseph quand il voulut nourrir l'Egypte. »

(2). *La Révolution à Poitiers et dans la Vienne*, marquis de Roux, p. 168, et *Affiches du Poitou*, passim.

(3). Lettre du 27 mai 1816 de l'abbé Soyer, vicaire général, à M. du Hamel, préfet.

Gaudent et confrontant au chemin de Saint-Gaudent à Chez-Pinier et aux héritiers de Bobe Gratolle et Serph » d'une contenance de deux boisselées, pour la somme invraisemblable de 22.000 francs.

Le prix comparé à celui des autres terres adjugées par la nation est bien celui d'un domaine d'une étendue moyenne (1), mais il ne correspond en rien à la contenance de deux boisselées indiquées.

Le curé de Saint-Gaudent, nous l'apprenons par une réclamation qu'il adresse au Directoire, exploitait une autre terre située à la Bourliauderie. Il l'avait louée, pour six ans, la somme de 200 livres et y avait établi un parc de moutons d'Espagne.

Norbert fit en effet de l'élevage. Le recueil vétérinaire qu'il nous a laissé témoigne de son intérêt éclairé pour les bestiaux. Mais ses préférences pour la race ovine apparaissent maintes fois dans ses écrits. La mode était aux mérinos dont on vantait beaucoup les mérites comme producteurs de laine.

On trouve dans nos archives départementales la curieuse odyssée d'un troupeau de Rambouillet qui, ballotté de bergerie en bergerie, crève presque tout entier avant d'être parvenu à sa destination (2).

Défrichements, création de prairies, élevage, furent l'objet des soins préférés du curé de Saint Gaudent, qu'on nous montre tenant à l'occasion le mancheron de la charrue; mais c'est bien plus comme écrivain et vulgarisateur agricole que comme agriculteur proprement dit qu'il mérita d'être connu dans la contrée de Civray.

Les Affiches du Poitou, la gazette hebdomadaire de l'époque pour la province, mettent à sa disposition ses premières colonnes. Pendant six années, et plus particulièrement de 1785 à 1789, il y fera paraître ses *Lettres*

(1) La métairie de la Forêt avait été adjugée 25.000 livres; celle des Coudrais 20 100 livres, le 12 brumaire an III. (Archives de la Vienne, Q. 2, 74).

(2) Voir aussi et sur ce même sujet : *Histoire d'un troupeau sous le Directoire*, par l'abbé Uzureau.

d'un curé des environs de Civrai et d'autres communications non signées.

La question des semences — c'est l'ordre de priorité — préoccupe d'abord notre curé. Il y revient sans cesse et l'examine sous ses multiples aspects. Il s'élève, avec force, contre la déplorable habitude qu'ont ses paroissiens de mélanger plusieurs espèces de blés et de semer dans le même champ : froment, seigle et orge, sous le nom de méteil ou de méture.

Chaque céréale, observe-t-il, demande « un grain de terre différent » et c'est le moindre inconvénient du procédé; il en est un autre bien plus grave : « L'orge est mûr avant le seigle. Le seigle avant le froment, etc., ainsi En coupant Et semant tous Bleds dans le même jour, il faut que Lun ou Lautre ne soit pas mûr et que Lun gâte Lautre. » Il flétrit « ces anciens uzages très puissants ennemis du Bien public ».

Autre point de vue sur la même question. On ne chaule pas ou on chaule trop tard; cette opération devrait être faite dès le mois de juillet, de façon à préserver « le bled » « des papillons ».

Il préconise aussi une méthode dont très loyalement il reconnaît peu après les inconvénients.

Une de ces lettres nous donne le conseil d'ébouillanter les semences de façon à en détruire les parasites Après l'immersion, « les chenilles sortent à moitié cuites » et « le blé qui n'a subi qu'une chaleur passagère lève bien ».

Deux mois plus tard, Norbert Pressac a changé d'avis et, le 24 novembre, il reconnaît que des nouvelles expériences, contrairement aux mémoires de Parmentier et de Cadet de Vaux (1), sur les blés du Poitou, dont il s'était inspiré d'abord, lui ont démontré que les grains, ainsi plongés dans l'eau bouillante, se trouvaient atteints dans leur faculté germinative. « Je suis un curé de campagne très peu instruit », ajoute-t-il, pour s'excuser de

(1) *Affiches du Poitou*, 29 septembre 1785.

se trouver en désaccord avec de si savantes autorités.

Il se plaint que ses premières conclusions aient atteint son crédit près des paysans, dont il aurait tant besoin pour les soustraire à leur routine. « Nos laboureurs se sont moqués de moi... ils m'ont même plaisanté sur les moyens que je leur lisois et présentois de lessiver et de chauler le froment. » « Mes dernières expériences, confesse-t-il avec émotion, ont enlevé la confiance des laboureurs. »

Il voudrait que le blé, destiné aux emblavaisons, fût logé dans des endroits clos de murs « de bastille », pour être soustraits aux alternatives des influences atmosphériques, causes « de la fermentation et de l'accouplement des insectes ».

« En 1785 (1), nous apprend-il, on trouve du seigle très sain dans une cave du vieux château de Civrai. » Il est de fait que les grains privés d'air restent longtemps sans s'altérer, témoins les haricots centenaires, et qui avaient pourtant conservé leur faculté de germination, de l'herbier de Tournefort et la végétation de joncs des crapauds qui sortit, après un ensevelissement de deux mille ans, des décombres remués de l'ancienne Lutèce. Et ici encore « le curé Norbert » fait figure de précurseur.

Son observation sur les cendres de fougère, dont il a observé les bienfaits « à cause des sels » qu'elles contiennent, peut apparaître comme une théorie ébauchée des engrais minéraux et plus particulièrement du rôle de la potasse dans la végétation (2).

Le choix judicieux des semences est la garantie d'une bonne récolte; la préparation et l'ameublissement du sol en est une autre.

Les labours d'été ont le double avantage, aux yeux de notre agriculteur, de purger la terre d'herbes adventices et de les utiliser comme fumure, et voilà la théorie des

---

(1) *Affiches du Poitou*, 24 novembre 1785.
(2) *Ibid.*, 6 octobre 1785.

engrais verts qui s'annonce. Ennemi déclaré de la jachère, imbu, nous l'avons dit, des traditions anglaises, notre curé préconise la culture du trèfle. Il a pressenti, deviné la transformation merveilleuse que cette plante opère de l'azote atmosphérique. Il a constaté que, grâce à cette méthode, le vicomte de la Châtre « amasse plus de blé que ses voisins » (1).

Une autre vérité expérimentale lui est apparue. Non seulement le sol n'est pas tout pour la plante, mais il n'en est parfois que le support.

Sans doute il n'a pas fait, au presbytère de Saint-Gaudent de la culture de blé dans du verre pilé comme dans nos modernes laboratoires : il a sous la main d'autres exemples.

« Comme des laboureurs prétendaient que leurs terres avaient besoin de repos », il leur montre « deux choux qui avaient poussé dans la fente d'un mur. Ces choux pesaient 15 livres et la terre qui les avait nourris ne pesait que deux onces (2). »

Une question le préoccupe qui prouve son intelligence des intérêts véritables du pays. La déclaration de 1766, cause de tant d'effets heureux, a mis à la mode les défrichements (3) et les déboisements. Des coteaux naguère couverts d'arbres et de bruyères sont aujourd'hui dénudés et les pluies en entraînent la terre végétale. Le curé de Saint-Gaudent n'ignore certainement pas les méthodes de son contemporain Brémontier qui préconise la fixation des dunes de Gascogne par des semis de pins. Il demande qu'il ne soit permis de défricher une terre qu'après engagement pris de semer du gland sur une surface correspondante. Entre temps, il s'élève contre le procédé, trop en faveur encore de nos jours, de couper les arbres au lieu de les arracher.

(1) *Affiches du Poitou*, 17 août 1786.
(2) *Ibid.*, 7 juin 1787.
(3) *Archives nationales*, F. 10, 284.

Le libre parcours (1), qui met un obstacle au reboisement naturel compromet et retarde la végétation des taillis et celle aussi des prairies, n'a pas d'adversaire plus déterminé.

Défendons nos arbres, ne déboisons pas, reboisons au contraire. Comment ?

Un de ses voisins a ensemencé cent boisselées de châtaigniers de deux façons différentes, en semant à l'air libre sur un terrain ameubli et en recouvrant sa semence par un labour. Il constate que le premier procédé a donné des résultats bien supérieurs au second.

On peut être étonné de ne rencontrer dans les lettres du curé de Saint-Gaudent aucun conseil concernant l'élevage, industrie à laquelle il ne restera pourtant pas étranger, nous le savons. En revanche, dès le début de sa carrière, il témoigne d'un goût très vif pour la botanique officinale.

Comme tout cultivateur intelligent, il est un observateur attentif du temps et des saisons. Notant avec soin les périodes de sécheresse ou de pluie, il tire de l'examen de ces faits des déductions utiles. « Le 14 et le 31 décembre 1788, on Entendoit dans tous Les Bois un Bruit qui Effraya mes parroissiens, on apperçut Le Lendemain que Le froid avait fait fendre Les chênes et châtaigners, ces arbres en Eprouvent aujourdhui une maladie au moins Localle, L'Eau y séjourne, le corps ligneux souffre. Et Bien plus, c'est que nos châtaigners périssent tous les jours. » Il se demande pourquoi telles ou telles contrées sont plus sujettes que d'autres aux intempéries.

Le 25 mai 1786, Norbert constate qu'une paroisse du canton de Charroux (2), où se trouve une propriété de son frère des Planches, a été saccagée par la grêle.

« Il est étonnant, M..., que la paroisse d'Anois éprouve

---

(1) *Affiches du Poitou* à cette date.
(2) La Grollerie.

tous les ans de pareils désastres; il semblerait que l'orage et le tonnerre sont faits pour elle... on ne voit que des arbres pulvérisés. » « De pareils cataclysmes sont-ils dus à la nature ou à la situation des coteaux ? » De fait cette région, de nos jours encore, est souvent éprouvée par les orages qui, sur la rive droite de la Charente, sont beaucoup plus à redouter que sur la gauche. L'hiver si rigoureux de 1788-1789 lui suggéra une expérience vraiment intéressante et dont il se félicita bien souvent.

« Je n'ay point de cave, nous confie-t-il (pièce manuscrite communiquée par M. Galopaud, notaire à Civray, président de la société « les Amis du pays civraisien »). En 1789, je trouvay mon vin gelé dans les bariques... De suitte j'en fis tirer la liqueur sucrée et spiritueuse. Il n'y resta que les parties aqueuses qui formaient des pièces de glace... je puis certifier que cette liqueur sucrée est Le Meilleur Remède et Cordial, qu'on puisse donner aux Malades Et aux vieillards. »

Notre écrivain excelle à rattacher un conseil à une circonstance d'actualité, en quoi il montre des qualités véritables de journaliste. Le moindre incident lui est prétexte à enseignement. « Il y a vingt ans que la chaussée du moulin de Bellevue fut entraînée par les grandes eaux. » Avec un barrage fait avec de forts piquets et de la terre glaise pilonnée et battue, semée de graines de foin. son parent Albert a obtenu, sans pierre et sans chaux, une digue « inattacable par le froid, le chaud, le gel et par l'eau ».

Que nous voilà loin du ministère paroissial ?

Le curé de Saint-Gaudent n'ignore pas le reproche qu'on lui fait de trop s'occuper de questions étrangères à ses fonctions. de compromettre, de diminuer même son caractère dans des préoccupations d'ordre matériel.

Mais la religion ne peut que gagner à ce que les pasteurs vivent de la vie de leurs fidèles et méritent de devenir les guides de leurs intérêts temporels. « Il seroit même essentiel, écrit-il en 1787 (1), pour l'intérêt public que les curés eussent été... les historiographes de leur paroisse; qu'ils eussent tenu des registres exacts des événements intéressants qui s'y sont passés; nos histoires auroient peut-être plus de véracité, chaque curé successeur connoitroit tout de suite sa paroisse et ces mêmes registres serviroient de base solide pour l'histoire particulière de chaque province : car combien ne manque-t-il pas de monuments pour former une histoire certaine ! »

La notoriété du curé de Saint-Gaudent dépassait déjà de beaucoup les limites de sa paroisse et de la contrée civraisienne. Membre de plusieurs sociétés savantes, il avait été désigné, dès 1789, comme correspondant de la Société d'agriculture de Paris, dont il avait reçu une médaille d'or en même temps qu'une brebis et un bélier de race espagnole.

La surprise que lui causèrent ces honneurs en doubla le prix.

Ses communications aux gazettes et journaux étaient jusque-là invariablement restées anonymes. Comment les savants agronomes de la capitale avaient-ils découvert son nom et remarqué ses observations ? Sa vanité en fut charmée. Une autre satisfaction lui était réservée. Un long mémoire, qu'il avait présenté au président de l'Assemblée nationale, avait été jugé digne, par Dubois, qui en avait fait le rapport au nom du Comité d'agriculture et de commerce, d'être déposé au Secrétariat du dit Comité.

Dans cette mémorable lettre (2), datée du 3 sep-

---

(1) *Affiches du Poitou*, 25 octobre 1787.

(2) « Lettre adressée au Président de l'assemblée nationale par Pressac de la Chagnaye, Curé de Saint-Gaudent-en-Poitou et correspondant de la Société royale d'agriculture de Paris, datée de Cyvray-en-Poitou. Archives nationales, F. 10. 284.

M. Dubois, professeur de droit à la Faculté de Poitiers, a consacré à cette lettre une étude des plus intéressantes dans le *Bulletin de la Société académique d'agriculture de Poitiers*, n° 376, année 1912.

tembre 1789, Norbert Pressac avait signalé neuf maux, selon lui, particulièrement funestes à l'agriculture : 1° la dîme ecclésiastique ; 2° le déboisement exagéré ; 3° la mendicité ; 4° le droit de parcours ; 5° l'obligation ou la prohibition de clore les héritages ; 6° le régime des baux ecclésiastiques ; 7° l'usage de semer les variétés mélangées ; 8° les insectes ; 9° les formalités et frais de justice.

Un esprit fasciné par les nouveautés, comme celui du curé de Saint-Gaudent devait être conquis, tout entier, par la Révolution.

Sa générosité, sa sincérité jointe à une naïveté qu'explique une expérience insuffisante de la vie publique et des libertés politiques, firent de Norbert Pressac de la Chagnaye un enthousiaste des idées du jour les moins vérifiées.

Il ne les subit pas comme d'autres et ne se laissa pas entraîner par elles. On pourrait presque dire qu'il les devança. Ses tendances démocratiques, en harmonie d'ailleurs avec ses lectures, le firent tressaillir d'aise à l'approche de la cité nouvelle. « *O inestimabilis dilexio caritatis! O Beata nox quae reddit moestis Laetitiam!... O Beata nox! nox illuminatio in Deliciis meis!* s'écrira-t-il dans son lyrisme après le 4 août.

Les réformes sociales, philosophiques, politiques, l'attiraient à l'envi. « La nation, la loi, le roi! » il était déjà l'homme de cette devise qui n'était pas encore celle du moment. Nous trouvons ses idées exposées par bribes dans plusieurs de ses écrits, mais nulle part elles ne sont plus nettement formulées que dans la lettre dont il vient d'être question.

C'est aux abus de la dîme ecclésiastique et à l'extinction de la mendicité qu'il donna la première place dans l'ordre de ses préoccupations. « Quand j'arrivais dans ma paroisse, nous a-t-il dit quelque part, je n'y trouvai que des ronces et des mendiants. » Il se demanda comment il pourrait guérir cette plaie sociale, lui qui guérissait les autres et nous avons vu comment il s'y prit à Saint-Gaudent pour atteindre ce but et comment il disait y avoir réussi. Il voulait qu'ailleurs on fît de même et que dans toutes les paroisses le recensement des pauvres fût établi chaque année. La communauté pensionnerait ensuite certains d'entre eux, les infirmes et les enfants trouvés, et obligerait les indigents valides à des travaux d'intérêt public.

« Il faut, insistait-il, éteindre la mendicité, source de mille désordres les plus affreux, ainsi on donnera des bras à l'agriculture — il employait déjà cette formule qui depuis n'a pas vieilli — et on citera le gaspillage scandaleux du pain d'aumône que laissent pourrir les mendiants ou qu'ils jettent aux animaux. » Et c'est la question du pain, plus actuelle que jamais encore, qu'il pose avec la nécessité primordiale de ne pas le prodiguer et le perdre.

Adversaire de la dîme ecclésiastique, tout curé qu'il est, il ose critiquer l'un des privilèges de son ordre dans lequel il voit une cause incessante de conflits et de procès. « Mille petits gentilshommes » aiment mieux « laisser leur terrain inculte que de payer la dixme à un décimateur ecclésiastique ou laïque ».

Nous ne tenterons pas de faire entre les doctrines de Norbert Pressac et celles des économistes et des philosophes de son temps des rapprochements qui ne manqueraient certainement pas d'intérêt et d'à-propos, mais dépasseraient l'objet et la limite de cette étude.

Pour les mêmes raisons, nous ne discuterons pas les idées si diverses, si neuves, parfois si heureuses qu'il suggère à ses contemporains En toute impartialité, nous laisserons notre précurseur se révéler et se raconter lui-même.

La gratuité de la justice lui apparaît comme un élément de concorde et de moralité publiques ; elle empêchera le scandale des passe-droits et des épices. On ne verra plus le laboureur « quitter sa charrue pour aller boire avec l'huissier » et on ne l'entendra plus proférer des paroles de vengeance comme celles-ci : « Je veux manger mon chapeau et ma chemise pour ruiner mon voisin. »

Le curé de Saint-Gaudent, homme de foi et de réalisation, croyait de toute évidence aux doctrines qu'il enseignait et il estimait qu'il se devait de les appliquer lui-même. Nous le verrons créer un bureau de charité pour lutter contre la misère, et instituer un bureau de conciliation pour réagir contre l'esprit processif de ses paroissiens et leur éviter les frais d'une ruineuse justice. Est-ce à dire que Pressac, comme son maître Rousseau, n'ait jamais succombé aux dangers contre lesquels il voulait prémunir les autres ? S'il détestait les procès, il aimait trop les discussions d'intérêt et les discussions de droit pour n'être pas amené lui-même devant les juges ; nous aurons à le constater dans la suite.

Pressac de la Chagnaye fut, en attendant mieux, un partisan déclaré des tribunaux de district qui remplaçaient les présidiaux et les juridictions seigneuriales. Il s'élevait avec véhémence contre les anciens officiers de justice (1) qui, par leurs intrigues, retardaient l'installation des nouveaux tribunaux et il demandait que, puisqu'il n'y avait pas de juges à Poitiers, on s'adressât à ceux de Civray dont les cadres étaient au complet.

Les enseignements de Norbert Pressac portèrent leurs fruits et plus d'un des lecteurs de ses mémoires y puisa, sans doute, d'utiles inspirations. Il est même permis de se demander si les généreuses initiatives (2) du

(1) « Il est venu dans nos chaumières quelques membres de l'ex-présidial mettre l'alarme et le découragement dans nos laboureurs et leur conseiller de chasser les nouveaux juges et les nouveaux districts... L'ex-présidial ourdit tous les jours le crime de lèse-nation... il y a des lettres méprisables qui distillent dans nos campagnes tout le fiel de l'esprit anticonstitutionnel. » Lettre de Norbert Pressac, curé de Saint-Gaudent, à l'Assemblée nationale du 25 octobre 1790. A. N., Div. 67.

(2) Il revient sur le même sujet (le 21 mai 1789). Voir *Affiches du Poitou* : «Monsieur le marquis de Fayolle vient d'établir auprès de son moulin économique une boulangerie pour les pauvres des paroisses voisines. »

marquis de Fayolle, auxquelles il rend un grandiloquent hommage, ne sont pas dues, pour une part, à son exemple ou à ses écrits.

« Cette maison tient la conduite que tenait Joseph quand il voulait nourrir l'Egypte », écrit-il à l'occasion d'un atelier de Charité que Monsieur de Fayolle vient d'établir, et des largesses qu'il fait en blé, distribué aux laboureurs à « quinze sous de meilleur marché qu'au marché de Civray », aux paroisses dépendantes de sa châtellenie.

Le zèle et l'incroyable activité du curé de Saint-Gaudent lui permettaient de s'intéresser, sous les formes les plus diverses, aux progrès du bien public. Curé, cultivateur, médecin, il s'institue juge de paix en même temps qu'il organise l'assistance dans sa paroisse.

Les *Affiches* et sa lettre à l'Assemblée nationale nous apprennent qu'il créa à Saint-Gaudent à la fois un bureau de charité et un bureau de conciliation. « Sans pouvoir, écrit le curé Norbert, rendre compte de tous Les avantages qui En sont Résultés, je puis assurer que pendant ces deux années (1) nos pauvres n'ont point mendiés ; avec peu d'argent, de Leconomie, des potages, Légumes, et peu de pain, ils ont Eté très bien nourris. Les chemins ont été réparés, je puis encore assurer que Les pauvres de ma paroisse qui faisoient perdre du pain, nent ont pas perdu ces deux années dernières. »

(1) La lettre étant du 13 septembre 1789, les Bureaux avaient donc été établis dès 1787, c'est-à-dire près de deux ans avant celui de Poitiers, (*Affiches*, n° du 8 janvier 1789.) Toutefois ce n'est que le 18 janvier qu'ils furent constitués légalement. « Le 18 janvier 1787 (*Affiches* du 30 août 1789), la municipalité de la paroisse de Saint-Gaudent près Civray-en-Poitou fit un règlement qui offre deux objets très intéressants.

« Le premier est un Bureau de Charité duquel les pauvres peuvent tirer beaucoup de secours et de soulagements dans leurs maux, etc.

« Le second est un bureau de conciliation qui peut éteindre tous leurs procès dès leur naissance, etc.

« On espère que cet établissement préviendra non seulement la misère et l'injustice, mais encore tout ce qui peut sentir la vengeance et la chicane. »

Le bureau de conciliation avait pour objet de prévenir les procès et de les solutionner à l'amiable entre les parties.

Dans le procès-verbal du 1ᵉʳ mars 1789, signé Dupas de Chaumillon, nous entendons bien l'écho des préoccupations de Pressac, l'ancien vicaire de l'oncle Barbier, mais nous lisons l'aveu, qui aurait dû singulièrement lui coûter, que le nombre des mendiants augmente chaque jour et que l'état des routes est insuffisant.

Ces affirmations sont en opposition, d'ailleurs, avec la lettre du 13 septembre 1789. Faut-il en conclure que Dupas de Chaumillon, médecin de la Faculté de Montpellier, aurait rédigé ses déclarations, non pas tant pour attirer l'attention royale sur la détresse de la paroisse que pour y constater l'inanité des efforts tentés par le curé-médecin ?

La Société royale d'agriculture de Paris, elle, lui rendit hommage ainsi qu'en témoigne la distinction qu'elle attribua à Norbert Pressac de la Chagnaye, pour son amour du bien public et plus particulièrement pour sa création d'un bureau de conciliation et de charité.

. . . .

Peupliers, ormes, chênes, figurations vivantes d'une France nouvelle, riche d'avenir et de promesses, vont bientôt surgir dans tous les villages de France, mais c'est Norbert Pressac. le précurseur, qui plantera et bénira le premier arbre de la Liberté (1).

Nous empruntons à une lettre parue dans le *Moniteur* du 25 juin 1790 et signée Reygnier le témoignage des faits que Grégoire est allé lui-même y chercher. Cette lettre commence par cette déclaration qu'il est bon d'épingler en tête de cette page :

« Dans ce moment, monsieur, il est intéressant de

____

(1) Marquis de Roux, *La Révolution dans la Vienne.*

voir les curés de campagne donner l'exemple du civisme. M. Pressac dé la Chagnaye, dont j'ai publié différents traits de patriotisme, a fait, le jour de la formation de la municipalité, une action qui mérite d'être citée. » Chez les Français un sentiment patriotique a toujours l'effet d'une étincelle électrique : elle inspirera une salutaire commotion surtout en mai 1792, à l'époque où nos amis redoublaient d'efforts. On vit dans toutes les communes des arbres magnifiques élever leurs têtes majestueuses, défier les tyrans ; le nombre de ces arbres monte à plus de 60.000; car les plus petits hameaux en sont ornés et beaucoup de grandes communes des départements du midi en ont dans presque toutes les rues ou même devant la plupart des maisons. »

Un décret de la Convention nationale portant la date du 3 pluviôse approuva cette institution symbolique en y ajoutant même que : « Dans toutes les communes de la République où l'arbre de la Liberté aurait péri, il en sera planté un d'ici au 1er germinal. »

Ce fut en mai 1790, le jour de l'organisation de la municipalité, que le Curé Pressac fit arracher un chêne de belle venue, qu'on transporta sur la place du bourg où les deux sexes réunis concoururent à le planter. Avec sa faconde coutumière, Norbert harangua ses paroissiens et leur fit, une fois de plus, l'éloge de la Révolution et de la liberté. « Au pied de cet arbre, leur dit-il, vous vous souviendrez que vous êtes Français et dans votre vieillesse, vous rappellerez à vos enfants l'époque mémorable à laquelle vous l'avez planté (1). »

Alors, nous apprend-t-on, tous les citoyens divisés par quelques procès consentent, sur sa demande, à les terminer par arbitres, s'accordent sur leur choix, s'embrassent après avoir entendu leur sentence et les

---

(1) Louis Combes, *Épisodes et curiosités révolutionnaires.*
Histoire patriotique des arbres de la liberté, par Grégoire, p. 239 et suivantes.

« chants de l'allégresse terminent cette fête digne d'un peuple libre. » Ce baiser Lamourette ne durerait guère plus que l'illusoire étreinte du 7 juillet 1792 qui devait s'achever dans les violences du 10 août et les massacres de septembre.

Les événements se précipitaient : un grand orage autrement redoutable que celui qu'on avait vu pendant l'été 1777 (1) — arrachant tout dans le pays de Civray, brisant les vitres et renversant les toitures des châteaux de Sommières, de la Bonnardelière. de la Feuilletrie et du Roc — allait s'abattre sur toute la France.

On allait voir revenir à Saint-Gaudent Monsieur du Roc, blessé de trois coups de feu, à bout portant, en défendant le Roi dans la tragique nuit du 5 au 6 octobre (2).

------

(1) *Affiches du Poitou,* 3 juillet 1777.

(2) Quelques mois plus tard, remis de ses blessures, il partait en émigration rejoindre l'armée des princes où l'acte de dévouement qu'il avait accompli fut officiellement constaté dans des certificats du maréchal de Broglie délivrés à Dusseldorf, à la date du 2 mars 1794 et à Pyrmont, le 29 juin 1795.

CHAPITRE IV

NORBERT PRESSAC, BOTANISTE. — LES SUGGESTIONS DE L'INTEN-
DANT. — ROUSSEAU BOTANISTE. — LE JARDIN DE POITIERS. —
DENESLE. — LA COLLECTION MÉDICINALE DE SAINT-GAUDENT. —
LA CHARITÉ CONDUIT LE CURÉ A LA MÉDECINE PAR L'ÉTUDE DES
PLANTES. — UNE GUÉRISON A SAINT-GAUDENT. — LA SUSCEPTIBI-
LITÉ DES MÉDECINS.

A l'époque où Pressac de la Chagnaye achevait ses
études cléricales, un mouvement médico-pharmaceu-
tique s'était dessiné dans le Poitou sous l'impulsion de
l'intendant de Blossac.

Les autorités ecclésiastiques, ainsi qu'en témoignent
nos archives, s'y étaient tout particulièrement inté-
ressées (1).

Distribués par des châtelains philanthropes, des prati-
ciens, des sages-femmes, les remèdes nouveaux furent
mis principalement à la disposition des paroisses par
les curés qui avaient « la charge de faire préparer éco-
nomiquement les bouillons et de s'occuper des médicaments prescrits aux malades ».

Une organisation particulière dite Bureau intermédiaire du département de Poitiers dispense, en 1788,
des boîtes de médicaments dans la province.

Nous n'avons relevé dans aucun état le nom de la
paroisse de Saint-Gaudent, non plus que celui de son

(1) *La Pharmacie en Poitou* (Mémoires des Antiquaires de l'Ouest, 1906)
M. Rambaud. — Archives de la Vienne, C. 622.

curé ; mais ce dernier nous a lui-même appris (1) qu'il guérissait les épidémies de dysenterie soit avec une infusion de polypode de chêne, soit avec de la poudre spécifique que, dit-il, « Monsieur l'Intendant nous envoie ».

Son admiration pour la nature aussi bien que son culte pour Rousseau devait logiquement pousser le curé de Saint-Gaudent vers l'étude des plantes et leur utilisation médicinale.

Certes, l'auteur des *Lettres sur la Botanique à M*ᵐᵉ *Delessert*, loin de chercher dans ses herbiers les drogues et les remèdes, combattait ce qu'il appelait ce préjugé dégoûtant « qui flétrit l'émail des prés, l'éclat des fleurs, dessèche la fraîcheur des boccages et rend la verdure et l'ombrage insipides » ; il n'en est pas moins vrai qu'il exaltait le goût de la botanique et que ses disciples pouvaient concevoir, de cette science, d'autres applications que lui-même.

Un article des *Affiches du Poitou* exposait, à la date du 29 mars 1787, les raisons excellentes qu'il y avait de créer à Poitiers — centre réputé d'écoles — un jardin botanique.

L'intendant Boula de Nanteuil entendit la requête qui lui était adressée.

Un élève distingué de Jussieu et de Daubenton, Jacques-Amable-Nicolas Denesle, fut appelé tout exprès, par l'intendant, de Westphalie, où il professait les sciences naturelles, aux fins de créer un jardin botanique et d'enseigner l'herborisation.

Il fut d'abord question d'aménager l'ancien jardin de médecine situé sur les coteaux de la porte de Tison et que rappelaient, seuls, des grottes en rocaille autour d'une fontaine, une serre taillée dans le tuf et quelques plantes exotiques, qui achevaient de mourir. Un emplacement nouveau fut choisi ; il était situé entre

---

(1) *Affiches du Poitou,* 6 avril 1786.

la rue de la Tranchée et celle des Capucins, dans toute
la longueur de la rue de la Baume. Dès la première
année, plus de deux mille plantes étaient en place,
parmi lesquelles des espèces officinales qui devaient
être distribuées aux indigents.

A propos de la création d'un jardin des plantes,
Norbert nous clame bien haut ses espérances. On
va donc, enfin, ne plus être tributaire de l'étranger pour
tous les produits de droguerie et du coup échapper à
la mainmise de médicastres avides et sans soins dont
les sophistications et « les erreurs mortelles » sont de
tous les jours. On doit frémir, écrit-il, quand on voit
qu'il se vend quatre fois plus de quinquina en France
que l'Amérique ne peut en fournir !

Et pourquoi aller demander au Nouveau Monde et
aux apothicaires ce que la prévoyante nature a placé
sous notre main ?

« L'écorce des trois saules, le marronnier d'Inde, le
putiel (1), le frêne, le prunellier valent mieux que le
quinquina. »

Comme trop souvent Norbert exagère et déforme des
idées justes en elles-mêmes, mais il devance, ici encore,
les initiatives de son temps : n'a-t-il pas depuis de nombreuses années commencé ses herborisations et installé ses cultures botaniques (2) ?

Vicaire de Mazières, nous l'avons vu déjà se livrer
à la médecine par les simples. Il nous apprend dans
ses « Remèdes » qu'il fit ses expériences botaniques
dès 1780, aussitôt, écrit-il, que je fus curé.

Notre homme ne s'en tient pas à l'étude pure et
simple de la botanique et ne se contente pas d'entourer
de bandelettes des plantes desséchées.

D'un mémoire écrit en l'an VIII et dédié « Aux Botanistes amis de la Paix et de l'humanité et de la modé-

---

(1) Putiel, nom vulgaire du merisier à grappes.
(2) R. P. in-4, 13.

ration », nous recueillons cet intéressant témoignage.

« Depuis 25 ans, j'ai souvent parcouru les déserts, les bois, les plaines et les rochers escarpés pour admirer dans les plantes, la marche et la production de la nature. Totalement livré à la Botanique, j'amasse, tous les ans, environ neuf cents espèces de plantes dont les feuilles, fleurs ou racines me servent à guérir et à offrir à ceux qui en ont besoin. »

La preuve est donc établie que, dès 1775, il faisait de l'herborisation et de la culture officinale.

Nous nous étions demandé si c'était cette science qui avait conduit Norbert Pressac à la médecine ou si c'était au contraire le désir de soulager ses semblables qui l'avait aiguillé vers la botanique, quand il est venu lui-même nous fixer à cet égard.

« Guérir le corps et l'âme, écrit-il, sont deux sacerdoces que les pasteurs devraient unir ensemble et rendre inséparables.

« En effet, en ville, il y a des médecins et des officiers de santé au lieu que, dans les campagnes, il n'y a que les curés qui essuient les ordures du corps et de l'âme de leurs paroissiens. *Ce sont ces motifs de charité qui m'ont forcé d'étudier la médecine et la botanique* (1).

« Dans une très grande salle (2), à hautes et larges fenêtres avec des barriques et des planches. je fis monter théâtre et, amphithéâtre, sur lesquels je fis placer 400 vases de terre (en l'an VIII la collection a été portée à 900, nous venons de le voir).

« Au mois de janvier, avec une pelle-bêche, j'arrachai des pieds de petite chélidoine, sans attaquer ni les racines ni la terre qui les nourrissait ; je fis placer ces plantes dans des vases de terre où elles donnèrent des fleurs.

« Pendant dix mois je fis cette même plantation de

(1) *Affiches du Poitou,* 23 août 1787.
(2) Remèdes du Curé de Saint-Gaudent.

quatre cents plantes ; au bas du vase étaient inscrits les noms, les propriétés et l'endroit où elles sont plus communes au mois de janvier.

« Par la chélidoine, je commençais mon jardin et mon étude de botanique et, au mois d'octobre, la colchique, la fritillaire et autres plantes finirent mes travaux très pénibles et très utiles.

« Si, conclut le curé villageois — avec un accent de regret, mêlé de quelque vanité, — dans les cloîtres des grandes villes, à couvert du soleil et de la pluie. j'avais eu pareil jardin, des personnes de tous les sexes, de toutes les professions, de tous les âges. seraient venus m'aider à connaître les noms, les propriétés des plantes et le lieu où elles sont communes (1). »

Pour gagner la confiance publique, il suffit d'une circonstance heureuse, après un établissement ; s'il s'agit d'un chirurgien, d'une cure qui se publie de bouche en bouche. De même qu'à son arrivée à Mazières la guérison de son meunier lui avait fait une réputation ; un autre succès vint à Saint-Gaudent le faire connaître. Un médecin, qu'on ne nous nomme pas, mais qui pourrait bien être son voisin de Saint-Bonnet, Dupas de Chaumillon (2), lui demanda de mettre à l'Extrême-

---

(1) Il y a plus, tout indique que l'auteur de l'article du 27 mars 1789 qui demande qu'un jardin botanique soit créé à Poitiers est de Norbert Pressac lui-même, bien que l'auteur ne se qualifie pas cette fois de « un curé des environs de Civray ». On y retrouve telles expressions et telles opinions qui reviendront souvent presques en termes identiques sous sa plume. Retenons tout particulièrement ce passage qui semble bien écrit par un curé et un curé de campagne.

« *Ne serait-il pas à désirer que les jeunes gens du sacerdoce fissent au sortir de leur cours de philosophie deux cours de botanique et un cours de médecine théorique ? Admis au sacerdoce et placés dans les campagnes, ils seraient à même de soulager les malheureux qui les appellent et leur administrer les remèdes les plus utiles à leur position.* » Norbert Pressac non seulement n'a pas attendu l'impulsion de Denesle, les herborisations et les cours du savant professeur pour établir son jardin botanique, mais ce pourrait être à son initiative que serait dû le jardin botanique de Poitiers.

(2) Il y avait en 1791 à Saint-Gaudent et probablement dès ce moment un praticien du nom de Henri Badonnière ou de la Badonnière.

Onction un de ses métayers, qu'il désespérait de sauver.

Le curé ne se contenta pas d'administrer le moribond, il voulut encore essayer de le conserver à la vie. On eut beau lui dire que « dès lors que le malade était abandonné des médecins.... il n'avait plus besoin que de prières et de repos pour mourir tranquillement » ; notre homme ne se tint pas pour battu.

Quelque temps plus tard le vieux métayer était revenu à la vie ; l'empirique avait été plus avisé que le médecin.

Guérir un malade chez un docteur! Il est aisé de comprendre quelle autorité l'événement donnait au guérisseur au détriment de celle de l'homme de science.

L'esprit critique de la Faculté fut à l'endroit de Norbert Pressac bien souvent en éveil. On lui reprochait de s'occuper de questions étrangères à ses connaissances et à son état, ainsi qu'en témoigne la polémique qu'il soutint dans les *Affiches* avec le chirurgien Piorry (1), à propos des coussins vésicatoires qu'il venait d'inventer.

Les sarcasmes de ce dernier blessèrent certainement l'amour-propre du curé ; peut-être même diminuèrent-ils, momentanément, la grande confiance qu'il avait en lui-même; il ne parut pas pourtant se laisser intimider.

Piorry, d'ailleurs, n'avait-il pas la réputation d'être d'humeur jalouse et difficile. Il nous revient qu'ayant manqué d'égard à un médecin alors que simple chirurgien il lui devait déférence et respect, sa corporation avait dû le rappeler aux bienséances (2).

---

(1) *Affiches du Poitou,* 27 septembre 1787.
(2) *La Révolution à Poitiers et dans la Vienne,* p. 29.

CHAPITRE V

NORBERT PRESSAC PHILOLOGUE. — L'ENQUÊTE DE GRÉGOIRE. — RÉPONSES AU QUESTIONNAIRE. — LE PAYS DE CIVRAY ET LA RÉVOLUTION.

En 1790, au lendemain du nouveau régime, l'abbé Grégoire entreprit, par toute la France, une enquête sur le patois et « les mœurs des gens des campagnes » et c'est à Pressac de la Chagnaye, l'homme universel, qu'il songea pour répondre aux 43 articles de son questionnaire, concernant le ci-devant Poitou.

L'initiative que vénait de prendre le curé de Saint-Gaudent en élevant dans sa paroisse le premier arbre de la Liberté, initiative à laquelle le futur évêque de Blois portait un intérêt si vif que, plus tard, il écrivit un livre sur ce sujet, l'avait mis en vedette.

Il est permis de supposer aussi que l'abbé Jallet, en sa qualité d'ancien vicaire de Gençay — centre de relations de la famille Pressac — n'était pas étranger au choix fait par son collègue et ami du serment du Jeu de Paume.

Nous avons sous les yeux la réponse non datée que Norbert, évidemment flatté, adresse à son correspondant qu'il appelle « Monsieur et Immortel législateur ».

Le curé de Saint-Gaudent nous apprend que dans la partie du Poitou où il est né et où il n'a cessé d'habiter, « la prononciation rustique est assez douce ». Il ajoute qu'on rencontre plusieurs ouvrages imprimés en patois,

« des noëls, des prières, des sermons, des chroniques, et qu'on y chante encore d'assez amusantes chansons en dialecte poitevin (1), l'une notamment sur la porte de ville de Saint-Maixent et une autre, celle « d'un paysan de Neuville qui ne peut voir Poitiers parce que les maisons l'en empêchent ».

Cette lettre signée « Pressac, curé et procureur de la commune Saint-Gaudent » est suivie des questions de Grégoire et des réponses faites à chacune d'elles.

Un auteur (2) a publié dernièrement ces différents documents en paraissant les attribuer au curé de Saint-Gaudent dont elles suivent immédiatement la prose signée.

Nous ferons de même, malgré les choquantes contradictions qui existent entre la lettre de Pressac et certaines appréciations de l'enquête, notamment sur la phonétique poitevine jugée « assez douce » d'une part et de l'autre assez accentuée, plus sifflante que gutturale, « même assez désagréable ».

Voici quelles sont, en résumé, les principales réponses au questionnaire : Le patois du Poitou est plutôt un français altéré qu'un dialecte proprement dit. Peu de mots sont dérivés du grec et du celtique, mais un certain nombre sont d'origine latine, tels que *veré* pour oui et vraiment, ou *anet* ou *anuit*, d'*a* primitif et de *nux*, nuit, qui signifie aujourd'hui ; il s'en trouve même qui sont dérivés de l'hébreu comme *vau* pour oui.

C'est par les noms de plantes, de maladies, d'instruments aratoires, de métiers, de droit coutumier que le dialecte de notre contrée s'éloigne le plus de l'idiome national.

Au hasard l'auteur de la réponse en énumère quel-

(1) « M. Faulcon, mon parent et ami, écrit-il, fils d'imprimeur, peut vous procurer plusieurs ouvrages imprimés en patois : noëls, prières, sermons, chroniques, etc....Ce député du Poitou le fera avec plaisir. »
(2) *Lettres à Grégoire* (Documents inédits, C. 1409) par Gayier, docteur ès lettres.

ques-uns; il eut pu en citer bien d'autres : *perce-pierre* pour pariétaire ; *roberde.* pour mercuriale ; *vinette* pour oseille; *grasse-géline* pour lampsane ; *fèvre* pour fièvre; *estropisie* pour hydropisie ; *rime* pour rhume ; *clique* pour colique; *charrie* pour charrue ; *marochon* ou *trébinet* pour pioche ; *baillarge* pour orge; *blé noir* pour sarrazin; *jarousse* pour gesce; *charve* pour chenevis ; *mogette* pour haricots.

Les jurons sont intéressants à signaler. En dehors des B., des F., des S., on emploie communément *sacrelotte, sapignotte, sacredi, mafrite, guinmoure.*

L'enquêteur veut tout savoir, même s'il existe des termes contraires à la pudeur, ce à quoi il répond, sans doute avec plus de candeur que de vérité : « Je n'en connais pas ; les mœurs des habitants de nos campagnes ne sont pas foncièrement mauvaises, leur caractère est assez bon et tranquille ».

Le patois possède quelques mots énergiques qui manquent à l'idiome national. En voici un ; il est en effet expressif et pittoresque : *deprêler* pour marcher sur le pied ; les finales de notre patois sont plus souvent des voyelles que des consonnes : *ma, ta, sa, chapea* au lieu de mon, ton, son, chapeau ; au passage on nous cite un proverbe dont le distique est en patois et l'esprit en français :

> Sans les ignorants et les sots
> Les procouroux iriant en bots.

Ce qu'on nous dit des mœurs des campagnes est peut-être plus intéressant encore que ce qu'on nous apprend de leur langage. Observons d'ailleurs qu'il y a une certaine relation, mais à l'inverse de ce qu'on supposerait, entre les sentiments et la manière dont on les exprime. Au rebours sans doute des réponses qu'attendait Grégoire, on lui déclare net que « plus le patois est dûr et agreste, plus les mœurs sont douces et pures »... que si la politique gagnait à la disparition du patois, la religion pourrait bien y perdre ; que depuis une vingtaine d'années les paysans sont plus éclairés, mais plus débauchés et moins pieux. La cause en étant « le luxe, les mauvais exemples et le relâchement des ecclésiastiques ».

Pour en arriver à détruire le patois, il n'y a, observe l'enquête, qu'un moyen, c'est de relier les hameaux entre eux par des chemins vicinaux et d'ouvrir partout des écoles, alors qu'il n'y en a pas une actuellement sur deux villages et que les curés négligent de s'en occuper autant qu'ils le devraient.

Grégoire qui, dans sa cure d'Embersmenil, avait établi une bibliothèque afin de favoriser la lecture parmi ses paroissiens ; enquête pour savoir s'il y a des livres à la campagne et dans les presbytères. Il lui est répondu qu'à part quelques A. B. C., catéchismes et psautiers et quelques rares autres « bouquins », on n'en rencontre guère ; « que les gens, d'ailleurs, n'ont pas le goût de la lecture et que la majeure partie ne sait même pas lire ». On retrouverait quelques cantiques patois de la composition de feu M. Gusteau, prieur-curé de Doit.

Une population aussi enfermée dans ses traditions et ses préjugés est nécessairement crédule ; elle attache beaucoup d'importance « aux choses surprenantes et merveilleuses » ; elle croit « aux sorciers, aux revenants, aux loups garous en même temps qu'à l'influence « de la lune et des autres astres ». Ce en quoi, sans doute, elle n'a pas tout à fait tort.

Que penser d'une époque et d'un pays où des progrès infiniment désirables comme l'instruction populaire, la diffusion des livres, la facilité de locomotion et de relations, vont tout droit contre l'amélioration des mœurs et la paix sociale ; où la vertu ne reste la vertu que parce qu'elle est ignorante et où la foi religieuse ne subsiste qu'en même temps que la superstition ?

La conclusion dut, sans doute, embarrasser Grégoire non moins d'ailleurs que la réponse aux dernières questions, qu'il avait posées sur les changements dans l'esprit des campagnes et la chute de l'ancien régime.

Ici il faut citer dans son texte le questionnaire.

41. — *Quels effets moraux produit en eux* (les paysans) *la Révolution ?*

« — La défiance, la crainte et l'espérance tout à la fois,
« l'agitation, beaucoup d'inquiétude sur leur sort futur.
« Il est bien difficile de leur persuader qu'ils seront
« mieux, qu'ils ne sont et qu'ils payeront moins d'impôts,
« parce qu'on les séduit, on les égare et qu'ils sont
« d'autant plus faciles à tromper qu'ils sont naturellement
« bons, ignorants et assez tranquilles. » Dans sa lettre signée, Pressac avait sur le même sujet donné une appréciation assez conforme à celle-là : « On ne peut rien dire de certain sur les effets moraux qu'a produits la Révolution sur l'esprit des Poitevins.

« Les affections qu'inspirent l'intérêt personnel les rendent tantôt patriotes, tantôt aristocrates. Ce que je puis dire avec consolation, c'est que le département de la Vienne n'a commis aucun meurtre ni incendie. Ce qu'on peut leur reprocher, c'est de se laisser nourrir par des espérances attentatoires à la vie *(sic)*. Les aristocrates courent sans cesse comme des fous pour alarmer les laboureurs et ouvriers. »

42. — *Trouve-t-on chez eux du patriotisme, ou seulement les affections qu'inspire l'intérêt personnel ?*

— On trouve l'un et l'autre, mais malheureusement beaucoup moins du premier que du second, qui les domine jusqu'à l'excès et domine en quelque sorte leurs autres affections. Ils ont, en général, peu d'ambition ; et comme ils sont trop pauvres ou ruinés pour la plupart, ils ne désirent que du pain et quand ils en ont, on les voit satisfaits.

43. — *Les ecclésiastiques et les ci-devant nobles ne sont-ils pas en butte aux injures grossières, aux outrages des paysans et au despotisme des maires et des municipalités ?*

— Oui, ils l'ont été ; mais sûrement moins qu'ailleurs et encore moins actuellement; on commence à revenir sur leur compte et ils regagnent peu à peu ce qu'ils avaient perdu dans les esprits. L'opinion publique produit souvent de grands effets et de fortes impressions qui quelquefois ne durent pas longtemps.

Dans sa lettre, le curé de Saint-Gaudent nous fait connaître une étrange superstition qui règne dans les campagnes du Poitou, contre laquelle il ne cesse « de crier, tonner, foudroyer ».

« A peine une personne est-elle présumée rendre le dernier soupir que de suite on prend des bouchons de chanvre, on tape ferme, avec force, la bouche et les autres ouvertures du cadavre. Comme on croit que l'âme est un feu et une flamme volante, après avoir bien bouchonné le prétendu mort vivement et sans retarder, on court renverser tous les vases où il peut y avoir de l'eau, parce qu'on croit que l'âme inflammable, enflammée et volante, cherche l'eau pour se noyer et se plonger dans les vases. Ce préjugé qui a beaucoup de rapport avec le système de Pythagore, règne encore dans le Poitou. J'ai tellement crié, tonné, et foudroyé et supplié que j'ai un peu diminué dans ma paroisse ce préjugé barbare. »

Les préjugés traversent les siècles et si Norbert Pressac revenait dans la paroisse qu'il administrait, il y a cent ans, il pourrait encore tonner, foudroyer. Certains habitants, s'ils ne bouchonnent pas leur défunt, ont conservé l'usage de jeter l'eau de la chambre mortuaire.

La philosophie de Norbert Pressac est le reflet de celle de son époque.

Ses auteurs de chevet s'appellent Montesquieu et Rousseau.

L'Esprit des lois, avec son étude des législations comparées, semble tout d'abord avoir impressionné son cerveau, mais c'est, de toute évidence, le *Contrat social* qui lui a donné son empreinte définitive.

Il appelle de ses vœux un gouvernement collectif ayant le suffrage universel et la souveraineté du peuple comme base.

A *l'Emile*, l'Evangile de la nature, il doit les idées dont sa tête est pleine sur les exercices physiques, les travaux manuels, l'éducation sentimentale.

Dans une page, que nous avons cornée à dessein, notre curé se révèle tout entier avec cet accent de sincérité un peu niaise qui ne faisait pourtant pas sourire nos pères. « Assis (1) sur l'herbe, je lis la constitution de Virginie. Je vois qu'en 1779 ce peuple s'assembla sous les chênes. Il pensa que, dans le séjour de la campagne, on peut juger sainement des lois de la nature avec les lois politiques.

« Cette assemblée assise dans une enceinte sur des bancs de gason et là, le peuple choisit trois orateurs... trois vieillards furent élus... le premier répondit « que le principe qui devoit servir de base à la constitution devait être la liberté, qui consiste à n'être commandé que par les lois et à ne reconnaître aucun homme supérieur à un autre que par le suffrage du peuple »; le second dit « que la modération qui fixoit les mœurs, mettoit des bornes à l'ambition des hommes et réduisoit leur volonté à ce qui étoit permis par les lois... » Le troisième assura « que ce devait être la vertu, laquelle consiste dans l'habitude des actions utiles à la Société et que les lois doivent avoir pour but de former et nourrir cette habitude dans tous les membres de la République. » ...Le peuple adopta ces trois principes avec joie, respect et reconnaissance et sembla graver de suite dans son cœur les vertus si nécessaires à des républicains. »

---

(1) *Scélératesse dévoilée ou Robespierrisme à Civray*, par Norbert Pressac, Fermier-cultivateur, à Civrai, chez Moisset, imprimeur, an III de la République.

Cette longue citation et celles qui suivent anticipent de plusieurs années sur la chronologie qui nous sert de guide sans nous imposer toutefois ses règles trop étroites.

Une déclaration brève eût d'ailleurs suffi pour fixer la doctrine de notre curé démocrate qui entend « que les Français n'aient de joug que la loi, de maître que la volonté générale et universelle », selon le vœu de la nature « qui nous a faits libres et égaux » (1).

Le portrait du jacobin que nous a laissé Taine (2) lui ressemble comme celui d'un frère. « Son principe est un axiome de géométrie politique qui porte en soi sa propre preuve... L'homme, en général, les droits de l'homme, le contrat social, la liberté, l'égalité, la raison, la nature, le peuple, les tyrans, voilà les notions élémentaires... des hommes réels nul souci, il ne les voit pas, il n'a pas besoin de les voir... le contrepoids des faits manque pour balancer le poids des formules... Tout chargé d'un côté et tout vide de l'autre, il verse violemment du côté où il penche et telle est bien l'incurable infirmité de l'esprit jacobin. »

Tout naturellement découlent de ces principes des déclarations dans le goût de celle-ci sur l'ordre public et la discipline gouvernementale : « Cet homme (3) (Piorry) ne savait pas que Spartes était consternée quand il falloit punir un coupable. Alexandre trembloit quand il s'agissoit de faire punir un criminel. Le Sénat romain et les consuls n'avoient pas le droit de punir. La peine d'un citoyen étoit une désolation publique. »

Il est républicain. « Je serai toujours républicain », nous déclare-t il en l'an III. Dans une lettre du 10 novembre 1789 où il célèbre, en termes pompeux, l'héroïsme de la mère de Sparte insensible à la mort de ses enfants pour

(1) *Scélératesse dévoilée*.
(2) *Origines de la France contemporaine*, t. II, p. 20.
(3) *Scélératesse dévoilée*.
(4) *Ibid*.

ne songer qu'à la patrie victorieuse, ses principes sont sans doute les mêmes, mais on constatera que leur expression varie quelque peu.

« Ce n'est pas un *libera* qu'on a chanté pour nous le jour des morts de cette mémorable année 1789, c'est au contraire un *alleluia* et un chant d'allégresse puisqu'en qualité de curés et de citoyens nous devons arracher notre sein pour notre patrie et le meilleur des rois (1). »

Plus tard il continuera de s'arracher le sein pour Bonaparte et Napoléon aussi bien que pour Louis le Désiré.

Même aux plus mauvais jours il conserva ses croyances religieuses et ne cessa de se proclamer chrétien dans ses vieux sermons saupoudrés de maximes démagogiques. « J'avoue (2), répondait-il à Ingrand, que dans toutes les religions on ne sait pas si, pour plaire à Dieu, il faut se tenir à genoux ou debout, manger gras ou maigre, mais ce sur quoi tous les hommes de l'univers s'accordent, c'est qu'ils sentent que ce n'est pas un homme qui a fait ce qui nous environne, c'est qu'il faut une religion dans tout Etat quelconque et qu'il faut un culte et des signes extérieurs et des moyens pour prêcher les devoirs d'humanité, de charité, de bienfaisance. »

« Si, ajoute-t-il ailleurs (3) — j'ouvre J.-J. Rousseau, dans son gouvernement de la Pologne, — je vois ce philosophe qui fait un éloge supérieur de Moyse et de Lycurgue qui, portant le peuple à une religion qui inspire l'amour de la patrie, adoucit les mœurs et arrête le pouvoir arbitraire. Je lis Voltaire; il dit que les athées sont pires que les tigres. » Reste la crainte des prêtres, mais le fanatisme ne se détruit-il pas lui-même? Et Bossuet n'a-t-il pas dit « que si on avait méprisé Calvin, il n'y aurait pas eu de religion calviniste, car la contradiction forme et réveille les partis. » Les excès de l'Eglise sont

(1) Lettre du curé de Saint-Gaudent, près Civray-en-Poitou, écrite à son confrère.

(2) *Scélératesse dévoilée.*

(3) *Ibid.*

cause de tout le mal. « Voilà donc la religion catholique qui se détruit et fait que la religion calviniste est dominante (1). »

L'orthodoxie de notre curé — à partir de la période révolutionnaire, tout au moins — devient sujette à caution. Si la religion est nécessaire ou plutôt si les religions sont nécessaires, les dogmes, les sacrements de l'Eglise ne sont que des particularités cultuelles, qui ne représentent pas — on le devine, alors même qu'il ne le dit pas — des vérités essentielles.

La Religion, comme la Société, doit être régénérée par la Nature. A la vie mondaine et dissipée, il oppose, s'inspirant toujours des doctrines de l'ermite des Charmettes, la vie champêtre, l'amour du travail, du travail de la terre. Les soins de l'agriculture sont les premiers cours de morale que doive faire un curé.

Il ne suffit pas d'enseigner les préceptes de la religion aux enfants (2); il faut d'abord leur inspirer l'amour du travail « qui est l'éteignoir des passions, le prisme de l'honneur et la première dévotion qui plaise à Dieu et aux hommes ».

Il appartient d'ailleurs au curé de se mêler le plus complètement possible à ses paroissiens, de profiter de toutes les circonstances ordinaires de la vie pour devenir leur confident et leur conseil : « Ce n'est pas seulement dans la chaire ni dans les confessionnaux qu'un pasteur trouve toujours l'occasion de ramener la brebis égarée et d'exercer la charité. C'est sur le chemin que le Sauveur ressuscitait les morts et guérissait les aveugles-nés. » « En assistant aux noces et aux festins, il nous prouve, qu'avec discrétion et sagesse, le pasteur doit connaître le monde et agir comme ces bons pères qui s'amusent avec leurs enfants et voient, avec plaisir, qu'ils s'occupent à différents jeux (3). »

(1) *Scélératesse dévoilée.*
(2) *Ibid.*
(3) *Ibid.*

Pressac de la Chagnaye enseigne la charité et l'oubli des injures, mais avec un accent de critique contre la discipline catholique qu'il semble opposer à la mansuétude du christianisme primitif. « Ce n'est point avec des verges de fer que l'enfant prodigue fut reçu dans les bras de son père; il ne se trouva point de pierre pour lapider la femme pécheresse; les apôtres n'ont jamais dit de mal de Judas, ni des juges, ni des bourreaux du Sauveur; saint Pierre n'a pas été damné pour avoir renié son maître (1). »

Il ne veut faire pénétrer la religion que par la persuasion et la douceur. Il réclame, avec la liberté de conscience, la fin des querelles religieuses et dénonce la violence comme néfaste aux croyances qu'elle prétend servir.

La persécution fait les hypocrites; la persuasion, les croyants et les amis de Dieu : « Si, dit-il, on veut gêner la liberté de conscience et la mettre en réquisition, les pasteurs seront bientôt délaissés par les pères et les enfants » (2).

(1) *Scélératesse dévoilée*.
(2) *Ibid.*

CHAPITRE VI

LES IDÉES PHILOSOPHIQUES DE NORBERT PRESSAC. — SES IDÉES POLITIQUES. — SES SERMENTS ET CEUX DE THÉODORE. — LES AMIS DE LA CONSTITUTION. — LA LOGOMACHIE RÉVOLUTIONNAIRE.

Norbert Pressac et ses frères prêtèrent des serments toute leur vie sans que leurs bras aient paru se lasser. Ils prêtent serment au moment de la formation de la municipalité et peu après le renouvellent.

A la date du 27 mai 1790, le clergé de Civray et des environs, y compris Taupin, curé-prieur de Saint-Saviol et Picard, de Genouillé, protestent de leur civisme dans une déclaration que signent « Pressac de la Chagnaye, curé de Saint-Gaudent, corresp. de la soc. royalle d'agraulles et aumônier de la milice nationale en même temps que « Pressac de la Chagnaye », vicaire de Civray (1). Voici les termes mêmes de leur déclaration qui équivaut à un autre serment.

« Aujourd'huy vingt-sept may mil sept cent quatre-vingt dix, nous soussignés archiprêtre, curés, autres

(1) Ce dernier aurait pu prendre, en outre, son titre de stipendier et de desservant de la chapelle de la Magdeleine. Située dans l'église Saint-Nicolas de Civray, cette chapelle dont Loiseau, curé de Surin, était précédemment titulaire, possédait une fondation de 224 messes dont trois devaient être dites chaque semaine et une le dernier samedi de chaque mois. Cette fondation s'élevait à 410 livres et quelques sols (Archives de la Vienne, L. 238).

ecclésiastiques tent de la conférance de Civray que des environs, du diocèse de Poitiers, réunis au pallais de la ville de Civray, en présence de MM. les officiers municipaux de la ditte ville par nous requis, instruits que des esprits mal intentionnés attribuent indistinctement à tous les ecclésiastiques et par conséquent aux curés l'esprit pernissieux d'une contre-révolution qui paroist occasionné notament par le décret du 13 avril dernier, indignés d'une telle calomnie, déclarons qu'intimement liés aux intérêts du peuple confiés à nos soins. tout çe qui pourra contribuer à leur bien et à celluy de la nation entière sera toujours le plus tendre objet de nos vœux, que le serment que nous avons fait lors de la formation de nos municipalités d'être fidelle à la nation, à la loy et au Roy, et a été et sera toujours l'expression la plus vray de nos cœurs et que non seulement nous adoptons avec soumission et respect tout ce qui a été fait jusqu'à présent, mais encore tout ce qui sera fait dans la suite pour le bonheur de la nation auquel nous adhérons formellement et notamment le décret du treize avril concernant la religion, et que nous résisterons de toutes nos forces et porterons les peuples à résister de même à tout ce qui pourrait y être contraire. En foy de quoy nous avons signé la présente déclaration. »

« J'adhère, ajoute ce document, de cœur et d'affection à tous les décrets de l'assemblée nationalle, sanctionnés par le Roy et notamment à celui du treize avril concernant la religion. »

Les gentilshommes du canton de Civray ne voulant pas être en reste, Pindray de la Roche, Audebert, Dexmier du Roc, Dexmier, chevalier du Roc, affirmèrent à leur tour leur patriotisme et apportèrent avec empressement leur « adhésion au décret du 13 avril » qu'ils regardent « comme le chef-d'œuvre de la raison humaine ».

Quand le conflit sans cesse plus menaçant entre l'Eglise et la Révolution devint irréductible, il n'y eut dans l'âme du curé de Saint-Gaudent et celle de son frère le vicaire de Civray aucun de ces déchirements qui mirent tant de consciences à l'épreuve.

L'un et l'autre acceptèrent joyeusement l'injonction qui leur était faite, par la loi du 12 juillet et le décret du 26 décembre 1790, sans souci de l'autorité et de la discipline ecclésiastiques. Ils ne paraissent avoir été troublés ni par le bref de Pie VI condamnant la constitution civile, ni par l'ordonnance qui le portait à la connaissance des prêtres et des fidèles, ni par la fidélité de leur Evêque à l'orthodoxie romaine.

Taupin, curé de Saint Saviol, refusera ce serment; Serph, de Saint-Macoux, le rétractera. Augry, archiprêtre de Civray, qui se rétractera également, tout d'abord, fera des réserves et ne se décidera qu'aux vêpres du dimanche 22 janvier 1791, tandis que ses vicaires Théodore Pressac et Denis Delabarre ont sans hésitation prononcé leur serment à la grand'messe du même jour.

« Le sieur Théodore-Jacques Pressac, vicaire de cette paroisse, dit le procès-verbal, après s'être concerté avec M. le maire, a monté en chaire et proféré un discours où il a étalé surtout une grandeur d'âme dans sa soumission à la loy ; en conséquence de quoy il a juré de remplir ses fonctions avec exactitude, d'être fidèle à la nation, à la loy et au Roy et de maintenir de tout son pouvoir la constitution décrettée par l'assemblée nationalle et acceptée par le Roy et a signé Pressac vicaire de Civray. »

Son aîné avait prêté le même serment devant les notables de Saint-Gaudent. L'un et l'autre ils jureront encore, comme le leur demande la loi, de maintenir l'égalité, la liberté et de mourir en les défendant.

A cette occasion, les notables de Saint-Gaudent, Bobe, Sableaud et Trillaud déclarent que leur curé n'a cessé

______

(1) « J'ai soixante-dix ans révolus... accablé d'ans et d'infirmités, je ne déshonorerai pas ma vieillesse », avait déclaré l'évêque de Poitiers, Beaupoil de Saint-Aulaire.

de se comporter « en vray et zélé républicain » (1).

En l'an VI. nous verrons Norbert, en sa qualité d'agent municipal, prêter comme tous les fonctionnaires d'ailleurs, le serment de haine à la royauté.

Mais n'anticipons pas et ne laissons pas passer sans la noter ici la journée mémorable du 10 avril 1791.

Ce jour-là les électeurs du district se trouvaient réunis à l'église Saint-Nicolas de Civray (2). Aux côtés du maire Gueny de la Braudière, nous reconnaissons pour n'en citer que quelques-uns : Fradin, le procureur syndic ; Pressac Desplanches, premier juge au Tribunal ; Tribot Delaspierre, administrateur du district ; Jacques Serph ; Izaac de Chergé, officier de la garde nationale de Lizant ; Paul Baillot, officier de la garde nationale de Saint-Saviol ; Joyeux Delafuye, de Surin ; Grollier, notaire royal ; Jolly, de Brux ; Didier, de Blanzay.

On scrutine pour la présidence. Le bureau, une fois constitué, soumet à l'élection de l'assemblée la nomination d'un desservant pour Saint-Saviol au lieu et place de Taupin, réfractaire.

Par 27 suffrages, Théodore-Jacques Pressac de la Chagnaye, vicaire de la paroisse de Saint-Nicolas, est proclamé curé de Saint Saviol (3). Pour remplacer Serph, de Saint-Macoux, Davau est à son tour élu.

On ne s'en tient pas à ces désignations et à quelques autres. La mode à Civray comme ailleurs est aux harangues patriotiques. Fradin demande la parole et « expose énergiquement à Messieurs les Electeurs la perte qu'éprouve la France par la mort de Monsieur Mirabeau. » Il « leurs a demandé, nous apprend le procès-verbal, d'assister à un service solanel que le Directoire se propose de faire célébrer demain à dix heures pour le

---

(1) Archives de la Vienne, L. 238.
(2) *Ibid.*
(3) Théodore resta 18 mois sans être remplacé, mais le curé Auguy et Delabarre, son vicaire, ne pouvant suffire à leur ministère, obtinrent la nomination du capucin Luc Bourgoin (en décembre 1792) comme second vicaire.

repos de l'âme du grand homme, tous MM. les Electeurs ont promis d'assister à cette cérémonie. »

C'est le tour du verbeux Norbert, qui ne semble aucunement gêné de l'investiture schismatique que vient de recevoir son frère, l'intrus de Saint-Saviol. « M. de la Chagnais, curé de Saint-Gaudent, après avoir obtenu la parolle a prononcé un discours relatif à la perte que la france Eprouve par la mort de M. de Mirabeau Et a fait la motion d'établir à Civrai une société des amis de la Constitution En réunissant à ce titre celui d'honnoré Mirabeau. »

Une messe d'actions de grâce est ensuite célébrée pendant laquelle la voix d'un des nouveaux promus, Bergeron, curé de Saint-Maurice, fait entendre sous les voûtes de la vieille église le *Domine, salvam fac gentem, salvam fac legem, salvum fac regem*, qu'on y chantera quelque temps encore.

La cérémonie terminée, on entonne un « The (*sic*) Deum ! » La société des Jacobins de Poitiers, désireuse d'étendre son action en dehors des limites du chef-lieu du nouveau département, avait recommandé à ses affiliés à l'occasion de l'élection des curés en remplacement des non-conformistes, de constituer des groupes dans les chefs-lieux de districts (1). A Civray, l'avis fut suivi à la lettre, observe M. de Roux.

« Norbert Pressac, à la messe d'action de grâces qui clôtura les opérations, prêcha et fit adopter la formation d'une société. »

Son rôle, en cette circonstance, témoigne une fois de plus de son esprit d'initiative et de son goût des nouveautés ; mais il ne faudrait pas croire qu'il s'imposât alors, parmi les dirigeants, comme une autorité indiscutable.

Le curé de Saint-Gaudent, touche-à-tout incorrigible, de caractère entier et atrabilaire, s'était fait des ennemis et reçut plus d'une fois de vertes leçons, nous aurons à le constater.

(1) *La Révolution dans la Vienne*, p. 422.

. . . .

Idées et langage se ressemblent et presque se confondent.

C'est la même exagération, la même emphase, la même habitude des échasses.

Un chaos de pensées et d'images s'agite dans ces cervelles bouleversées par tant de nouveautés affolantes et tragiques.

Les hommes de talent eux-mêmes tombent dans le désordre commun. « Ils s'exaltent, observe Taine, avec leurs souvenirs de classe et le monde entier ne leur apparaît qu'à travers des réminiscences latines. »

De tous les écrits de Norbert Pressac il n'en est pas, à ce point de vue, de plus caractéristique que *le Robespierrisme à Civray* (1).

Amplifications sans mesure, banalités vides ou ronflantes, galimatias double où l'auteur lui-même ne semble pas se comprendre, voilà trop souvent ce qu'on nous offre au lieu des précisions, des dates, des faits concrets que nous demandions.

Comme le jacobin de Taine, Norbert Pressac fréquente assidûment l'antiquité.

Avant d'agiter sur nos têtes les foudres de Jupiter Ingrand, qui longtemps menacèrent la sienne, il sollicite la même indulgence que Phocion trouva dans l'Aréopage.

Il tient à déclarer qu'il ne hait pas. Il ne sera pas pour les terroristes de Civray le vautour cruel de Prométhée. Bien au contraire il imitera Chrysippe, Socrate qui ne voulurent jamais que leurs calomniateurs prissent partie du poison qu'ils leur faisaient prendre et comme Zénon il se fera des amis de ses ennemis.

Si le curé de Saint-Gaudent ne poursuit pas de sa haine

---

(1) *Scélératesse dévoilée ou le Robespierrisme à Civray.*

Malgré les réserves de toute nature que commande ce libellé, il reste encore d'un intérêt considérable pour l'histoire de la Révolution à Civray.

les hommes dont les siens et lui eurent tant à souffrir, sa reconnaissance, par contre, déborde pour ces braves Scipions qui ont sauvé son frère ; il leur est plus reconnaissant encore que Pyrrhus, Alexandre, Alphonse, qui se faisaient gloire de n'oublier jamais.

Fradin est un valet de Catilina, Presle un Cyclope, la femme de Piorry s'appelle Proserpine, celle d'Ingrand Messaline.

En termes véhéments, il nous dépeint ceux qui dans son district auraient voulu ressembler à Sylla « qui à Rome faisait massacrer de façon qu'il n'y resterait que des murailles ».

Comme Démosthène, il pleure plutôt sur la vie des scélérats que sur la mort de ses parents et de ses amis. Des Vandales, qui ont brûlé des toiles représentant l'Olympe, Saturne, Pan, Pomone, Flore, Diane et Minerve, ont plutôt besoin d'ellébore que de ciguë.

Lycurgue viendra tout exprès, à propos des assignats, nous rappeler qu'il détruisit la monnaie d'or de Sparte pour en changer les mœurs.

Norbert citera Scipion un nombre incalculable de fois. « Je remercie les deux braves Scipions. »

« Si vous aviez l'âme de Scipion. »

« Scipion l'Africain disait qu'il était plus glorieux d'avoir sauvé un bon citoyen que d'avoir tué des milliers d'ennemis. »

La femme de Sparte est encore un des leitmotive de notre écrivain féru d'antiquité, mais c'est plus qu'il n'en faut pour caractériser la faveur dont jouissent près de lui les citations classiques.

Il en est d'autres, empruntées, celles-là, à la philosophie contemporaine ou à l'histoire de l'Angleterre qui sont également révélatrices des sources où puisaient alors Pressac et ses contemporains.

Nous verrons quelle influence sur les idées de Norbert eurent les œuvres de Rousseau et tout particulièrement son *Contrat social*.

A Rousseau, Norbert Pressac ne demande pas que des citations; il emprunte, non sans gaucherie d'ailleurs, jusqu'à sa manière et à ses expressions les plus habituelles.

Il abuse par exemple du qualificatif « sensible » dont les pasticheurs de l'*Emile* ont maintes fois souligné l'invraisemblable abus.

Voici ses adieux à la vie : « Je regrettais d'avance de quitter deux neveux et une nièce qui m'ont été confiés par une belle-sœur tendre, *sensible*, mourante et toujours chère à mon cœur.

« En me promenant je disais adieu à ces champs, ces collines, ces prés et ce séjour délicieux où j'admirais continuellement le tableau admirable sur lequel la nature nous prodigue sa nature et ses bienfaits...

« C'est à vous, pères, maris, épouses, enfants et amis des signataires, c'est à vous, cœurs *sensibles*, à dire combien la crainte a mis vos familles dans le trouble, l'effroi, le désespoir et l'insomnie... Quel est l'homme *sensible* qui ne concluera pas que la crainte de la détention, pire que la détention elle-même, a fait souffrir le district de Civray plus que tous les autres... Depuis trois ans j'ai souffert mille morts et je promène encore mon innocence et mon âme *sensible* dans ces bois, ces champs, ces admirables situations que j'avais quittées avec tant de regret, et que je retrouve avec tant de plaisir.

« ...Voilà deux ans que je n'ai pas entendu le rossignol et la *sensible* tourterelle. Le chant de ces oiseaux m'a mille fois plus ravi que la voix des hommes. »

Il serait fastidieux d'insister. « Ma sœur Sophie trouve partout des âmes *sensibles* pour l'accompagner dans les cachots à la recherche de son frère. »

« Notre souvenir sera toujours précieux à notre cœur *sensible*. »

« J'ai senti combien il est pénible pour une âme *sensible* de revivre à des coups si terribles. »

Des métaphores dont le moindre défaut est de n'être pas suivies sont encore bien chères à sa plume.

« Arrivé au Directoire, je trouvai Presle seul qui fit l'hypocrite Renard, pour devenir Tigre... Presle sous la peau de l'agneau fit en couleuvre mille excuses à mon frère. »

Les fautes contre la syntaxe abondent ; notre auteur ne tient aucun compte, par exemple, de la règle du complément commun à deux verbes, non plus que de l'obligation de ne pas juxtaposer des idées qui ne peuvent être reliées entre elles.

Je ne sais quel joyeux humoriste écrivait : « Pour les uns, les Allemands remontaient aux Croisades et pour les autres les pendules qu'ils nous avaient volées en 70. » C'était, d'un trait d'esprit, souligner toutes les fautes à la fois.

Norbert se contentera de dire : « Mais leur ménage fut à peine monté et leur âme plus tranquille qu'on les fit changer de prison. »

« Le plaisir que j'ai senti en ce séjour de l'innocence est au-dessus de mes expressions et des instruments de musique. »

Ou bien encore, rapprochement de mots qui aurait paru spirituel sous la plume d'un pince-sans-rire, mais qui n'est ici que naïf : « On nous donna une liberté provisoire et un gendarme. »

IIe PARTIE

PRESSAC DES PLANCHES ET SON AINÉ

CHAPITRE PREMIER

Des Planches commençait ses études de droit quand son aîné achevait de prendre ses grades ecclésiastiques.

Bientôt muni de son brevet *utriusque juris*, il songe à son établissement.

On se mariait jeune à cette époque ; son père n'avait que vingt-deux ans quand il avait épousé Suzanne Barbier et son oncle Boiceau de la Borderie n'en avait que dix-sept quand il sacrifiait à l'hymen (1).

Notre jeune robin est déjà remarqué par l'une des personnes les plus recherchées de Civray. Il est vrai qu'il n'est point le seul.

On donne à Mlle La Forge, nous apprend un billet

(1) *Registres paroissiaux de Savigné*, 11 août 1716. « Mariage de Jean Boiceau, Ec., fils de mess. Pierre Boiceau Ec. Seig. de la Borderye et de dame Suzanne de Goret, âgé de 17 ans, de la paroisse de Benet avec demoiselle Jeanne Pressac, fille de M. André Pressac, Sr de Ressat et Dlle Françoise Cartier. »

du temps cinq amoureux, à savoir : Pontenier, Lamirande, Desplanches, Vouillé et Marinié (1).

Ce n'est d'ailleurs pas à Mlle de la Forge mais à Jeanne Drouhault, une jeune orpheline, qu'il va bientôt s'unir.

Les Drouhault étaient d'une vieille famille de magistrature, possessionnée dans la paroisse d'Asnois du côté paternel et à Chaunai par les Fradin (2).

Le mariage eut lieu le 15 juillet 1778 à Champagné-Saint-Hilaire dont maître Louis Béra, oncle maternel et curateur de Jeanne Drouhault, était notaire et procureur fiscal.

Norbert Pressac de la Chagnaye enregistra le serment des époux en sa qualité de vicaire de Mazières, délégué par Girente, curé du lieu. En dehors des pères et mères du mari « présens et consentants » signent au contrat : « Julie-Suzanne Pressac, Jean-Alexis Pressac de la Mote, oncle paternel ; Me Jacques-Isaac Barbier, avocat et procureur du roi des traites, oncle maternel, le curateur de l'époux ; les sieurs Joseph-Charles et Jean-Charles Béra, Dlles Jeanne-Geneviève, Marie-Julie, Marie-Madeleine Béra, ses cousins et cousines germains et germaines ; Me Jean-Guitteau, notaire procureur, le sieur Louis Imbert, aussi ses cousins, Dlle Marguerite Suzanne Fricon » (3).

. . . .

Comme les rois heureux, les avocats de sénéchaussée n'avaient pas d'histoire. Et nous ignorons tout de longues années durant lesquelles Pressac défendit la veuve

(1) Lettre de Laubier de Grandfief à Rivaud, contrôleur des domaines, 1773. Papiers du Roc.

(2) Famille de Mme Drouhault.

Un Drouhault avait été parrain d'une cloche de l'église de Saint-Clémentin ; un autre Drouhault avait donné en 1784 une mission à l'église Saint-Nicolas de Civray.

(3) Le frère aîné et une seule sœur assistent au mariage. Registres de Champagné-Saint-Hilaire.

et l'orphelin (1). On passait pour aimer beaucoup les procès au xviii° siècle et la chicane était particulièrement en honneur dans la juridiction de Civray.

Pressac eut donc bien des fois, durant cette période si importante de sa vie, l'occasion de faire apprécier, en même temps que les ressources de son esprit, sa science du droit, ainsi que la clarté et la précision avec lesquelles il excellait à conduire sa discussion.

Nous aurions pu le surprendre démêlant quelque litige de succession ou de droit coutumier, étalant même à la barre, bien qu'il dût être surtout un avocat d'affaires, quelque dossier romanesque de chauffeur ou d'adultère...

Bornons-nous à l'apercevoir la robe sur le dos, les cheveux longs ; sous le bras, le bonnet carré, plaidant avec le seul feu de sa conviction, à l'audience de 7 heures du matin même dans ce terrible hiver de 1788-1789 et « envoyant à la lueur de quelques chandelles jaunes et fumeuses ses paroles glacées aux magistrats immobiles et transis à leur siège ».

Ses plaidoiries ne l'enrichirent guère. En 1780, les avocats à Civray ne gagnaient pas plus d'argent que cinquante ans plus tard, époque à laquelle, à propos des débuts de Pontois, un de ses compatriotes écrivait : « Je crois qu'il lui faudra manger, du moins pendant longtemps, plus de sardines que de gigot de mouton (2). »

Cette existence tranquille et laborieuse en même temps, qui s'écoulait dans l'intimité de son foyer et l'affection de sa famille eut été, sans nul doute, la période la plus heureuse de sa vie, si des malheurs domestiques ne s'étaient abattus sur lui.

Un berceau, celui de son premier-né, était tout à coup

<hr>

(1) On dit de lui : « Avocat en Parlement ayant exercé *très activement* pendant 20 ans en la sénéchaussée et siège royal de Civray. » Papiers de Mazières.

(2) Lettre Laubier de Granfief. Papiers du Roc.

devenu vide (1) et quelques années plus tard, sa jeune femme qui avait, aux dires de Norbert, toutes les qualités de l'esprit et du cœur, décédait en donnant le jour à son quatrième enfant (2). Avec le pressentiment de l'avenir qu'ont parfois ceux qui vont mourir comme si elle eût prévu la vie tumultueuse qui attendait son mari, la mourante avait recommandé à son beau-frère, le curé de Saint-Gaudent, les trois petits qui lui restaient. Adélaïde, l'aînée, avait moins de sept ans.

Ces prières ne furent pas vaines Norbert nous contera plus tard quels soins quasi-maternels il dut prodiguer à Patrice, l'un d'eux, pour le guérir d'une croûte de lait particulièrement rebelle (3).

Grand'mère et tantes partagèrent les mêmes sollicitudes. Mme de la Chagnaye accueillit chez elle son fils veuf et Sophie fournit et prépara le trousseau d'Adélaïde quand elle accompagna son père à Paris.

« Te souviens-tu quand j'envoie ta fille à Paris du trousseau qu'elle avait, c'était la pauvre tante qui s'était mise presque à manquer pour l'habiller (4). »

Avocat, rédacteur aux cahiers des Etats généraux, officier municipal, président du Tribunal du district en 1790, Pressac des Planches est désormais la personnalité politique la plus en vue du pays de Civray.

(1) Jean-François, né le 7 mars 1781, mort le 8 octobre 1782. Messire François-Barthélemy-Robert Hillaire, chevalier de Moissac, avait été son parrain.

(2) *Mon contre-poison ou supplément aux remèdes du curé de Saint-Gaudent.*
« Il y a environ 26 ans que l'on me manda que ma belle-sœur, après ses couches, eut au sein des duretés et des grumeaux endurcis ; malheureusement sur ce mal on mit des cataplasmes trop chauds, qui cuisirent le lait et qui occasionnèrent des dépôts. Par malheur, on y appliqua des onguents qui aggravèrent tellement le mal que ma belle-sœur en est morte.
De suite j'arrivais auprès de ma belle-sœur, que les qualités de cœur et d'esprit me la faisaient aimer et respecter ; elle me recommanda ses trois enfants. Depuis cette recommandation, mon cœur et ma conscience sentent tous les jours les degrés de tendresse qu'il m'est impossible d'expliquer et de vaincre. »

(3) *Ibid.*

(4) « Te souviens-tu... » Papiers de Mazières.

CHAPITRE II

Le 8 mai 1790, les assemblées primaires avaient été
convoquées en vue des élections générales.

Trois assemblées se tinrent le même jour pour le
canton de Civray (1).

La première, celle du chef-lieu, choisit comme électeurs : Guény de la Braudière, assesseur criminel; Barbier, avocat; Fradin de Belâbre, lieutenant général criminel.

La seconde — composée des paroisses de Saint-Clémentin, Saint-Pierre, Saint-Saviol, Saint-Macoux, Voulême et Saint-Gaudent — désigna Bailliot, de Comporté;
Bonnin, notaire royal; Brothier, bourgeois; Daliveaux,
de Voulême; Guyot, de Saint-Pierre-d'Excideuil.

La troisième — Lizant et Savigny — choisit Pressac des
Planches, avocat de la ville de Civray; Benoist, maréchal de la paroisse de Savigny; Tribot-Laspierre, procureur de la ville; de Cerzé de Blanzais, de la paroisse de
Lizant; Serph Desperelles, procureur (2).

(1) Les citoyens actifs — c'est-à-dire tous les habitants âgés de 25 ans et
qui payaient une contribution directe égale à trois journées de travail, y
prirent part indistinctement.

(2) Voici quels étaient les citoyens actifs de Saint-Gaudent qui votèrent :
Jean-Joseph Serph, maire; Jacques-Auguste Dupas de Chaumillon, méde-

Les opérations assez compliquées du scrutin s'effectuèrent sans incidents.

Les électeurs, ainsi désignés par les cantons, se retrouvèrent le 14 juin 1791 dans la chapelle du collège Sainte-Marthe (1), à l'effet d'élire l'administration départementale. Il s'agissait de nommer 12 conseillers généraux (on disait alors administrateurs), à raison de 2 choisis par district et 24 autres conseillers pris indistinctement dans les 6 districts, de nommer également 12 suppléants, enfin d'élire le procureur syndic du département.

Après une séance consacrée à la vérification des pouvoirs, l'assemblée décida, le 16 juin, de témoigner « aux augustes représentants de la nation de son dévouement et sa reconnaissance, par une adresse contenant adhésion entière à tous les décrets et improbation formelle de toutes les protestations contraires ».

Douze électeurs furent désignés pour rédiger cette adresse à l'assemblée nationale et parmi eux Pressac des Planches.

En voici le texte :

« MESSIEURS,

« L'Empire de la raison s'est élevé par vos nobles tra-

cin; Pierre Sableau ; Louis-François-Dominique Pressacq de la Chaignée, curé; Jean Piniou, Jacques Rivière, François Juchaume, Louis Boisson, Pierre Brousseau, Charles Crescent, Dexmier, Durocq, Henri Badonnière, praticien ; Jean Blanchet, Antoine Ingrand, bourgeois; François Chaffaud, Jean Baudifier, Jean Brousseau, Jean Montaigne, Jean Baudifier, Louis Vallier, marchand; Jacques Martron, coutelier; Jean Rivière, Jacques Brousseau, tailleur; Philippe Tribot, Massonière, journalier; André Baudifier, François Robin, Jean Texereau, Jean Pressacq, François Ancelin, François Sabourault, François ....., Jean Machet, Jean Prévost, Jean Robin, Antoine Roucher, Louis Gratolle, Jean Dinot (?), maréchal; Jacques Gratolle, charpentier; Antoine Tallebot, Jacques Robin et Charles Philibert, Jean Guenilleau et Jean Massonnet, Antoine Mandon, Pierre Roucher, Jean Chargelègue, sergent; Pierre Rivière, Louis Bachelier, Antoine Coquillaud, Jacques Montaigne, Jean Prevost, journalier.

Dupas de Chaumillon fut élu président; le notaire Baston, secrétaire.

Le canton de Civray contenait neuf paroisses, Blanzay et Champagné-le-Sec étaient du canton de Chaunay. Archives de la Vienne, L. 10.

(1) La chapelle actuelle du lycée.

vaux sur les ruines des préjugés, le spectre du despotisme est brisé, le poignard tombe des mains du fanatisme et ce monstre s'enfuit exilé pour jamais des bords fortunés de la France éclairée. Le temple de la Liberté vient de s'ouvrir pour nous, et nous avons offert sur l'autel de la patrie un encens pur et digne d'elle. Le génie de la France a reçu nos vœux : d'une main il tenait le recueil des décrets que votre sagesse a prononcés pour le bonheur des citoyens et de l'autre la couronne civique et immortelle dont il a ceint le front du meilleur des rois ! C'est sous ces heureux auspices que nous avons fait le serment solennel d'être fidèles à la Nation, à la Loi et au Roy, d'abjurer tout sentiment d'égoïsme et d'intérêt personnel, de n'avoir d'autre désir, d'autre vie que le bonheur de la patrie, de maintenir de tout notre pouvoir la nouvelle Constitution françoise...

« Fidèles à nos serments, l'instant qui les a vus prononcer nous a vu réunis et ne former qu'une Société de frères, une parfaite intelligence, le concert et l'harmonie régnant entre tous les districts. L'estime et la confiance ont dirigé nos suffrages et fixeront notre choix.

« Avant de se consacrer aux honorables fonctions qu'un nouvel ordre leur aura destiné, les électeurs du département de la Vienne s'empressent de vous offrir leur premier hommage. Nous renouvellons la déclaration d'une pleine et entière adhésion aux décrets émanés de votre sagesse, acceptés et sanctionnés par le Roy, convaincus que sur leur exécution reposent la liberté, la tranquilité, la félicité publique. Nous improuvons formellement toutes protestations qui pourraient tendre à détruire ou affaiblir dans le cœur du citoyen, le respect qui vous est dû.

« Lorsqu'un monarque chéry et digne de l'être, méprisant le faux et dangereux éclat du pouvoir arbitraire, s'honorant d'être sous l'empire des lois le chef auguste d'un peuple libre, s'empresse de souscrire et de confirmer les décrets des sages représentants la nation, un si grand exemple ne sera pas sans force et sans pouvoir.

« Oui déjà les cœurs préparés à la confiance soupirent après l'heureux jour où, mettant la dernière main au grande œuvre de la Constitution françoise, vous mettrez le sceau à la félicité publique.

« Dans ce grand jour, tous les habitants de ce vaste empire, oubliant d'ennuyeux débats, écartant de vaines prétentions, détruisant toute semence de haine et de discorde, frères et citoyens se rassembleront sous les drapeaux du patriotisme. Et la patrie consolée, réunissant dans son sein des enfants trop longtemps divisés, oubliera jusqu'aux pleurs qu'elle a versés sur leur égarement (1). »

Cette première déclaration de la première assemblée électorale de la Vienne porte donc la signature de Pressac des Planches et atteste ainsi l'importance du rôle qu'il jouait déjà dans le département.

L'hyperbolisme de ce manifeste « analogue aux circonstances » nous incline pourtant à penser que, dans sa première et sa dernière partie tout au moins, il n'est pas de l'inspiration de l'élu de Civray. Il nous apparaît plutôt écrit à la manière de Piorry, le futur conventionnel, l'un des rédacteurs officiels. A la séance du lendemain 17, Pressac des Planches fut proclamé administrateur du département par 349 voix sur 422 inscrits : — son oncle Isaac Barbier en obtenait 350 ; — il arrivait au cinquième rang dans l'ordre des suffrages (2).

Le nouvel élu appartenait au parti patriote modéré de l'assemblée ; il se fit pourtant inscrire, au lendemain de l'élection ainsi que Barbier, au groupe jacobin des *Amis de la Constitution* (3).

Sur 422 électeurs, une vingtaine seulement apparte-

(1) *Historique des Assemblées départementales de la Vienne*, par René Perlat.
(2) Archives de la Vienne, L. 10.
(3) *La Révolution à Poitiers et dans la Vienne*, de Roux, p. 298.

naient à cette société, toutefois 9 sièges sur 36 lui furent attribués.

Le grand séminaire où se tenaient les séances du conseil général était installé dans les bâtiments actuels de l'Hôtel-Dieu. Frottier de la Messelière présidait l'assemblée, assisté d'un directoire de huit membres dont faisait partie Isaac Barbier. Les administrateurs étaient répartis entre quatre commissions, quatre bureaux, comme on disait alors : le bureau de l'impôt, le bureau du bien public, le bureau des travaux publics, le bureau de l'aliénation de féodalité : questions financières, d'assistance, d'agriculture, d'eaux, de vicinalité, d'hygiène relevaient essentiellement de l'administration départementale. Les événements politiques y avaient aussi leur écho.

C'est le directoire du département qui, le 19 mars 1791, prononça la dissolution de la Société littéraire, association rivale des amis de la Constitution.

Trois jeunes gens (1), Salliard, Charles de Vittré et Montbrun, qui, insultés quand ils sortaient de la Société littéraire, avaient dégainé des cannes-épées, furent poursuivis et fournirent le prétexte cherché d'une dissolution.

Au milieu de toutes ces circonstances, la personnalité de Pressac s'affirmait et son ascension se poursuivait.

.   .   .   .

En se séparant, l'Assemblée Constituante décidait qu'aucun de ses membres ne serait rééligible aux élections prochaines. Pour une tâche nouvelle, qui s'an-

(1) *La Révolution à Poitiers et dans la Vienne,* p. 427 et *Historique des Assemblées départementales de la Vienne.*

« Attendu, dit l'arrêté, que la Société littéraire est un foyer de discorde, que des membres de cette société ont tiré leurs armes contre le peuple assemblé sur la place, les membres de cette société sont invités à s'en retirer et à [n'en plus former d'autres qui pourraient perpétuer les inquiétudes des citoyens. »

nonçait formidable, il fallait des hommes nouveaux dont « la lassitude » n'aurait pas « nécessairement affaibli les efforts de l'âme et de la pensée et que n'aurait pas corrompus l'exercice du pouvoir ».

« Athlètes vigoureux, s'était écrié Robespierre, laissons la carrière à des successeurs frais et vigoureux ! »

Cette exclusive, d'inspiration généreuse, n'était pas sans dangers. Elle éloignait des affaires publiques des hommes compétents et diminuait le niveau de la représentation politique du pays.

« Les acteurs en titre se sont retirés au moment où ils commençaient à comprendre leurs rôles, bien mieux ils se sont exclus eux-mêmes du théâtre et la scène est maintenant livrée aux doublures (1). »

Cette cause expliquerait à elle seule la trace peu profonde que la Législative a laissée dans l'histoire, si son éphémère durée n'y suffisait pas.

Le 29 août 1791, les électeurs désignés par les cantons se retrouvèrent dans « l'église du collège de Poitiers » pour élire des représentants à la nouvelle assemblée.

Le curé Lepeultre, président d'âge, ouvrit la première séance (2), celle où furent réglées les formalités d'usage. Le lendemain, Pierre Montault des Isles, nommé président définitif, désignait Pressac, « juge au tribunal du district de Civray », pour prendre place au bureau (3).

Un électeur ayant fait observer que cette nomination *motu proprio* ne correspondait pas au vœu de la majorité,

---

(1) *Origine de la France contemporaine*, t. II, p. 94.

(2) Procès-verbal de l'assemblée électorale, Archives de la Vienne, L. 10; A. N. C. 138.

(3) Entre temps il ne dédaigne pas les opérations avantageuses et se rend acquéreur, à la vente des biens nationaux, provenant des fonds ecclésiastiques, au prix de 2.000 livres de « trois pièces de terre situées en la prairie de Salles, paroisse de Saint-Saviol ... contenant 7 boissellées environ, une moitié dépendant de la cure de Civray et l'autre moitié du prieuré de la Mennerville. »

Aux enchères du 31 mai 1791, le curé de Saint-Gaudent achète à son tour pour Bourdier la Maillerie et le pré de la Folie provenant de la cure de Charroux, pour la valeur de 2.999 livres.

l'assemblée fut consultée par assis et levés et ratifia à l'unanimité de ses membres, y compris le protestataire, le choix de son président.

Cet incident, provoqué pour atteindre Pressac des Planches, le mettait au contraire en pleine lumière.

Successivement et après de nombreux scrutins : Montault, Martineau, Allard, Guilhaud, Létanche, sont élus députés. A la séance du 2 septembre au soir, Belleroche, membre du directoire du département, l'emporte sur le prêtre Guillori et bientôt Pressac est proclamé. Il remercie l'assemblée et déclare accepter « sa commission ». Le lendemain sont élus les septième et huitième représentants : Piorry et Ingrand.

Jean-Jacques-Louis Pressac des Planches est donc investi du mandat qu'il a sollicité. Il devra défendre la constitution, briser les obstacles qui s'opposeraient à l'organisation et au développement de la Révolution, mais il lui faudra aussi, pour sa part, canaliser le flot populaire et contenir l'anarchie.

Tâche écrasante dont l'élu n'entrevit pas, sans doute, toutes les responsabilités et les dangers.

L'attrait d'une existence nouvelle, s'ajoutant aux soucis immédiats d'une installation à Paris, suffirent à occuper ses pensées.

Il fallait quitter le pays, sa chère petite ville « où il n'avait jamais connu que les douceurs d'une société paisible ».

Il lui fallait s'éloigner de ses sœurs, de ses deux frères, et leur confier Adélaïde, François et Patrice, ses trois orphelins.

Nombre des 745 collègues au milieu desquels il allait vivre cette existence ardente et tourmentée qui fut celle de la Législative lui ressemblaient trait pour trait.

Ils avaient comme lui épousé les idées nouvelles et donné très loyalement des gages à la Révolution.

Sur les bancs de droite siégeaient — au nombre d'une centaine — ceux qui entendaient confier à la monarchie héréditaire l'application des réformes de 1789 : les constitutionnels, dont les orateurs et les guides s'appelaient Vaublanc, Mathieu-Dumas, Boullenger, Jaucourt.

Sur les gradins opposés, au nombre de trois cents, s'agitaient les jacobins. Au centre, au ventre, comme on disait aussi, les pusillanimes et les trembleurs représentaient le tiers de l'Assemblée.

Dominés par l'audace des montagnards, suant de peur sous les vociférations et les menaces des tribunes publiques, ils votaient presque tous et toujours les mesures les plus révolutionnaires.

Le député de Civray vint s'asseoir sur les bancs de la minorité, sur les limites du centre où siégeait son cousin Bigot de Préameneu (1). « Oui, j'étais de la minorité de l'Assemblée législative de 1791 ; nous n'étions pas malheureusement assez nombreux et les plus forts. Et quoique nous délibérions toujours et émettions notre opinion hautement sous le fer des assassins qui garnissoient toujours les tribunes, nous n'abandonnâmes la place qu'à la dernière extrémité et après seulement que nous en fûmes expulsés (2). »

Son attitude resta conforme à ses principes.

On l'accusera d'avoir été feuillant ; au sens exact du mot, il n'appartint jamais à ce groupe.

Trois fois seulement, et par curiosité, il s'était rendu au club des feuillants ; trois fois également on avait pu l'apercevoir de l'autre côté de la barricade, rue Saint-Honoré, où les Basire, les Chabot, les Lecointre, enflaient la voix et « parlaient par la fenêtre » (3).

Des Planches entendait réserver son indépendance. Il lui semblait « impossible de s'associer sans aliéner une partie de sa liberté ». « C'est un précepte politique, déclarait-il, en nous indiquant la référence de ses prin-

---

(1) Félix-Lucien-Jean, baron Bigot de Préameneu, avait épousé Eulalie Barbier, fille d'Aimé-François Barbier, oncle de Des Planches.

(2) Lettre du 7 octobre 1814. A M. le Préfet seul. Archives de la Vienne.

(3) *A mes concitoyens.*

cipes, que Jean-Jacques Rousseau a sagement consacré dans son *Contrat social* (1). » Un de ses plus courageux collègues, Hua, a presque dit les mêmes choses dans les mêmes termes (2). « Je ne voulus pas être feuillant à l'exemple de plusieurs de nos amis, je répugnais à tout ce qui avait l'air d'une coterie, ma mission de député était à l'Assemblée, je n'en sortis pas. »

Des Planches était alors et restera, sa vie durant, constitutionnel dans la moelle. Toujours il aura pour les codes politiques de son pays un culte ardent. Comme son malheureux roi, il avait le scrupule de rester attentif à la loi quand tout le monde, autour de lui, la violait.

. . . .

A peine arrivé, avec ses collègues de la Vienne, à la salle du manège, nous l'apercevons dans la bousculade et la confusion des premières séances, effacé, modeste, mais tout pénétré de la noblesse de son mandat, attendant, avec cette sorte de ferveur mystique qui caractérisait les hommes sincères de ce temps, l'acte constitutionnel sur lequel il va jurer sa foi.

Il suit d'un regard inspiré l'archiviste Camus qui, l'air recueilli, les yeux baissés et accompagné processionnellement par les douze vieillards de l'Assemblée, porte de ses deux mains appuyées sur la poitrine l'Evangile nouveau (3).

Il nous a conservé lui-même le souvenir des premières émotions de sa vie publique. « Lorsqu'appelé à la Législative et que, la main posée sur le livre de la Constitution, je jurai de la défendre jusqu'à la mort, je promis solennellement de ne rien proposer ni consentir qui pût y porter atteinte. Je mis la fidélité à ce serment au

----

(1) *A mes concitoyens.*

(2) *Mémoires de E. A. Hua*, avocat au Parlement de Paris, député à l'Assemblée législative, publiés par son petit-fils, E. M. François Saint-Maur.

(3) *Ibid.*

rang de mes plus saints devoirs, et c'est, selon toute apparence, cet engagement que j'ai voulu remplir trop sévèrement qui m'a rendu coupable avec quelques personnes (1). »

Alors même qu'ils étaient d'essence positive, des esprits qui prétendaient s'être affranchis de toute entrave n'arrivaient pas complètement à se déniaiser et des scènes puérilement théâtrales, comme celle de l'acte constitutionnel, les émouvaient encore.

La session est ouverte. La nation anxieuse attend à l'œuvre ces hommes nouveaux et jeunes qui n'ont même pas de boucles à leurs souliers, et se rendent à leur poste de législateur « en parapluies et en galoches ».

Les administrateurs du district de Civray s'adressent à la Législative et apportent à leurs députés conseils et encouragements (2).

Validé sans discussion, dans la séance du 2 octobre, en même temps que ses collègues de la Vienne, sur la proposition de Dumolard, secrétaire d'âge, Pressac des Planches prêta serment le 3 (3).

En homme de bon sens qu'il était, notre élu se contenta d'abord d'observer et de réfléchir, laissant la parole aux verbeux, toujours AVIDES dans les Chambres politiques. La tribune lui apparut redoutable et d'accès difficile. Pour y parvenir, il fallait suivre l'ordre d'inscriptions âprement disputées, se cuirasser contre les insolences et les injures des Jacobins, braver les clameurs et les *tolle* des « trublions » des galeries.

Aussi Des Planches n'intervint-il qu'une seule fois, après qu'il se fût familiarisé, durant trois mois, avec l'Assemblée. Il choisit, en sa qualité de magistrat, un sujet d'ordre judiciaire, fut bref et réservé.

(1) *A mes concitoyens.*
(2) « C'est quand, écrivent-ils, menacés de toutes parts, déchirés par des factions dangereuses, vous vous montrez plus grands et plus courageux que jamais, qu'ils (les Français) doivent s'unir, se serrer autour de vous, vous soutenir dans vos fatigues, vous aider à défendre la chose publique *Lettre du 18 août 1792, A. N. C. 158.*
(3) *Moniteur universel.*

Voici dans quelles circonstances se produisit à la séance du 12 janvier 1792 (1), au matin, son intervention.

On discutait de l'organisation des tribunaux criminels et Lamarque, rapporteur du Comité de législation, proposait un article additionnel ainsi conçu : « Toutes les plaintes en accusations suivies d'informations antérieures à l'époque de l'installation des tribunaux criminels seront jugées par les tribunaux qui s'en trouveront saisis, soit en première instance, soit par appel, et l'instruction de la procédure sera continuée suivant les lois qui ont précédé l'institution des jurés. »

Des Planches appuya ce texte (2). Il insista, comme il convenait, sur l'excellence « de la méthode nouvelle du juré opposé » aux anciennes formes d'instruction gothique, mais en arriva à déclarer qu'avant ses préférences il n'hésitait pas à placer le respect de la Constitution.

En investissant les tribunaux criminels du pouvoir de prononcer sur des délits anciens, on commettrait « une subversion de principes » parce que la loi qui punirait « se trouverait postérieure au crime ». On violerait, de la façon la plus formelle, l'acte constitutionnel dans son article 8 où il est dit que nul ne peut être puni qu'en vertu d'une loi établie et promulguée antérieurement au délit et loyalement appliquée. On ne peut pas faire rétrograder les lois pénales pour punir les crimes commis avant leur existence.

Cet article additionnel, qui avait le double avantage de maintenir des principes essentiels, en même temps que d'entraver l'arbitraire jacobin, fut voté par l'Assemblée.

Le compte rendu ne nous permet pas de juger de la portée de l'intervention du député sur l'esprit des législateurs. Aucun des mouvements redoutés ne s'était pro-

---

(1) *Moniteur universel.*

A la même séance montèrent à la tribune Chéron-la-Bruyère, Rougier-Laborgerie, Couthon, Vergniaud, Lecointe-Puyraveau.

(2) *Moniteur universel* (séance du 12 janvier 1792).

duit : pas d'applaudissements, pas de murmures. Un calme relatif était d'ailleurs ordinaire dans des interventions qui ne passionnaient pas le débat, encore que la discussion présente apparût comme une victoire du droit sur la démagogie.

« Travailleur assidu », voulant remplir fortement sa mission, il découvrit certainement le moyen d'utiliser dans les commissions et les bureaux une expérience et des connaissances appréciées de tous.

Nous n'avons pas retrouvé la correspondance privée de Des Planches. On eut aimé à connaître — s'il avait osé toutefois les confier à la poste, dont il passa de longues années à se méfier — ses impressions journalières et lâchées sur les événements formidables de 1791 et 1792.

A défaut de lettres, un document nous reste, de tout premier ordre celui-là, c'est un compte rendu de mandat compris à la manière actuelle. Nous lui avons déjà fait de nombreux emprunts (1).

Le député sortant l'avait écrit au moment des élections à la Convention. Toute son ambition était « de s'enfoncer et de vivre dans une heureuse obscurité » ; mais se sachant discuté, calomnié, menacé de perdre la liberté et peut-être la vie, il avait saisi l'occasion qui s'offrait de s'expliquer.

S'il ne sollicitait pas une seconde fois les suffrages, il entendait se justifier près des citoyens de bonne foi et réduire au silence ses détracteurs, sans oublier pourtant que « pour les méchants le langage de la raison, de la justice et de la vérité est inutile ».

Et d'abord il proteste de la fidélité à ses principes, de la loyauté, de la pureté de ses intentions Comment ceux qui naguère le poussaient aux honneurs en sont-ils arrivés à le méconnaître et à l'outrager aujourd'hui ?

Pour lui, il est resté le même. « Tel vous m'avez

____

(1) *A mes concitoyens.*

connu, tel vous me connaîtrez toujours, animé du même patriotisme, aussi plein d'amour pour la liberté et l'égalité. » Qui donc a changé ? Et le voici qui étale sa conscience avec une émouvante sincérité.

N'oublions pas, si nous voulons comprendre le courage de ses déclarations, combien l'heure qui passe est difficile pour les modérés à quelques semaines de Varennes, au lendemain des sinistres journées de septembre, et le danger n'est pas seulement à Paris.

D'abord un rappel de principes : « J'ai vu et suivi de très près, sans doute, la Révolution. J'étais ici, lorsqu'en 1789, le peuple français, par une de ces explosions terribles, commença à secouer ses chaînes. J'en rapportai cette horreur pour le despotisme et cet amour ardent pour la liberté qui, loin de s'affaiblir chez moi, s'est au contraire fortifié davantage et ne s'éteindra jamais de mon âme. C'est bien par une inclination naturelle que j'ai préconisé, avec autant de chaleur et dans toutes les occasions, le nouvel ordre de choses qui s'est alors établi. »

Fort de sa conscience, loin de se courber sous l'orage, il se redresse et s'affirme. « Plus ses ennemis (de la Constitution) se multipliaient, plus on l'attaquait, plus je me suis serré près d'elle pour la défendre. Je n'ai pu voir sans un profond dépit tous les efforts que l'on a faits pour renverser cette même Constitution regardée, malgré ses défauts, par tout le monde, comme un chef-d'œuvre de l'esprit humain. »

Des Planches est monarchiste, mais à la manière nouvelle. On pourrait dire de lui ce que Vaublanc disait de La Fayette : « Il portait le drapeau royaliste de travers, mais enfin il le portait. » Il ne voit le roi que dans la Constitution.

« L'inconstance sur la forme de notre gouvernement » peut « nous précipiter dans une anarchie complète ».

« Ce n'est plus une constitution monarchique que veulent les novateurs, la dernière Révolution n'a été

faite que pour amener à un gouvernement républicain. »
Il ajoute, sur un ton moitié figue moitié raisin, qui confirme, quoi qu'il en paraisse, le fond de sa pensée : « C'est le plus doux ! je désire bien sincèrement qu'on puisse le rendre propre à la grandeur de l'Etat. »

Loin de s'excuser, près des patriotes excités, de son attitude modérée, on dirait que déjà il cherche à prendre date en vue d'un avenir réparateur.

Ce manifeste présente pour le portrait moral de notre modèle un intérêt particulier ; notamment dans les déclarations suivantes : « Oui, sans doute, j'ai juré cette liberté, mais cette liberté décente, soumise à l'esprit des lois qui .. forme le bonheur de tous. J'ai juré l'égalité, mais cette égalité douce, bienfaisante qui, en rapprochant les hommes, les unit davantage, qui ne méconnaît pas les distinctions sociales et, docile, aux organes de la loi, refuse seulement de se soumettre à tous ces vains titres que l'orgueil seul décernait. »

Des Planches retarde, il se croit en 89 ! Anachronisme encore quand il s'étonne du « bizarre contraste de la raison qui commande et de la passion qui désobéit : quand il s'afflige « qu'il suffise de se montrer calme et réfléchi pour être suspect » et qu'il supplie « qu'on parle peu de la liberté et qu'on fasse tout pour elle ».

Il avoue ses inquiétudes et ses troubles ; son cœur ne s'est pas réjoui des événements qu'il a vécus. « Si paraître affligé des malheurs publics n'est pas d'un bon citoyen, j'en conviendrais, ce sentiment de douleur m'a bien peu quitté. »

L'élu de la Législative pouvait-il faire un plus compromettant aveu aux yeux de ceux dont on a dit justement qu'ils n'avaient qu'une seule passion, l'envie ; qu'un seul but, le nivellement ; qu'un seul moyen de domination, la violence (1).

Ne se bornant pas à exposer ses principes, il entend

____

(1) De la Gorce, *Histoire religieuse de la Révolution française*, p. 72, t. II.

justifier ses votes, ceux au moins qui ont soulevé contre lui le plus de colères.

« La nouvelle Assemblée, élue sous l'impression du danger public, devrait s'appeler, non la Législative, mais l'Assemblée de la guerre », écrit Michelet, en épigraphe du livre VI de son *Histoire de la Révolution*. La mémorable séance du 20 avril 1792, dans laquelle la guerre fut déclarée à l'Autriche sur la proposition du Roi, avait laissé des tristesses et des remords au fond de son cœur. Unanimement on avait décrété la levée des armes ; seuls, sept constitutionnels : Dumas, Gentil, Baert, Jaucourt, Becquez, Théodore Lameth et Hua s'y étaient opposés.

Il avait voté, lui, des Planches, « à la faveur du tableau perfide de nos moyens et de nos ressources qu'on est venu nous proposer ».

Mais il ne voulait pas la guerre. « J'ai toujours pensé qu'elle ne nous convenait sous aucun rapport. »

Son attitude dans le scrutin où les jacobins entendaient mettre en accusation La Fayette, accouru de son camp de Bavay après la menaçante journée du 20 juin, pour réprimer l'émeute et sauver l'ordre avec la liberté, lui fut âprement reprochée. Il répondit, pour se défendre, qu'il partageait le tort d'avoir voté pour La Fayette avec plus de 600 de ses collègues.

Le bilan des responsabilités dont on voulait écraser les modérés avait été dressé dans une pièce devenue rare aujourd'hui et que nous retrouvons dans les papiers Piorry : c'est le tableau dit « des sept appels nominaux » (1). Absent, Des Planches ne prend part ni au premier ni au second scrutin ; dans les autres, il se

---

(1) Tableau comparatif des sept appels nominaux, à Paris, chez Chaudrillié, rue de Rohan, n° 16.

1ᵉ appel : Bertrand, ministre de la marine, a-t-il perdu la confiance de la nation ?

2ᵉ appel : Les députés peuvent-ils s'assembler dans la salle de l'assemblée pour des conférences particulières, les jours où il n'y aura point de séance du soir ?

prononce avec la minorité, qu'il s'agisse de savoir si les soldats révoltés de Châteauvieux, à l'heure où la guerre prochaine exigeait une discipline raffermie, seraient admis aux honneurs de la séance, si les crimes des émigrés devraient être jugés par les tribunaux criminels ordinaires ou par la Haute Cour nationale, ou qu'il soit décidé des indemnités pour titres féodaux.

Et l'attitude de Des Planches, notons-le expressément, est d'autant plus digne d'éloges que l'appel nominal imprimé devient un document d'accusation au premier chef qui pourra prendre place demain dans un dossier de proscription et de mort.

Nul ne se faisait illusion sur la gravité d'un vote public. Aussi bien les modérés étaient-ils assurés de perdre cent voix avec l'appel nominal.

Une accusation avait particulièrement atteint dans son honneur le député de la Vienne.

Le bruit s'était répandu qu'il s'était vendu, qu'il avait émargé à la liste civile. Quelques arguments de bon sens auraient dû lui suffire pour faire une justice définitive de ces calomnies. « Je m'en retournerai, je crois, moins fortuné que je ne suis venu et si cette source de corruption a dû s'ouvrir, ce n'aurait pu être qu'en faveur de ceux qui, par leurs talents et leurs grands moyens, ont dominé l'Assemblée ; mais pour moi dont le nom est resté inconnu et ignoré, qui n'ai jamais disposé que de ma propre opinion, que pouvait-on m'offrir ?

3° appel : Les soldats de Château-Vieux seront-ils admis aux honneurs de la séance ?

4° appel : Les crimes pour les émigrés doivent-ils être jugés par les tribunaux criminels ordinaires ou par la Haute Cour nationale ?

5° appel : Pour avoir droit à une indemnité dans le cas où les droits féodaux casuels seraient abolis, faut-il justifier absolument d'un titre primitif ou à son défaut sera-t-on admis à présenter trois reconnaissances énonciatrices du titre en justifiant de 40 années de jouissance ?

6° appel : M. de la Fayette a-t-il quitté son armée pour se rendre à Paris sur un congé du ministre ? Le ministre sera-t-il interpellé sur ce point ?

7° appel : Y a-t-il lieu à des accusations contre M. de la Fayette ?

Tous les états de la liste civile ont été imprimés et sont dans les mains de tout le monde ; combien cette publicité a confondu d'impostures ! »

Quels rapports, petit avocat de province sans influence et sans autorité, aurait-il pu entretenir avec les Tuileries ?

« Je n'étais point, insiste-t-il, dans une position à connaître la cour, à avoir aucune relation avec elle. » Et il ajoute avec le même accent de modestie et de vérité que nous avons perçu tout à l'heure : « J'ai toujours ignoré ses sentiments comme ses projets. »

Dans cette succession ininterrompue d'événements affolants qui jetaient les Français les uns contre les autres dans un conflit effroyable, il a noté seulement deux impressions plus fortes qu'il éprouva, les premières au début, les secondes à la fin de la législature.

Il a vu pleurer le roi, quand il alla saluer en délégation Louis XVI, pitoyable Christ au roseau, et lui annoncer « la réunion qui venait de s'opérer dans le corps législatif ».

Les larmes du pauvre monarque captif, impuissant, outragé, l'émurent, il le reconnaît, ce qui est courageux, tout en ajoutant cette réserve nécessaire :

« Ce sentiment, qui n'a eu aucune suite, a été offensé par des traits bien cruels. »

Des Planches n'oubliera jamais non plus les visions d'épouvante du 10 août : « les trahisons et les perfidies qui l'ont fait frémir ». Cette séance de nuit, ces hommes, ces Suisses qu'on égorge dans la rue pendant que le Roi vient mettre sa personne et sa famille sous la protection de l'assemblée.

Ces mascarades indignes de pétitionnaires, admis en séance, qui tout à coup transformaient en une forêt de piques mouvantes les tribunes, les corridors, les enta-

---

(1) La délégation ne constituait pas un honneur particulier. « Les délégations seront composées sur la liste alphabétique, afin que les membres soient députés tour à tour. » (Séance du mercredi 12 octobre 1791.)

blements des fenêtres et jusqu'aux gradins de la montagne.

Le roi était au Temple, on s'égorgeait dans les prisons. L'heure de la Convention sonnait. Les sociétés populaires des départements attendaient fiévreusement les représentants qui n'avaient pas obéi à tous leurs ordres pour les livrer à la fureur des patriotes.

CHAPITRE III

LE DÉPART DE PARIS. — ARRIVÉE A CIVRAY. — COMPLOT ET GUET-APENS. — LES JACOBINS DE L'ENDROIT. — DES PLANCHES SE CACHE.

Après avoir obtenu, non sans difficulté (1), un sauf-conduit, Pressac des Planches se mit en route pour Civray dans les derniers jours de septembre, avec sa fille Adélaïde.

Il connaissait depuis déjà plusieurs semaines le résultat des élections de la Vienne qui avaient eu lieu, un mois avant, le 2 septembre, à Châtellerault. Il avait appris les colères que son nom avait soulevées dans la salle du scrutin, alors qu'on le pendait en effigie (2) « comme royaliste ministériel et feuillant » et que de mains en mains, passait le Tableau comparatif des sept appels nominaux qu'on avait distribué à profusion.

La veille de l'arrivée de Des Planches à Civray, le 3 octobre (3), deux sans-culottes, le perruquier Alexis Surreau et le cordonnier Antoine Trilleau, font passer la caisse dans les rues, afin d'engager « les gardes natio-

(1) N'était-il pas du nombre des constitutionnels qu'on avait retenus dans la capitale, en leur refusant des passeports pour les empêcher d'aller en province rallier les voix et dire en public la vérité sur la Révolution récente ? *Les Origines de la France contemporaine.* p. 372.

(2) Lettre du 21 octobre 1814 du préfet Mallarmé. Archives de la Vienne, M. 4. 5.

(3) Le 4 octobre fut le jour de mon retour... *Aux citoyens composans le Tribunal criminel du Département de la Vienne.* Papiers de Mazières.

nales » à prendre les armes le lendemain pour venir à la rencontre du traître et lui faire un mauvais parti (1).

On se réunit, la proposition est examinée, mais elle révolte « toute l'assemblée qui se sépare aussitôt ».

Ces meneurs, deux êtres dans la misère, « furieux frénétiques toujours en haleine pour exciter le trouble et le désordre, ardents colporteurs de la calomnie et de la malveillance, ne prêchant que le meurtre et le pillage », ne se rebutent pas.

Avec une vingtaine de citoyens de leur acabit, ils décident de se retrouver dans une auberge à la sortie de la ville, sur la route par laquelle doit arriver l'ex-député, et de mettre à exécution leur projet.

Une potence est dressée ; tout en se gavant de vin et d'eau-de-vie ils attendent leur proie (2).

La famille Pressac est prévenue et Sophie, l'intrépide Sophie, court à la rencontre de son frère ; elle le fait changer de chemin, lui sauve la vie. « Te souviens-tu, lui écrira-t-elle trente ans plus tard, dans une lettre de reproche à laquelle nous nous reporterons plusieurs fois, de celle qui te sauva de la potence et qui était en sentinelle perdue pour te donner le signal de la fuite, elle était montée sur une jument qui n'avait porté ni fer, ni bride, ni selle (3). »

Dans un récit de ces événements écrit par le curé de Saint-Gaudent après Thermidor (4), ce dernier nous apprend que son frère, fuyant le danger qui le menaçait, se cachait à la campagne. Nous en avions conclu que Des Planches avait mené cette vie errante où sans trêve la mort poursuivit d'autres anciens législateurs suspects comme lui de modérantisme.

La réalité est un peu différente.

(1) *Aux citoyens composans les administrations du Directoire du Département de la Vienne.* Papiers de Mazières.

(2) *Les Larmes d'un frère ou Pressac des Planches innocent,* par Norbert Pressac. Papiers de Mazières.

(3) *T'en souviens-tu...* Papiers de Mazières.

(4) *Scélératesse dévoilée.*

Le député de Civray se cacha bien, mais chez lui, dans sa maison de famille de la Grand'Rue, ou plutôt il évita de se montrer.

Bientôt il lui devint tout à fait impossible de sortir sans être insulté et menacé par le fameux Trillaud, qui demeurait à peu de distance de son domicile.

Il en fut réduit à s'armer d'un pistolet de poche que lui prêta son frère Norbert et prit même soin de faire connaître sa résolution à son redouté voisin.

On allait répétant que l'ex-député était un assassin du peuple qui avait vécu des subsides de la cour, un traître, un abominable aristocrate.

Des ennemis personnels, des rivaux, s'efforçaient d'exciter les passions contre lui, mêlant à sa vie paisible et sans mystères d'effarantes légendes. Quel engouement alors pour les images de mélodrame, les faibles et les bons d'un côté, les traîtres et les tyrans de l'autre ?

Malgré ces détestables suggestions, moitié par crainte, moitié par respect, nul n'osait porter la main sur la victime promise. Mais si les sans-culottes de la ville flanchaient, il s'en trouverait d'autres, hôtes d'un jour, étrangers au pays, qui sauraient faire justice.

Un grand nombre de « gardes nationales » de la Corrèze (1) et de la Haute-Vienne étaient alors de passage à Civray.

Ces soldats, contingent mêlé de volontaires et de remplaçants, artisans sans ouvrage, contrebandiers, braconniers, gardes-chasse congédiés, « ivraie et bon grain que la servitude militaire allait broyer », en attendant le jeu des batailles, étaient partout où ils passaient des éléments de désordre. « Tout, dit un historien, concourait à les pervertir : la disette à l'étape, la réception au club ; ils seront les bras séculiers de la démagogie. Ce que les scribes du ruisseau, ce que les rhéteurs de

<hr>

(1) *Procès-verbal d'arrestation*, signé Dupit. Manuscrits des Antiquaires de l'Ouest, carton 34. Archives de la Vienne.

carrefour ont médité, ils l'exécuteront. » Exécuteurs sans risque, car ils passent, demain on ne les reverra plus.

Dans les prisons de Poitiers (1), dans celles de Niort (2), dans celles aussi de Civray (3), il y eut, du fait des volontaires, des menaces sérieuses de septembrisation. Nos meneurs avaient compris tout le parti qu'ils pouvaient tirer de ces ardentes et audacieuses recrues. Trillaud, toujours le même, se rendit près du commandant « du département d'Uzerche », un brave homme appelé Mabarreau Sillonard, dont l'histoire locale se doit de conserver le nom ; il lui proposa, sans plus de formes, de se défaire de Des Planches et de piller sa maison (4).

L'étranger, non seulement rejeta ces criminelles ouvertures, mais il eut le courage de faire prévenir le député des perfidies qu'on tramait contre lui.

Econduits par les chefs, Trillaud et sa bande se retournent du côté des soldats, Après forces libations, ils finissent par décider trois volontaires (5). Ces derniers, sous prétexte d'une communication à faire au malheureux Des Planches, se présentent chez lui, avec l'intention de l'assassiner.

« Par le plus grand bonheur j'échappay à leurs recherches », nous apprend Pressac, sans nous faire savoir comment il put défendre sa vie dans ces heures tragiques.

Vingt ans plus tard, Sophie, elle non plus, n'a pas oublié les angoisses passées. « Te souviens-tu, remémorera-t-elle à son frère, de ces deux soldats qui vinrent

(1) *La Terreur à Poitiers*, Etienne Salliard.
(2) *L'Eglise et la Révolution à Niort*, Vicomte de Lastic-Saint-Jal.
(3) « Les maisons d'arrêt de Civrai furent forcées, et des citoyens égarés enlevèrent, malgré la municipalité, Durivault, Puydanché, deux Desnier et Gallot. On les conduisit à Poitiers. En chemin, on les menaça mille fois de la mort et on laissa tous les autres détenus, hommes et femmes, dans l'état le plus déplorable. » *Scélératesse dévoilée ou le Robespierrisme à Civray.*
(4) *Scélératesse dévoilée. Les larmes d'un frère.*
(5) *Ibid.*

avec des sabres nus pour te demander, disant qu'ils avaient une lettre à te remettre ? »

La vie n'était plus possible à Civray. Des Planches, prétextant l'intention patriotique de laisser sa chambre et son lit aux volontaires qui logent dans sa maison, s'esquive de la ville et va se réfugier chez son frère, le curé constitutionnel de Saint-Saviol.

Il pouvait s'y croire en sécurité. Théodore Pressac, son puîné, n'avait-il pas donné à la Révolution tous les gages qu'elle lui avait demandés ! La commune de Saint-Saviol comme celle de Saint-Gaudent s'était signalée par son zèle dans le recrutement et ses dons patriotiques et Des Planches, lui-même, avait habillé et équipé un homme entièrement à ses frais. De plus, sur la liste imprimée des députés qui avaient contribué aux frais de la guerre, il figurait pour une somme de 450 livres retenue sur son dernier mandat (1).

Il demeurait suspect quand même. Les Jacobins ne lui pardonnaient pas ses votes à la Législative.

Pressac aurait pu demander à sa maison d'Asnois un abri plus sûr parce que plus éloigné de la ville, mais là-bas sévissait un terroriste redoutable qui, sans doute, à la suggestion de Piorry, avait quitté Paris pour venir prêcher à Charroux, son pays d'origine, le massacre et le pillage.

Sorte de Jourdan coupe-tête, témoin, artisan peut-être des tueries de septembre, Charpentier, dit Petit-Bois (2), ne parlait que d'éventrer les aristocrates détenus dans les prisons du district.

---

(1) « Pressac Desplanches a fait des dons patriotiques plus que ses forces ne lui permettaient ; il a habillé des volontaires et payé pour aller aux frontières. J'offre des preuves. *Les larmes d'un frère*. Et il y a cinq mois j'ay Encore contribué pour les frais de la Guerre et ay donné 450 livres on eut peut-être préféré des vociférations de patriotisme. » *Aux citoyens composans les administrations.*

(2) *L'Esprit public dans le Département de la Vienne pendant la Révolution,* Roger Doucet, p. 212. sans compter qu'il se serait rapproché ainsi des griffes de Piorry.

La retraite de Saint-Saviol offrait d'ailleurs, sur toute autre, certains avantages : le suspect pouvait correspondre avec sa famille dont il n'était séparé que par la faible distance d'une lieue ; il était voisin de son frère Norbert, de Saint-Gaudent, de ses parents de la Bourliauderie et de Cornac. Puis enfin il comptait, à Civray même, des amitiés dévouées.

Des semaines s'écoulèrent sans qu'on sût positivement où Des Planches avait dirigé ses pas ; c'est assez dire le secret dans lequel il avait enfermé sa retraite.

Les bruits les plus invraisemblables couraient ; d'aucuns affirmaient qu'il avait rejoint la Vendée ; d'autres qu'il avait passé la frontière et s'était enrôlé dans l'armée des ci-devant princes.

Ceux qui le connaissaient bien, et les administrateurs du directoire étaient de ce nombre, n'ignoraient point qu'il n'était pas homme à risquer ces périlleuses aventures si contraires, au surplus, à ses principes et à son passé.

CHAPITRE IV

L'ÉMEUTE DE SAINT-SAVIOL. — LA HAINE DE PIORRY. — COURAGE
DE NORBERT. — L'ARRESTATION DE DES PLANCHES. — LE CAL-
VAIRE. — LES SANS-CULOTTES DE CIVRAY. — IL ÉCHAPPE A LA
MORT. — TRANSFERT A POITIERS. — LE DÉVOUEMENT DE SOPHIE.
— LES DÉMARCHES DU CURÉ DE SAINT-GAUDENT. — MISE EN LI-
BERTÉ.

Avant de rapporter les événements d'octobre 1792 et
de fin mars 1793, où le député de la Législative perdit
la liberté et faillit laisser la vie, il nous a paru de quelque
intérêt d'indiquer les sources où nous avons puisé.

Elles sont nombreuses et diverses.

La relation la plus étendue, la plus circonstanciée est
celle que Norbert Pressac nous a laissée dans son *Robespierrisme à Civray ou Scélératesse dévoilée*; elle est aussi
la moins précise et trop souvent l'auteur, au lieu de
serrer les faits et de marquer les dates, se perd en diversions prétenduement éloquentes mais certainement oi-
seuses.

Le ton véhément de ce document lui fait perdre, par
ailleurs, de son autorité, mais tel quel il reste encore un
témoignage de valeur et d'une incontestable sincérité.

Imprimé en l'an III, chez Morisset, à Civray, le *Robespierrisme* est devenu rare à ce point que nos archives
poitevines publiques ou privées n'en contiennent peut-
être plus un seul exemplaire (1).

(1) Voir à ce sujet ce qui est dit à la fin de ce livre.

Le curé de Saint-Gaudent nous a laissé encore un autre récit, écrit dans la nuit du jeudi au vendredi saint 1793, c'est-à-dire au lendemain même de l'arrestation ; il est intitulé *Les Larmes d'un frère ou Pressac Desplanches innocent*.

A côté de déclamations surérogatoires, cette exposition contient des détails assez bien notés sur l'arbitraire odieux dont Des Planches vient d'être victime.

Sous peine de compromettre la cause qu'il entendait servir, Norbert Pressac, frère d'un suspect, s'adressant à des juges, était obligé à plus de réserve et de mesure que dans son pamphlet thermidorien.

A Des Planches lui-même (1) nous demanderons, avec la genèse du complot, les péripéties du drame. Avocat habile, il démontrera qu'il n'avait violé aucune des lois révolutionnaires sous le coup desquelles on voulait l'accabler et que les membres du Directoire de Civray avaient, eux, mérité, en toute légalité, le châtiment qu'ils appelaient sur sa tête.

Les terroristes avaient enfin découvert la retraite de Des Planches.

Ils connaissaient la tanière. Le moment était venu de mettre les chiens en chasse.

N'était-ce pas, d'ailleurs, une occasion merveilleuse de réchauffer les sentiments patriotiques de la population, d'aviver ses colères ?

Il fallait que le traître fût honni, bafoué, couvert de crachats et de coups, exposé à la mort. De son sort les circonstances décideraient ; qu'une main frémissante osât attenter à sa vie, la justice du peuple n'aurait fait qu'un exemple de plus.

(1). *Aux citoyens composans les administrateurs du Directoire du Département de la Vienne.* Papiers de Mazières.
Aux citoyens composans le tribunal. Papiers de Mazières.

Sous prétexte de rechercher M. de Fayolle, qu'on disait revenu de l'émigration et caché dans un de ses logis de Saint-Saviol ou de Saint-Macoux, une véritable chasse à l'homme est organisée.

Dans la soirée du mercredi 27 mars, quelques douzaines de patriotes armés de fusils, de piques et de gourdins partent de Civray sous la conduite d'un huissier (1).

On s'échauffe; on bonimente. Il est plus de onze heures quand la bande arrive à Saint-Saviol. L'huissier qui la conduit requiert la municipalité et les citoyens armés. Les paysans endormis se réveillent avec effroi. L'oreille au guet, ils perçoivent les rumeurs du dehors et les paroles grosses de menaces qu'on y jette dans la nuit. Des gardes armés escaladent les murs du presbytère. On frappe les crosses contre les cloisons et les portes. On appelle, on réclame l'émigré Fayolle.

Des Planches paraît, mais pour faire tête. « Me voilà, dit-il, je suis prêt à le chercher avec vous ainsi que le curé qui se lève (2). »

Le député, mêlé aux sans-culottes, perquisitionne à son tour dans les maisons. C'est à la relation de Norbert écrite au lendemain même des événements que nous devons de connaître ces particularités que l'intéressé, dans les deux récits qu'il a laissés de cette nuit mémorable, a passées sous silence.

En cours de route la garde de Macoux-la-Vallée est réquisitionnée à son tour; on fouille, à Comporté, tous les recoins du château ainsi que les dépendances et l'expédition s'achemine par la Bourliauderie vers Saint-Bonnet où réside M. Dupas de Chaumillon, beau-père d'un autre émigré (3).

Pendant que s'opéraient les premières perquisitions,

---

(1) Nous connaissons à cette époque trois huissiers à Civray : Thibault, Perrain et Vieillemard, nommé le 19 janvier 1794, par la Société populaire, membre du Comité de surveillance.

(2) *Les Larmes d'un frère.*

(3) Jean-Baptiste Salllard.

le curé de Saint-Macoux, venu avec le détachement de cette commune, accourait, en toute hâte, à Saint-Gaudent avec son confrère de Saint-Saviol.

Norbert, de service à la maison commune, apprend le péril qui menace son frère et avise aux moyens de se porter à son secours.

Entouré de gardes nationales et d'un officier municipal en écharpe, il se précipite vers le plan de Saint-Bonnet, où l'émeute, à chaque étape, plus nombreuse et plus bruyante, vient d'arriver.

Une voix s'élève dans les ténèbres qui domine le tumulte. On reconnaît celle de Norbert. En sa qualité d'agent en exercice de la commune de Saint-Gaudent, sur le territoire de laquelle la foule est assemblée, il réclame le nom du commissaire du district qui a requis les municipalités de Saint-Saviol et de Saint-Gaudent. Personne ne répond (1). La confusion augmente. On parle de se retirer. Avec les premières lueurs du jour on se dévisage, on se reconnaît.

Les amis de Pressac répètent qu'il est temps de se retirer. « Non, non, s'écrie alors un municipal de Saint-Macoux, l'huissier a ordre de conduire Pressac des Planches, ex-député, dans les prisons de Civray (2) »

Norbert rappelle à l'huissier ses responsabilités. En arrêtant un citoyen dans les conditions présentes, il s'expose aux galères ; il viole trois lois à la fois.

La première en requérant des municipalités; la seconde en opérant des visites domiciliaires de nuit; la troisième en manquant de respect à un représentant dont les écrits, les opinions et les paroles sont libres, ainsi que l'a voulu la nation.

Le curé de Saint-Gaudent a flairé le piège et compris le danger. « Allons, allons, finit-il par dire à son frère, je suis en Exercice, je te meneray En prison. »

Des forts-à-bras se saisissent du député. On découvre

(1) *Les Larmes d'un frère.*
(2) *Ibid.*

un pistolet que le bandit portait sous son vêtement (1). On l'invective, on le houspille. Pendant trois kilomètres affronts, nasardes, menaces, coups même, il connaîtra toutes les lâchetés dont la brute est prodigue à l'ennemi désarmé.

En sa présence, il est question de régler son compte et pour solde. Un forcené exhibe une corde de sa poche et propose d'accrocher le misérable à un arbre, pour servir d'exemple (2).

La mise en scène des perquisitions de Saint-Saviol et de Comporté n'aurait été faite que pour atteindre ce but : arrêter le traître et provoquer entre « les gardes nationales » de Saviol et de Gaudent un conflit sanglant avec ceux de Saint-Macoux.

Quoi de plus facile ensuite que de rendre responsables les curés de Saint-Saviol et de Saint-Gaudent et leur frère Des Planches du crime de sédition, puni avec la plus grande sévérité par les lois du 19 mars 1793.

Cette explication des événements du 27 mars, par un contemporain qui en fut le témoin, semblera bien différente de celle qu'un historien d'histoire locale nous a récemment donnée de cette nuit révolutionnaire où il a cru voir « une manifestation vraiment politique » des populations rurales (3). Le complot était-il aussi perfide que Norbert Pressac l'a cru ? Devait-il mettre aux prises trois communes pour consommer la perte de trois citoyens ?

Cette version est infiniment plausible ; elle peut être discutée pourtant. Ce qui ne peut pas l'être, c'est le caractère de ces événements, voulus, préparés, organisés par les meneurs civraisiens.

(1) Procès-verbal d'arrestation. Manuscrits des Antiquaires de l'Ouest, canton 34 ; Archives de la Vienne.

(2) Lettre de Pressac des Planches au préfet de la Vienne, 7 octobre 1814. Archives de la Vienne, M.45.

(3) *L'Esprit public dans le département de la Vienne pendant la Révolution.* Roger Doucet, p. 191.

Miracle ! Des Planches arrive vivant à la barre du district. Norbert l'accompagne. Il exige de l'administrateur Presle qu'on le mette aussitôt en liberté et que l'huissier soit puni conformément aux lois.

On entend, à la cantonnade, des jurons et des cris ; ce sont les coupe-jarrets de l'expédition qui réclament sur l'heure le prix du salaire qu'on leur a promis (1).

Et quelque autre Billaud-Varenne, avec ou sans habit puce, avec ou sans perruque noire, distribue des écus à ceux-là, comme le substitut du procureur de la commune de Paris jetait des louis, au lendemain des massacres de l'Abbaye, aux égorgeurs lassés de la veille. Pour sa défense, Des Planches, légiste et constitutionnel quand même, sort de sa poche — celle où n'était pas le pistolet — le décret de l'Assemblée législative qui le place sous la protection de la loi et interdit toutes recherches sur ses votes et ses opinions de député.

Presle écoute, approuve et feint même de s'excuser. Le prisonnier est libre, il le presse de sortir. L'exemple des atrocités de septembre que Piorry ne cessait de rappeler dans ses lettres à ses amis de Civray avait porté ses fruits (2).

Le « Tu es libre ! » de Presle équivalait... pense l'auteur du *Robespierrisme* au « A la Force ! » du président Maillard, jeté en manière de sentence aux prisonniers de l'Abbaye qui croyaient avoir la vie sauve en changeant de prison et qui, hors du guichet, tombaient sous les couteaux d'équarrisseurs à gages.

On nous donne à Civray le décalque, plein de bonne volonté, mais un peu gauche et insuffisamment poussé, des journées de septembre.

A peine Des Planches a-t-il franchi le seuil du Direc-

(1) *Scélératesse dévoilée ou le Robespierrisme à Civray.*

(2) « Ces hommes égarés ont répété souvent que Charpentier dit Petit-Bois et la Piorry, sœur du député, leur lisait tant de lettres qui applaudissaient au massacre de septembre et au pillage, qu'ils croyaient que le massacre et le pillage étaient un devoir. (*Scélératesse dévoilée.*)

toire que la foule s'amasse autour de lui. De toutes parts éclatent des cris de mort : « Tue... tue ! Cet émigré qui se sauve. Tue... tue ! ! » Jusqu'à présent les meneurs se contentent de vociférer ; ils excitent les soldats de la Corrèze, qui sont là nombreux, mais qui hésitent à se porter eux-mêmes à des voies de fait (1).

D'un mot, jeté en passant, Des Planches, qui les connaît bien, leur crache son mépris : « Vous triomphez, Messieurs de Civray (2) ! » — « Tais-toi, f... salop, rétorque le citoyen Trillaud, si tu avais de l'âme, tu ne paraîtrais jamais ici. » « Notre intention, ajoute-t-il, en faisant le bonhomme, n'est pas de t'arrêter aujourd'hui, parce qu'il pourrait te mésarriver. »

A travers la foule, l'ex-député, l'assassin du peuple, comme on l'appelle, finit par faire son chemin ; il arrive jusqu'à sa maison, dont les portes aussitôt se ferment sur lui. Il est six heures. La journée ne fait que commencer. Faute d'audace, nos sans-culottes laisseront-ils, cette fois encore, échapper leur proie ? Les administrateurs cherchent un prétexte pour se ressaisir de celui qu'ils viennent quelques instants avant de relaxer.

Le savetier Trillaud, dont nous venons d'entendre la rude voix et son compère Surreau, très complaisamment, la leur fournissent aussitôt, par une double dénonciation parfaitement ridicule (3).

C'était assez pour que Presle et Dupit ordonnassent que Des Planches serait arrêté sur l'heure et pour enjoindre, au commissaire du détachement de la Corrèze, l'ordre de s'emparer de sa personne. Aussitôt la maison de Mme Pressac est envahie par des janissaires prêts à tous les crimes.

<hr>

(1) *Scélératesse dévoilée.*
Aux citoyens composans les administrateurs.
Aux citoyens composans le tribunal.
(2) Archives de la Vienne, *Procès-verbal d'arrestation.* Antiquaires de l'Ouest, carton 34.
(3) Dans l'excès de l'anarchie tout le monde se croyait magistrat. *Histoire religieuse de la Révolution française,* de la Gorce, t. II, page 247.

Ils menacent cette femme âgée et infirme, en lui déclarant que si son aristocrate de fils ne leur est pas livré immédiatement, ils pilleront aussitôt et incendieront sa demeure. Des Planches, qui entend leurs menaces, n'hésite plus ; il paraît devant ses bourreaux. Et voici les scènes odieuses de la matinée qui recommencent.

On le traîne à coups de plats de sabre sur la tête et à coups de pointe dans le dos sur la place ; au pied de l'arbre de la liberté, on lui tranchera le cou.

A l'instant où la mort se dressait devant lui, l'ancien législateur entrevit-il les visions effroyables du 21 janvier ? Dans une de ces dernières clartés dont s'illumine la dernière heure de la vie comme la fin des jours, vit-il qu'on ne fait pas sa part à l'émeute? comprit-il quels terribles effets avaient engendrés les idées généreuses qu'il avait aimées: les constitutions qu'il avait inutilement défendues ?

Il était temps ! Les citoyens Rivière, commissaire du détachement de la Corrèze, et Dardan traversent la foule, font à la victime un rempart de leur corps. « C'est un gueux... C'est un scélérat, crient-ils aussi haut qu'ils peuvent, mais il faut laisser à la justice le soin de punir ses forfaits. » Ils l'escortent jusqu'à la prison, postent une forte garde au guichet, courent chez Mme Pressac, la rassurer et se porter garant de la vie de son fils.

Le curé de Saint-Gaudent écrit que, seul, le dévouement de ces braves municipaux l'a décidé à écrire son *Robespierrisme à Civray*, afin que leur nom ne fût pas oublié (1).

Il avait donc suffi des « réquisitions verbales » et des dénonciations inconsistantes de deux citoyens échauffés pour réincarcérer et exposer, en fait, une seconde fois à la mort, l'homme dont, quelques minutes avant, les mêmes juges avaient reconnu l'innocence.

Trillaud avait dénoncé l'ex-député parce qu'il « avait

______

(1) Ils sont d'Uzerche, département de la Corrèze. *Les Larmes d'un frère.*

tenu une conduite tout à fait irrégulière, en ce qu'il avait trahi sa patrie et son pays... qu'il était proscrit d'après la liste civile ». C'était, d'ailleurs, un mauvais citoyen qui l'avait fait menacer d'un coup de pistolet par la femme de Fradin, l'avoué... Il tombait, étant armé, sous le coup de l'article 4 et du décret du 19 mars (1).

Aux accusations d'incivisme, inopérantes nous l'avons vu puisqu'il s'agissait d'un législateur, Surreau, lui, en ajoutait une autre : Des Planches, président du Tribunal du district, avait fait nommer greffier un certain Delange, lequel Delange avait intéressé Fradin l'avoué dans les revenus de son greffe. Si Pressac négligeait ses intérêts, il songeait à ceux de ses amis ; Fradin et Mme Fradin, — déjà nommée — son épouse. Et patati... et patata.. !

Et il s'était rencontré des juges pour retenir ces affabulations misérables !

Le lendemain, jour de foire, plus de 3.000 personnes attendaient la sortie du prisonnier qui devait être transféré de la maison d'arrêt de Civray dans celle de Poitiers (2).

L'administrateur Pascault-Desbarres arrive à la porte de la prison. Il commande au geôlier d'amener Des Planches. Une nouvelle ignominie se prépare. Desbarres (3) — son ennemi Desbarres — lie lui-même le prisonnier, le garrotte, lui arrache sa cocarde, lui ôte son couteau, « d'un geste provocateur semble l'offrir au peuple pour le faire égorger » et remet sa victime aux mains des gardes nationaux, leur défendant « de recevoir aucuns chevaux et secours ». La Providence veille. Sophie est là. Elle suivra son frère, elle partagera son sort. On

---

(1) Procès-verbal d'arrestation.
(2) *Scélératesse dévoilée.* Les calendriers n'indiquent pourtant pas d'autres foire, à ce moment, à Civray que celle du mardi. Mais les précisions sur ce point de Norbert Pressac ne peuvent guère être discutées.
(3) *Scélératesse dévoilée.*

la menace, on l'éloigne ; elle part pour Poitiers (1).

Et voilà que sous bonne escorte, « exposé aux huées, à des humiliations sans nombre et même à de grands risques », il est conduit à pied (2) à la prison de la Visitation.

Pendant douze interminables, lieues l'ancien député poursuit son calvaire. Parti à 3 heures de Civray le jeudi 28, il ne parvenait sans doute à Poitiers que le lendemain 29, jour du vendredi saint, au moment où tombaient sur la place du Pilori les têtes de Cuirblanc et de Fontmer-vault, dirigés, comme lui, de Civray, sur la Visitation, le 14 du même mois.

Sophie vient d'arriver (3) et trouve des « âmes sensibles qui l'accompagnent pour descendre sortir mon frère, écrit Norbert dans un langage dont il eût pu garder le secret, d'avec les poux, les crapauds et les salamandres ».

Il se dévoue, lui aussi, et dénonce au département Desbarres, Fradin et Presle. Ces derniers, auxquels la requête de Norbert est transmise, le menacent d'arrestation ; il doit se défendre devant l'administration centrale.

Entre temps, le 22 avril, vers les onze heures du matin, des commissaires venaient se saisir de Thomas Barbier (4), dans sa maison de Civray. Sa nièce, Suzanne Pressac, leur déclarait que celui qu'ils cherchaient n'était pas à la ville. Il avait, aussi lui, été se mettre sous la sauvegarde du département. De Poitiers, on demande les raisons pour lesquelles les scellés ont été apposés chez Barbier. Fradin ose répondre que l'arrestation de ce citoyen a été décidée parce qu'il « avait une peur panique ». Les disciples dépassent les maîtres ; nos petits

---

(1) *Scélératesse dévoilée.*
(2) *Aux citoyens composans,* etc.
(3) *Scélératesse dévoilée.*
(4) L. Registre 34 des décisions du département. Archives du département de la Vienne.

jacobins rendraient des points à ceux dont ils se flattent d'avoir recueilli les leçons.

. . . .

Il y a des juges à Poitiers (1). Les dénonciations portées contre Des Planches sont reconnues « vagues, insignifiantes, attentatoires à la représentation nationale ». C'est la liberté si longtemps attendue. Pas encore !

Piorry, ennemi personnel de son ancien collègue à la Législative qui vient d'arriver dans la Vienne comme commissaire de la Convention nationale, s'oppose formellement à sa libération (2).

Norbert « cours à Poitiers » ; il s'informe ; on lui conseille de s'expliquer avec le représentant en personne.

Affronté, en pleine salle du département, Piorry se dérobe, le quémandeur insiste et par trois fois lui fait jurer qu'il ne s'opposera pas à ce que justice soit rendue à son frère.

Norbert sait trop bien ce que valent semblables promesses ; il se méfie et veut davantage... un mot, un seul mot ordonnant la levée d'écrou (3).

Forcé dans ses derniers retranchements, Piorry se démasque ; sa haine contenue éclate en même temps que

---

(1) Le citoyen Pressac Desplanches Civray « demande que le département ait à prononcer sur l'illégalité de sa détention et ordonne sa mise en liberté, l'exposant ayant été mal à propos traduit dans la maison d'arrêt de la ville de Poitiers où il a subi interrogatoire au tribunal criminel, lequel d'après les différents tesmoignages qui lui ont été faits ont reconnus ont reconnu l'innocence de l'exposant et ont demandés que le détenu eut à se pourvoir pour son élargissement devant les département.

— « L'exposant a tout lieu d'espérer que le département d'après la conviction des différents pièces qui sont rapportée à l'appui de la présente pétition n'esitera pas à acquiesser à la demande dudit exposant. »

(2) Piorry (décret du 9 mars 1793) était envoyé en mission dans la Vienne avec le député Lejeune.

(3) La courageuse Sophie vit aussi Piorry et fit sans se lasser trente autres visites à Bobin ; la dernière fois elle s'assit à la porte du terrible sans-culotte, comme une mendiante, car on l'avait éconduite pendant que son frère était interrogé par lui. Papiers de Mazières.

sa colère (1). « Non, non, s'écrie-t-il, ton frère est un scélé-rat, un ennemi de Marat; il périra comme quelques-uns de mes collègues qui ont juré la perte de cet honnête homme. Marat est un honnête homme et tous ses ennemis périront. »

Mais la mission de l'impitoyable proconsul prend fin. Les juges terrorisés se rassurent et chargent Buthaud d'un rapport sur l'affaire. Peu après, à l'unanimité, le département prononce la mise en liberté, en même temps qu'il mande à sa barre Fradin, responsable d'abus de pouvoir et de violation de la loi.

—————

(1) Les ressentiments de Piorry se mêlaient d'une rancune de voisinage. Son père avait donné à David, fermier de Des Planches, à fonds perdus, sa métairie de Chez-Quesot, près Charroux, enclavée dans le domaine des enfants de Des Planches et Piorry avait cru qu'il s'agissait de Des Planches lui-même et que David n'était qu'un prête-nom. (*Scélératesse dévoilée.*)

CHAPITRE V

LE CURÉ DE SAINT-GAUDENT SOUS LA TERREUR. — ARRIVÉE D'IN-
GRAND. — L'ARRESTATION DE NORBERT. — SA CAPTIVITÉ. —
MENACES DE SEPTEMBRISATION. — MISE EN LIBERTÉ.

Le 14 juillet 1793, le Conseil général du département
avait convoqué en assemblée extraordinaire les administrations des districts, les corps judiciaires et les sociétés
populaires (1).

Il s'agissait de savoir si la Vienne répondrait à l'invitation que lui avait adressée la Côte-d'Or, de se réunir
par commissaires, pour protester près de la Convention
contre les événements du 31 mai (2).

L'assemblée, après une discussion très vive, avait
donné son adhésion au projet et choisi la ville de Bourges
comme siège de la réunion projetée.

Sur ces entrefaites, le département de la Côte-d'Or ayant
rapporté son arrêté, la Vienne fit de même ; mais ceux
qui avaient pris part à la réunion et s'étaient prononcés
dans le sens fédéraliste devinrent suspects. L'un d'eux,
Texier, député suppléant à la Convention nationale, sera
condamné à mort ; les autres, parmi lesquels Laubier,
de Granfief et Tribot, de Civray, en seront quittes pour
neuf mois de prison.

Sur ces entrefaites, les représentants en mission Richard
et Choudieu seront chargés d'épurer dans la Vienne ces

(1) *Historique des assemblées départementales de la Vienne.*
(2) Proscription des Girondins.

administrations girondines. Brival (1), qui leur succède, ayant donné des preuves de son esprit de justice et de tolérance, est en brumaire remplacé par Ingrand à la suggestion de Piorry, dont il est l'incarnation redoutée. « Songez, braves sans-culottes, écrit ce dernier à la *Société populaire* de Poitiers, qu'avec le patriote Ingrand vous pouvez tout faire, tout obtenir, tout casser, tout briser. tout renfermer, tout juger. Ne lui foutez pas une minute de patience; que par lui tout tremble, tout s'écroule et rentre sur-le-champ dans l'ordre le plus stable. »

Ingrand, qui porte avec orgueil l'habit de parade, le chapeau à panache du représentant en mission, « sultan costumé jusqu'aux ongles », est bien un dictateur. Les douze sans-culottes dont il vient de s'entourer, pour donner une apparence de légalité révolutionnaire à ses exécutions, n'ont d'autre volonté et d'autre autorité que la sienne.

De brumaire à thermidor an II (d'octobre 1793 à juillet 1794). investi des pouvoirs quasi-souverains dont l'arme la Convention, il portera partout la terreur et la désolation.

« Je ne dormais, écrit Norbert, ni jour ni nuit... je ne mangeais point... en me promenant je disais à dieu, à ces champs, ces collines, ces prés et ce séjour déli-cieux.

« Pour moi, ajoute-t il, avec quelque exagération, je crois que, en exceptant la Vendée, Lyon, Marseille et cœt.., la désolation a été plus commune dans notre district que dans tout autre de la République. »

Patriote éprouvé, prêtre conformiste, que pouvait-il donc craindre ? mais frère du député, collègue et rival des montagnards Ingrand et Piorry, le curé avait été mêlé à l'affaire de Saint-Saviol et venait, par surcroît, de signer une pétition en faveur de Granfief et de Tribot.

(1) « Le bienfaisant Brival. » *Scélératesse dévoilée.*

Avec Augry, curé de Civray, Blais, Surreault, il sera désormais désigné comme fédéraliste et flétri de ce nom.

Aussi est-ce vainement qu'il fait état du certificat de civisme que la municipalité de Saint-Gaudent lui a délivré, il y a quelques mois. Il est incarcéré à son tour « pour avoir signé et engagé le peuple à signer les pétitions qui circulent en faveur des ennemis de Robespierre » (1).

Norbert Pressac ne fait que passer par les prisons du district ainsi que les autres Civraisiens arrêtés en même temps que lui et sous le même prétexte. Bientôt « on les enlève de nuit pour les conduire à Poitiers ».

En vain la municipalité et le comité de surveillance demandent-ils, à maintes reprises, le retour à Civray de ces détenus ; Delattre et Presle, qui réservent jalousement pour de nouveaux venus les locaux trop restreints dont ils disposent, s'opposent à cette mesure.

La maison des Bénédictines est, en réalité, insuffisante pour ses hôtes ; il devient nécessaire de transformer la cure en annexe de cette prison ainsi que la vieille abbaye de Charroux où les détenus sont entassés dans « des locaux humides et puants » (2).

(1) Archives dép., L. 238, V. I. « Nous, officiers municipaux et conseil général de la commune, certifions aux citoyens composant le Departement de la Vienne et le district de Civray que le citoyen Norbert Pressac notre Pasteur a satisfait dès le mois de septembre dernier à la Loy du 14 et 13 aoust. Maintenir Légalité, La Liberté et mourir en les défandant. Mais encore qu'il s'est toujours comporté En vray et zélé républicain. Délivré et signé par le conseil général de la commune assemblée au lieu ordinaire des séances de la Municipalité de Saint-Gaudant Ce saise mars mil sept cent quatre vingt trayse. Pierre Bobe officier municipal Sableaux pr. de la commune Trillaud G. n. »

(2) Dans cette maison, sont enfermés des détenus de Civray, les trois demoiselles de Bessac, entre autres. Presle s'y rendait y exercer une certaine surveillance. Un jour qu'il rencontre un prisonnier se promenant dans le jardin, il se porte à toutes sortes de menaces contre le maire Gauvain-Dumargat. Et comme ce dernier demande au nom de l'humanité que les malheureux puissent sortir quelques instants de leur cachot: « Laisse périr ces scélérats, réplique Presle, plutôt ils seront crevés, plutôt nous en serons débarrassés. »

Dirigé d'abord sur les Carmélites à Poitiers, Norbert est le 1ᵉʳ janvier incarcéré à l'Evêché (1).

Au moment de son transfert d'une prison dans l'autre, il osa se présenter chez Ingrand comme naguère il avait osé affronter Piorry.

Notre montagnard fut, comme l'autre, emporté et véhément. Il lui reprocha son attitude à propos des certificats de Tribot et de Laubier de Granfief en lui montrant « des rames de papier marqué » qui contenaient des rétractations de signatures. A la fin de l'entretien — un entretien de deux heures — Ingrand lassé finit par dire au curé de Saint-Gaudent qu'il lui rendait la liberté. Mais bientôt, oublieux de ses promesses, devant Brival qui instruisait l'affaire, il le charge et l'humilie de ses sarcasmes, au lieu de le soutenir, disant qu'il était le frère d'un scélérat. Il déclara, rapporte Pressac, « que j'étais un ignorant, que je n'avais qu'à parler agriculture, charrue et moutons; qu'il était étonné de ce que j'avais remporté tant de prix et de ce qu'on m'avait décerné une médaille d'or ».

Dominé par Ingrand, Brival abandonnait le curé à son malheureux sort et le 18 pluviôse Tendron et Dantin apposaient les scellés au presbytère de Gaudent (2).

(1) *Registres de l'Evêché. Augry* Jean, ex-curé, 12 nivôse, 55 ans pour avoir signé un certificat pour le maire de Civray et pour n'avoir pas abdiqué.

Blais Pierre-Jacques, notable de Civrai, 3 enfants, 40 ans, 12 nivôse, suspendu par le représentant du peuple.

Surreaut Alexis, de Civrai. 60 ans, 12 nivôse, suspendu par le C. Ingrand, notable de la commune de Civrai.

Tribot-Laspierre, maire, 40 ans, 12 nivôse, suspendu par le représentant du peuple.

Laubier Joseph-Jean-François, Evêché, 12 nivôse, juge de paix, suspendu par le représentant du peuple.

Norbert Pressac, 50 ans, 12 nivôse, par arrêté du représentant du peuple de Civrai, prêtre. *Registres de la Trinité.*

Guerry, membre du district, 56 ans, 19 nivôse, suspendu de ses fonctions.

(2) Ces citoyens demandent à être payés chacun une journée. Le 18 pluviôse, le district décide de faire payer ces frais par Pressac; le 21 pluviôse, le département délibère qu'il serait expédié une somme de cinq francs au profit de chacun des pétitionnaires.

8

Bientôt il paraît devant le tribunal criminel. On lui fait craindre l'exil ; bien que prêtre jureur il pouvait être condamné ainsi que son cousin Gabriel de Pressac, curé de la Forêt de Tessé, à la déportation.

Les émotions se succèdent. A quatre heures du matin, un jour, dont la date ne nous est pas connue, des commissaires escortés d'une compagnie de hussards font irruption à l'Evêché. Ils pénètrent à grands cris dans les chambres et poussent les détenus dans la chapelle, « sous des sabres nuds qui leur faisaient croire qu'on allait les égorger ».

S'agissait-il ici d'une de ces mises en scène odieuses, très en honneur chez les terroristes, dont le but était d'épouvanter et d'affoler les prisonniers? ou bien d'une tentative réelle de septembrisation qui s'arrêta, pour une cause inconnue, au moment du crime? Les deux hypothèses sont vraisemblables, mais la dernière est conforme à ce que nous savons des dangers que coururent les détenus de l'Evêché (1).

Quoi qu'il en soit, les lames rentrèrent dans les fourreaux. Nul ne fut frappé ; nos sans-culottes se contentèrent de visiter en « des recherches très indécentes » les hommes et les femmes « dans les endroits les plus secrets » pour savoir s'ils ne s'apprêtaient pas à « tuer Robespierre ou ses satellites ».

Le départ pour Paris de son ami Tabard est un de ses souvenirs de captivité qui laissa l'impression la plus profonde à Norbert Pressac.

Il s'était lié d'une étroite amitié avec ce compagnon d'infortune et de misère, qui réunissait en lui toutes les séductions possibles : « Une belle âme, du génie et une figure pour se faire adorer des femmes. »

Il ne put le voir partir pour Paris « sans s'assassiner l'esprit de mille réflexions sinistres et noyer son lit de larmes ».

(1) *La Terreur à Poitiers*, p. 170.

Quelquesjours après, le médecin Fradin, l'évêque Montault, Rampillon et quelques autres détenus accusés de fédéralisme, arrivent à l'Evêché, d'où bientôt « le cruel Chenevière » vient les enlever, à leur tour, pour les conduire dansles cachots redoutés de la *Visitation* (1).

Norbert Pressac n'était point dans sa détention au milieu seulement. d'étrangers; il connaissait Mme de Pradel, ses parents, les Touzalin, son paroissien Hugues Salliard, l'ancien directeur de la monnaie, Madame Salliard, leurs trois filles, et bien d'autres.

L'ancien palais de Mgr de Saint-Aulaire, dont Montault vient d'être deux fois délogé et comme évêque et comme détenu, est principalement une prison de femmes et de suspects n'habitant pas Poitiers. Le gardien — un tailleur d'habits — ne passe pas pour un méchant homme et si les heures s'écoulent tristement dans cette geôle, l'existence y est pourtant moins pénible qu'ailleurs.

Les greniers nationaux installés dans une partie des bâtiments sont cause d'un certain mouvement aux alentours et aussi la cathédrale, les jours de fêtes civiques. Qui sait même si le curé de Saint-Gaudent n'avait pas aperçu, à travers ses barreaux, quelque autre cortège comme celui du mariage du chanoine Pignoneau, où figurait à côté d'une déesse de la liberté — singulier assemblage! — un âne couvert d'habits sacerdotaux (2).

Cette maison connut pourtant de bien mauvais moments; les craintes de septembrisation, que ses prisonniers avaient eu tout lieu de redouter une première fois, se renouvelaient plus tard, quelques jours avant leur libération.

« Le 13 thermidor, nous apprend Norbert, je crus bien être massacré. A neuf heures du soir, on nous fit

---

(1) *Scélératesse dévoilée.*

(2) « C'est le temps (*Histoire religieuse de la Révolution*, t. III, p. 107) où les étoles sont transformées en brides, où les dalmatiques devenaient des housses pour les chevaux, où les calices servent de verres à boire et les patènes de poêles à frire. »

rentrer dans nos chambres... nous savions, par contrebande, que Robespierre était guillotiné, mais sa queue ne l'était pas. »

L'accès des jardins était ouvert; y venait rôder qui voulait, de nuit et de jour. Bobin, le fameux Bobin Stentor, qui avait dit « qu'il égorgerait, à lui seul, une partie des détenus », ne s'apprêtait-il pas à son crime avant que ses victimes ne lui échappent? Comment se défendre? Il fut décidé, entre les prisonniers, que si dans la nuit on sonnait, on se saisirait du geôlier et qu'au cas où quelque rumeur signalerait l'arrivée des bourreaux, le curé, qui savait où son fusil était caché, s'en emparerait et lui passerait « la baïonnette à travers le corps ».

La nuit vint, nuit de larmes et d'effroi, mais les sicaires ne parurent pas.

La municipalité et la Société populaire de Civray ne cessaient de réclamer le transfert des prisonniers de Poitiers aux Bénédictines.

Dans sa séance du 30 messidor (1), le maire, Favre, les notables et les officiers municipaux Lalande, Imbert, Daveaux, Descats, Cante, Villars, J. Jacquiaut et L. Jacquiaut, Soula, Lhéritier, Léveillé et Villate donnent avis favorable au transfert dans les prisons de Civray de Tribot-Lapierre, Blais le jeune, Laubier-Granfief, Augry, Sureau et Norbert Pressac, « tous dans la maison de l'ancien Evêché de Poitiers ».

Ils reconnaissent le bien-fondé de la lettre datée du 28 de ce mois que ces derniers viennent d'écrire à la municipalité où ils demandent leur transfert à Civray pour éviter un surcroît de dépenses, alors que « leurs facultés se trouvent épuisées depuis huit mois qu'ils sont détenus et absents de toutes leurs affaires en souffrance ».

Cette fois le district, qui refusait toujours, finit par céder.

(1) *La Révolution à Civray*, notes historiques publiées par *l'Echo de Civray*, 1er décembre 1892.

Le 14 fructidor, le conseil général de la commune était informé que Tribot, Augry, Norbert Pressac, Surrault et Laubier étaient partis du chef-lieu pour se rendre à Gençay (1). La municipalité de Civray était invitée à « leurs envoyer deux commissaires pour les prandre » le lendemain lundi « au dit lieu de Gençay et là les conduire sous leur responsabilité au lieu de leur détemption ».

L'officier municipal François Descats et le notable Louis Villatte sont désignés pour se porter à la rencontre des prisonniers qui, dit le procès-verbal, « paraissent désirer le même her (sic) que nous ». Le 16, ces citoyens rendent compte de leur mandat et déclarent qu'ils ont remis à la garde du concierge les sus-nommés ainsi que « Pierre-Jacques Blais, le jeune, dont la translation a été aussy ordonnée ».

Les commissaires, les familles ainsi que le maire et le procureur de la commune se rendent à Sommières, démarche d'ailleurs qui fera mander ces derniers en barre et leur vaudra même un blâme (2).

C'est la libération qui vient.

En effet, le surlendemain, nous apprend le curé, « les comités de surveillance de Civrai et Gaudant délibérèrent que m'ayant vu labourer moi-même et tenir la place de mon laboureur qui était en Vendée et qu'ayant remporté trois prix en agriculture, je serais mis en liberté conformément à la loi et rendu aux travaux agricoles (3) ».

L'agent national Delattre, furieux, le fait menacer d'une autre inculpation et ce n'est que sur la vue d'une pièce signée Chauvin, que le représentant du peuple en mission lui avait envoyée par la poste, qu'il obtient enfin la levée d'écrou.

(1) Registres du conseil général de la commune de Civray, séance du 14 fructidor an II. Archives du département de la Vienne, série L.
(2) *Scélératesse dévoilée.*
(3) *Ibid.*

Nous avons vu quel rôle public avait tenu le curé de Saint-Gaudent pendant les tragiques journées où sa liberté et la vie de son frère se trouvaient menacées.

Dans sa paroisse… la paroisse de « Gaudant », il ne cessa de remplir son ministère en le réduisant, il est vrai, à un enseignement moral dont les dogmes étaient exclus, mais qui, tel quel, ne fut ni sans mérites ni sans dangers.

Nous l'apercevons, caché dans son presbytère, pendant que la fête de la déesse Raison étale dans l'église Saint-Nicolas ses pompes sacrilèges, levant les yeux au ciel et chantant un cantique dont dix ans plus tard il n'a pas oublié le refrain (1) !

Par les qualités qu'il se donne et qui varient presque d'une décade à l'autre, on pourrait presque suivre l'évolution des événements.

En 1790, il signe « Pressac de la Chagnaye, curé de Saint-Gaudant, correspondant de la Société royalle d'Agraulles et aumônier de la milice nationale ». Vers la même époque, sa lettre à Grégoire porte plus simplement cette suscription : « Pressac curé, procureur de la commune de Saint-Gaudant ».

Le voici : « Curé, correspondant de la Société royale d'agriculture. Electeur du district de Civray. » Au fort de la tourmente il se qualifie de « citoyen, curé de Saint-Gaudent, de la Société d'agriculture ». Le 25 et le 17 novembre 1793, il est devenu « citoyen ministre de la liberté, raison et philosophie » et c'est de ces titres inattendus, qu'au mariage de Pierre Bobin, il double la signature de Bobe, l'agent municipal.

(1) *Discours sur la guerre* prononcé en l'église de Saint-Gaudant, près Civray, département de la Vienne, le 14 messidor an XI. « Vous savez, mes Frères, que pendant la Révolution nous avons chanté un cantique dont les couplets finissent et se répètent par ces mots : « *Ah ! Seigneur, ah ! Seigneur, donnez-nous la paix !*… A ce chant mélodieux je vous ai vu si souvent lever les yeux au ciel. »

Le 10 décembre, à la veille de son incarcération, ses qualités se sont encore réduites à celles, il est vrai, qui lui tiennent particulièrement au cœur de « Norbert Pressac, cultivateur » dont il fait suivre sa signature au mariage d'Antoine Cartereau (1).

Le 6 ventôse an II — le 25 février 1794 — son neveu Blanchet épouse Mlle Paquet-Labroue. Pressac ne signe pas, et pour cause, l'acte d'état civil ; l'ancien curé est à l'Evêché, rien que de naturel, mais l'Evêché est devenu une prison ? Pendant que les deux frères luttent afin d'échapper aux périls qui chaque instant les menacent, le troisième, Théodore, multiplie les preuves de son civisme.

Le 4 nivôse an II — le 24 décembre 1793 — alors qu'on arrête le curé de Saint-Gaudent, il présente avec le citoyen Tranchant une nouvelle recrue à la Société populaire (2).

(1) Constatons la signature « d'ex-prêtre » prise par Norbert en l'an III (*Bulletin de la Société académique d'agriculture de Poitiers*, nº 376, année 1921).
(2) *Notes historiques. Echo de Givray*, 24 décembre 1891.

CHAPITRE VI

Norbert Pressac se trouvait déjà depuis trois mois en
détention, quand son frère des Planches fut arrêté pour
la seconde fois.

Dans sa séance extraordinaire du 12 germinal, le
Conseil général de la commune, réuni sous la présidence
de Favre (1), décidait son arrestation et celle de plusieurs
autres habitants de Civray : Jean-Baptiste Dupuy, la
veuve et la fille Jousserant de la Chaux, Jacques Demay,
Tourangeau, cabaretier, Pierre Laprelle le jeune et
Pierre Denis dit Magné.

A Dupuy, qui avait été précédemment incarcéré, on
reprochait « d'avoir mal vu » son fils depuis qu'il était
parti pour la levée en masse ; Mmes de Jousserant, tort
inexpiable, appartenaient à « la caste privilégiée » ; elles
étaient « veuve et fille d'un ci-devant » ; mises une
première fois sous les verroux, puis libérées, elles se
voyaient enfermées à nouveau.

Tourangeau, cabaretier et tailleur de pierre, était accusé
« d'avoir refusé de se prêter aux réquisitions ». Le cou-
vreur Laprelle et Denis n'avaient pas obtenu de certificat.

---

(1) Favre venait de remplacer comme maire Tribot-Laspierre.

Des Planches (1), lui, n'avait donné « aucune preuve de civisme » depuis qu'il avait quitté « la législature où il avait été cy-devant nommé » et où il avait « manifesté n'avoir aucun attachement à la Révolution ».

Ainsi donc se trouvaient reprises contre lui des accusations contraires aux lois révolutionnaires qui défendaient qu'un législateur pût être inquiété pour la façon dont il avait compris l'exercice de son mandat.

Ingrand ayant réclamé, par son arrêté du 28 nivôse, de nouvelles exécutions et exigeant, en outre, qu'on réintégrât dans les prisons les citoyens qui auraient pu obtenir leur élargissement, il fallait obéir.

A la hâte on avait aménagé l'immeuble des religieuses Bénédictines, élevé des murs et divisé les chambres en cachots, tant et si bien que « l'air ne pénétrait qu'avec peine dans ce séjour de l'innocence et du malheur et que ce défaut d'air a manqué y faire périr Pressac-Desplanches », nous apprendra son frère.

Les semaines s'écoulent ; l'ancien député reste toujours prisonnier.

Le 8 thermidor il insiste pour connaître les motifs de son arrestation (2). Voici trois mois et demi que pour la seconde fois, il a été arrêté. Sa protestation déposée

(1) On avait mis un empressement tout particulier à réintégrer Des Planches en prison, ainsi qu'en témoigne le compte rendu de la séance du Conseil général de la commune en date du 24 germinal (*Echo* du 17 novembre 1792). « Un membre a dit qu'il fallait engager les ouvriers qui ont commencé à faire les réparations à les diligenter pour effectuer les arrestations et translation dans cette maison d'arrêt, des personnes désignées aux agents encore que Pressac-Desplanches l'un deux y soit serré, l'arrestation des autres n'ayant été retardée qu'à cause des réparations nécessaires. »

(2) « Aux citoyens administrateurs du district, expose Jean-Jacques Pressac que voicy trois mois et demi qu'il est détenu sans avoir pu connoître encore les motifs de son arrestation et s'il existe contre luy quelques dénonciations. Il peut bien assurer cependant qu'il ne se trouve dans aucun cas de la loi du 17 septembre pour se justifier auprès de l'autorité constituée qui doit prononcer sur son sort et pour pouvoir faire connaître son innocence. Il demande, citoyens, que vous vouliez autorizer la municipalité de cette ville qui a fait arrester l'exposant à luy délivrer coppie du procès-verbal de son arrestation, des motifs qui ont déterminé cette mesure de la part du corps administratif, enfin des motifs de l'arrestation de l'expo-

par sa sœur Sophie est enregistrée « au long » sur le registre du district (1).

Enfin le 9 septembre 1794, Chauvin prend l'arrêté libérateur (2), « attendu que le citoyen pressac des planches a été mis en arrestation pour des motifs autres que ceux que la loi a indiqué ».

« Le représentant Du peuple délégué par la Convention nationale arrête qu'il sera mis sur le champ en liberté et que les scellé apposés sur ses papiers seront levés, l'agent national De District surveillera l'exécution Du présents arrêté, à poitier, le 21 fructidor an 2ᵉ.

De la république française une et indivisible.

CHAUVIN. »

En marge cette mention : « Vu le présent arrêté du Représentant du peuple Chauvin.

« L'agent nᵃˡ de ce District ordonne au concierge de la maison de détention de cette commune (de mettre en liberté) le citoyen Pressac Desplanches quoi faisant il sera valablement déchargé.

Civray, le 23 fructidor 2ᵉ année Républicaine

Delattre agent nᵃˡ. »

Ingrand, Piorry, Planier, tous les terroristes qui se sont signalés par leurs excès et par leurs crimes, s'inquiètent à leur tour. C'est à eux d'être suspects.

Le procureur syndic Fradin est accusé par les citoyens de Civray de méfaits multiples... il a volé la nation, il a abusé d'une fille, il a voulu faire égorger une partie du district de Civray. A Delattre on reproche surtout des exactions. Presle a voulu faire assassiner Brissonnet, massacrer « tous les citoyens du district » et augmenter le prix des grains.

___

sant s'il y a lieu par les administrateurs du district de Civray, le 8 thermidor deuxième année républicaine signé : Albert, Thorigné et Presle. »

(1) Sophie, toujours dévouée, en visitant son frère à la prison y prit même « la gale » qui lui fit pourrir la figure. Papiers de Mazières.

(2) **Papiers de Mazières.**

Enfin Surreau — évidemment le Surreau du 27 mars — convainct Presle d'avoir provoqué sa dénonciation contre Des Planches et d'avoir, en même temps, cherché à le faire assassiner.

A Poitiers, a reconnu Chauvin dans le rapport de sa mission, les terroristes étaient sept; à Civray, ils étaient trois.

Trois hommes décidés, prêts à tout, se sentant soutenus par ceux qui les inspirent, peuvent faire la loi pendant quelque temps à une cité et à un pays, jusqu'au jour où des comptes leur seront demandés. Il ne faudrait pas, sans doute, prendre ici au pied de la lettre toutes les dénonciations que les souffrances endurées ou le besoin de se justifier soi-même ont mis sur des bouches jusque-là si bien closes.

La conscience publique se libère, c'est entendu. Mais la vengeance se poursuit; elle a seulement changé de camp et ceux qui, hier, semaient l'effroi, tremblent de peur devant leurs victimes échappées à la mort.

L'ancien couvent des *Bénédictines*, qui occupait les terrains actuels de la sous-préfecture, avait été affermé le 30 mai 1792 au citoyen Giraud. Les treize pièces dont se composait l'immeuble devaient bientôt être transformées en prison et en grenier du maximum. C'est ainsi, nous l'avons constaté, qu'à Poitiers avait été aménagé l'*Evêché* (1).

Telle quelle, la maison était insalubre et vétuste. Des épidémies éclatent et des réclamations parviennent fréquemment au district.

Le 19 juin 1793, Pierre Thoreau de Lisle demande que la citoyenne Thoreau de Lisle, veuve Guyot-Lalande,

---

(1) Plusieurs gardiens s'y succèdent. J.-B. Rivaud au 21 nivôse remplace J.-B. Moreau; ses appointements sont portés de 150 à 400 livres; il sollicite pourtant encore une augmentation de salaire, parce que, dit-il, « comme journalier il gagnerait trente sous par jour ».

En l'an V les bâtiments du haut des Bénédictines étaient occupés par la salle des séances de l'administration municipale et les magasins à grains; les bâtiments du bas étaient occupés par la gendarmerie.

« atteinte d'une fièvre putride et maligne », soit transportée à son domicile. « Tout fait craindre pour ses jours s'il ne lui est administré de prompts secours », mais le district, c'est-à-dire Presles, Desbarres et Fradin, ne veut rien entendre (1).

En vain Jozeau, docteur en médecine de la faculté de Montpellier, constate-t-il qu'il a trouvé la malade « dans l'état de santé le plus menaçant, et qu'il est urgent de la sortir de la prison où l'air impur qu'elle respire dans un lieu resseré est habité par plusieurs individus dont la majeure partie a déjà éprouvé les effets de cet air corrompu ». Peines et soins inutiles. Nos jacobins restent sourds à toute pitié humaine (2). Mme de Pindray, « victime de la maladie contagieuse qui se propage », vient de mourir et les détenus, aux premiers rangs desquels nous trouvons ses deux filles, se plaignent de l'insalubrité des locaux. « Malgré l'attention et la surveillance des officiers municipaux, déclarent-ils, — non sans quelque bienveillance ou quelque habileté, — il n'est pas possible d'y faire circuler un air salubre ; il s'exhale une odeur infecte qui vient des latrines placées au bout du corridor et qui se répand dans les appartements et qu'on est forcé de respirer jour et nuit (3). »

Cette requête porte les signatures : « Suzanne de Pindray, Hyacinte de pindray, Anne Gracieux, Suzanne hilaire, Mariane hilaire la rochette bessac, boiseau Laborderie, Marie Magdelaine de poisdebont.. Gabrielle de poisdebon Tisseuil du Cerier d'argence Lucette Debessac, Le long Du Roc, julie du Roc, poisdebon félicité debessac Marie Aimée Menou Cora devilledon Marie villedon de Chergé Me Desmier, Marie Ymbert Demier, Céleste de Menou Victoire demenou Depoisdebon, henriette deme-

<hr>

(1) Archives de la Vienne, L. Q. 25.

(2) Archives de la Vienne, L. 241. On doit pourtant reconnaître qu'ils autorisent, dans d'autres occasions, les promenades des prisonniers dans les jardins.

(3) Archives de la Vienne, L. 461.

nou, Louis Demenou, de Chergé Dervaude, Jousserant et sa famille Guiote d'argence soit près de quarante détenus. »

En rapportant ici un des plus douloureux souvenirs des prisons révolutionnaires de Civray, qui ne touche pas directement la personnalité de nos Pressac (1), nous avons pourtant la conviction de ne pas nous éloigner de notre sujet.

La mort de Mme de Pindray, les circonstances tragiques auxquelles ses filles furent mêlées, ne contribuèrent-elles pas, pour leur part, aux souffrances des autres prisonniers ?

On était venu, en pleine nuit, arracher à Mme de Pindray ses deux filles enfermées avec elle, pour les transporter d'urgence à Poitiers.

Ayant, disait-on, correspondu avec des émigrés, elles allaient tout droit à la mort.

Effondrée de douleur, à l'annonce de la catastrophe, la pauvre mère s'évanouissait et « ne se relevait de cet évanouissement que pour tomber dans la maladie qui l'a conduite au tombeau ».

Le département, ayant interrogé les coupables, donnait enfin l'ordre de les réintégrer à Civray... elles arrivaient trop tard pour retrouver celle qu'elles avaient quittée.

Le décès de Mme de Pindray, les circonstances tragiques de l'inculpation de ses filles, avaient causé une émotion considérable dans le pays que la gravité des faits livrés à la justice révolutionnaire ne motivait que trop. Rappelons-les. A la date du 30 mars 1793, Mlles de Pindray recevaient à leur adresse de « La Roche d'Orilliac » une courte lettre remplie de déclarations patriotiques. Elle était datée de « Montjoye » et signée « Perpétuel ».

Les protestations de civisme qu'elle contenait avaient paru suspectes. A force de faire la chasse à leurs sem-

---

(1) Les Pindray étaient alliés aux Pressac par la famille de Vasselot. Etat civil de Charroux, 5 octobre 1790 : mariage de Jean-Elie de Regnaud.

blables, nos révolutionnaires avaient acquis un véritable flair de limier. A travers la lettre banale, ils avaient deviné une cryptographie compromettante. Leur instinct ne les avait pas égarés et bientôt, sous la flamme, où ils avaient placé la lettre, apparaissait à côté de l'encre visible, un texte caché, écrit avec une préparation spéciale, qui en couvrait les quatre feuillets.

Cent vingt-cinq ans ont passé et la redoutable supercherie reste ce qu'elle était alors, et nous avons pu, nous aussi, le cœur étreint, en épeler les caractères cachés. Quelle joie de n'avoir pas été joués, pour nos sans-culottes, et de prendre au piège deux filles d'aristocrates !

Plus mortes que vivantes, Suzanne et Hyacinte de Pindray sont amenées devant Fradin, assisté de Presle et de Desbarres. « Interrogée, dit le procès-verbal du dossier de l'une d'elles, s'il ne lui a pas été adressé des lettres écrites avec de l'encre dans le sens révolutionnaire et, dans le sens absolument opposé, avec du jus d'oignon ou toute autre matière que le feu fait revivre, a répondu qu'il ne lui a Eté Ecrit aucune Lettre suspecte Et quelle ne les aurait pas Reçues. »

C'est alors que Fradin exhibe les fameuses correspondances et apporte aux citoyennes *Pindrée* la preuve du crime auquel elles se sont associées et que l'amour d'une mère leur fait nier, plus encore peut-être que la crainte de la guillotine.

Perpétuel, au travers du texte visible, avait donné des nouvelles singulièrement compromettantes.

Après avoir parlé d'un entretien de Dumouriez avec le prince de Cobourg, il s'exprimait sur les soldats des armées républicaines dans des termes qui étaient loin d'être aussi pâles que la sève végétale avec laquelle ils avaient été tracés. « Ils ont éprouvé de nouveaux échecs dans les Pays-Bas autrichiens; ils se sont battus en désespérés et avec une bravoure qu'on ne pouvait pas attendre de gredains de cette espèce. »

Perpétuel cherchait à faire naître l'espoir et à prêcher la confiance.

En Poitou, on ne se doutait de rien ; on ne savait pas que la Révolution était tout près de sa fin.

« Je Paris que vous ignorez ce qui a passé dans une des Provinces qui touche la vôtre, qui est la Bretagne, on Regarde la contre Révolution comme faite... le peuple a arboré la couleur Blanche après les armes pour avoir le pain à meilleur marché qui vaut 5 a 6 sol la livre, 800 aristocrates se sont portés à la ville de Redon où ils ont fait prendre la cocarde blanche aux habitants. » « Je plains — ajoutait la lettre — tous les malheureux qui se son enrôlés pour marcher sur les frontières, c'est autant de perdu pour la culture et pour la société. »

Le crime était donc indiscutable. On racontait couramment que Mlles de Pindray ne partaient de Civray que pour aller sur la place du Pilori où les attendait la guillotine humide encore du sang des victimes d'Usson.

Pour une fois on se trompait : Mlles de Pindray revinrent à Civray ; elle eurent la vie sauve, et, ironie de nos destinées ! ce fut leur mère, qui n'avait pas été compromise dans l'affaire des lettres, qui mourut de leur découverte.

CHAPITRE VII

Une note de service nous rappelle que Pressac des Planches, après sa libération définitive, fut aussitôt nommé agent national du district. Singulière destinée que celle de ces hommes qui ne cessent d'occuper des fonctions publiques que lorsqu'ils sont en prison et qui, le lendemain de leur libération, se trouvent investis de nouveaux mandats !

En qualité de cette fonction qu'il exerce de fin 1794 à novembre 1795, nous le voyons, assisté des administrateurs du Directoire, procéder aux enchères nationales.

L'an III, le 28 vendémiaire et le 12 brumaire, ce sont les biens confisqués de Charles Cressant Dexmier du Roc qu'il disperse.

Un premier lot, disputé par V..., B... le jeune et L..., C..., échoit à Nicolas D... de Pressac pour 80.200 livres.

Il comprend « un cy-devant château », son jardin, ses cours et toute sa réserve. La métairie de la Forêt est adjugée 25.000 livres à Le Montet, devient la propriété de D..., l'aubergiste ; Le Coudrai pour 21.000 livres celle du notaire B... Les bois des Touches sont à C... ; le petit château (?) près le Pinier à T... ; le champ de la Médecine au notaire Joseph S... ; le champ de l'église à Pierre S... ;

la borderie du bourg de Saint-Gaudent à Jean M...; une autre borderie à Jean B...

Une des ventes les plus importantes de la contrée fut celle des Lambertie, de Saint-Martin-l'Ars, à laquelle procède également Des Planches en soixante adjudications. Le château est acheté par N... 38.200 livres ; les domaines se partagent entre le même, B..., C... et L... (1).

Bientôt il est appelé au poste, beaucoup plus important, de commissaire exécutif du Directoire (2).

Il devient l'héritier des procureurs syndics ; de Brault, de Thibaudeau, dont la fonction avait été supprimée. Il sera le prédécesseur des préfets de l'an VIII, choisis, eux, parmi les citoyens étrangers au pays qu'ils sont chargés d'administrer (3).

Le 4 floréal an IV (23 avril 1796), Pressac adresse aux administrateurs municipaux et aux juges de paix une lettre concernant les épurations demandées par le Directoire.

Ils comptent sur eux « soit pour éclairer le gouvernement, soit pour accabler au besoin cette secte impie des royalistes » ; toutefois il les met en garde contre « ce penchant invincible à la délation » dont il n'a que trop souffert lui-même (4).

Dans une autre circulaire, il les invite à employer tous les moyens propres à simplifier les écritures et le travail de bureau, et demande notamment que chaque question

(1) Archives de la Vienne, Q. 2-74.

(2) Papiers de Mazières. Titre de nomination de Pressac des Planches par le Directoire exécutif près l'administration centrale du département de la Vienne, en remplacement du citoyen Picault.

Ces fonctionnaires étaient chargés de requérir et de poursuivre l'exécution des lois dans l'étendue du district. Ils recevaient un traitement annuel de 2.400 livres.

(3) *Les Procureurs-Syndics de 1790 et les commissaires du Directoire Exécutif de l'an III à l'an VIII*, par Th. Ducrocq.

(4) Lettre de Pressac-Desplanches, commissaire du Directoire près l'Administration départementale, au ministre de l'Intérieur du 17 germinal an IV (A. N. F. III Vienne, 1). Archives de la Vienne, L. M. 1.

soit traitée par une lettre séparée, et qu'en marge de chacune d'elles, on en résume l'objet.

La délation, qu'il redoutait pour les autres, l'atteignait lui même. Il était dit qu'à toutes les époques et sous tous les régimes, Pressac des Planches serait dénoncé au pouvoir dont il était le représentant.

En audience publique du 23 pluviôse, le citoyen Villeneuve (1) le flétrit comme royaliste. Pressac eut beau protester de son patriotisme et répondre qu'il était impossible qu'on lui démontre soit « son aversion pour le gouvernement », « soit une propension pour la cause des Rois et le Rétablissement de la monarchie », il eut beau reprendre à son compte cette parole célèbre « que s'il pouvait y avoir un peuple de Dieu, il se donnerait un gouvernement républicain » rappeler par surcroît le sacrifice qu'il avait consenti en abandonnant ses enfants, en prenant à sa charge des déplacements que « sa médiocre fortune » rendait pour lui, très onéreux... son prestige était désormais atteint, son autorité ébranlée (2).

Le premier fonctionnaire du département est obligé de se défendre et de se justifier.

Et bientôt par une lettre datée du 24 prairial an IV que remettait au ministre de l'Intérieur, son cousin, le représentant Félix Faulcon, il donnait sa démission.

Veuf, avec trois enfants, sans fortune, éloigné de son domicile, il se disait condamné à vivre d'expédients. Son successeur fut l'avocat Claude-Marie Bonnefont (de Chasseneuil).

Et maintenant Pressac, après avoir résigné ses fonctions équivalentes à celles de préfet du département, va

(1) Villeneuve, qui ne se lasse pas de dénoncer tantôt les modérés, tantôt les sans-culottes, dénoncera dans la séance du 2 fructidor an II de la Société populaire de Poitiers, Bobin, lui reprochant d'avoir voulu faire égorger les détenus.

(2) Notons que la réaction religieuse que Pressac signale à Loudun va se manifester aussi à Civray. Baudon, agent municipal, blâme la politique irréligieuse de la Convention et le ridicule jeté sur la religion (A. N. F. 7-72, 89).

revenir dans son petit et cher pays de Civray, pour ne
plus le quitter; retrouver sa famille, Adélaïde, Patrice et
Francillet; ses amis, et y remplir le rôle plus modeste
de commissaire du pouvoir exécutif près le tribunal correctionnel de Civray pendant les années V, VI et VII.

En l'an VIII il sera sous-préfet.

CHAPITRE VIII

NORBERT, AGENT COMMUNAL. — LE TAMBOUR LA JEUNESSE ET LES FÊTES CIVIQUES. — L'AFFAIRE DES MARCHÉS.

Les communes, d'après la constitution de l'an III, n'avaient pas d'administration distincte ; groupées au canton, chacune d'elles y était représentée par un agent municipal.

Le rôle de cet élu était de faire respecter les personnes, l'ordre public et les propriétés ; il lui fallait une certaine intelligence des lois et règlements en même temps que quelque influence et quelque autorité personnelles.

Les temps étaient difficiles et les campagnes infestées de déserteurs, d'individus suspects, de chauffeurs (1). Il appartenait à l'agent municipal de « repousser avec force de ses foyers cette horde d'errans et de scélérats qui poussent... leur cruauté jusqu'à porter la désolation dans le sein des familles en y exerçant des noires et coupables atrocités, vols, pillage et meurtre ».

Les curés et les anciens religieux ne manquaient pas, qui pouvaient remplir ce rôle. Bien que les fonctions curiales ne fussent alors exercées dans le canton qu'à Savigné par Guyot et à Saint-Gaudent par Norbert Pressac, on y comptait treize prêtres séculiers assermentés et deux anciens capucins (2).

(1) Arrêté du 26 frimaire an V. Archives de la Vienne, L. 375.
(2) Debrou, ex-curé d'Availles ; Guyot, ex-curé de Paizai-le-Tort ; Bourgouin, ex-capucin ; Pressac, ex-curé de Saint-Saviol ; Vaillant, ex-curé de

Touzalin, Debrou, Norbert Pressac et Guyot avaient été élus agents municipaux.

L'administration du canton eut particulièrement à lutter pour faire accepter des populations le calendrier républicain et les réformes qui en étaient la conséquence (1).

Le peuple qui avait laissé, avec une apparente indifférence, renverser les choses vénérables ou saintes, fut bien près de se révolter quand on bouleversa certaines de ses coutumes. Les fêtes décadaires, autre souci de nos administrateurs, obtenaient chez nous bien peu de succès à ce point qu'en l'an VII Bonnefont proposera qu'on les agrémente d'exercices de gymnastique pour « attacher le peuple au moins par la curiosité, et que Norbert Pressac recommandera d'établir des concours de poésie » (2).

Ces moyens « sont pressants pour arrêter les passions, adoucir les mœurs et attirer les citoyens aux fêtes décadaires ».

Ce manque de zèle pour les cérémonies nouvelles avait même été cause d'un incident amusant qui nous a paru — à cause des enseignements qui s'en dégagent — mériter d'être rapporté.

Le tambour de ville Rénaud, dit la Jeunesse, outré du peu d'empressement des Civraisiens à célébrer la fête des époux pour laquelle il avait inutilement battu ses rap-

Pleuville. D'autres habitaient le canton : Laubier à Saint-Clémentin ; Lombé à Savigné ; Buchez à Savigné ; Touzalin à Saint-Gaudent ; Jamain, ex-frère capucin, à Lizant ; un autre Guyot et Norbert Pressac étaient alors les curés du culte catholique pour Savigné et Saint-Gaudent.

Tous ces prêtres avaient prêté serment et vivaient en marge de la communion catholique. Vingt ans plus tard, en 1815, nous notons les prêtres suivants mariés, dans l'arrondissement de Civray : Guérin à Civray, Albert à Romagne, le greffier du juge de paix d'Availles, Chamaillard, percepteur, Bernard, propriétaire, ces deux derniers à Blanzay.

(1) Les prénoms étranges du moment excitaient la moquerie à Civray dont les registres nous font connaître ceux de Réglisse, Lamontagne, Lapin, Cognée, Asperge, Chou-fleur.

(2) A. N. Fl* III Vienne.

pels les plus vigoureux (1), ne craignit pas, la cérémonie terminée, de publier à son de caisse, à tous les carrefours de la ville, que « ce pays n'était composé que des chouans et que les bons citoyens y étaient bien rares ».

Cette incartade obligea la commune à se priver de son tapin dont chacun était fier et parlait à la ronde. Il n'y en avait pas un autre dans le district pour battre un ban comme lui. Les baguettes, dans ses mains, sautaient, faisaient merveille.

Il **était** fort et se croyait indispensable. Il se trompait ; du moins tel fut l'avis de la municipalité qui le remplaça par un autre citoyen aidé d'un pupille. Mais à deux ils ne faisaient pas la moitié de l'autre.

L'administration s'émut et ne persévéra pas ; elle fit même sa coulpe à la séance du 28 prairial an V, tout en essayant, par des attendus qui ne trompaient personne, de couvrir sa retraite.

« Considérant, déclara-t-elle, que le citoyen Rénaud, dit la Jeunesse, n'a été destitué que pour un manquement d'égards à la société ; que sa faute se trouve suffisamment expiée par la privation de ses émoluments et la perte momentanée de l'estime publique ;

« Considérant que l'inculpation du dit Rénaud n'a eu pour but que de stimuler le zèle des habitants de Civray pour les fêtes nationales ;

« Considérant que la vindicte publique paraît satisfaite et que beaucoup de citoyens désirent sa réhabilitation dans ses fonctions ;

« Considérant, en outre, que le citoyen Guéret n'a pu malgré son zèle acquérir les talents nécessaires à un tambour... le citoyen Rénaud dit la Jeunesse est réhabilité dans ses fonctions et Guéret lui remettra sa caisse de cuivre. »

---

(1) A Civray, les fêtes décadaires n'étaient pas seulement annoncées à son de caisse et par affiches, mais aussi par des décharges de mousqueterie. La gendarmerie et la garde nationale y figuraient ; on y chantait des hymnes patriotiques.

Il est donc vrai qu'il est parfois difficile de remplacer ce qu'on a renversé ; on n'improvise pas même un tambour municipal.

L'administration s'en rend compte ; non seulement elle veut assurer le présent en demandant à la Jeunesse de reprendre sa peau d'âne et son baudrier, mais elle prévoit l'avenir et constitue en quelque sorte l'hérédité de la charge.

Un enfant de père inconnu est confié à la Jeunesse « pour qu'il puisse posséder par la suite le talent de battre parfaitement la caisse » (1).

Le tambour appelle toujours aux cérémonies civiques et nos trois frères répondent à sa voix.

Nous reconnaissons les Pressac à la fête de l'anniversaire de la juste punition du roi des Français annoncée à son de caisse, par affiches et lettre circulaire pour le 1er pluviôse an V... le 21 janvier.

Cette publicité faite autour de la commémoration des tragiques événements de 1793 tendrait-elle à prouver le peu d'écho qu'elle trouvait dans les cœurs ?

Comment était-il nécessaire de tant de bruit pour apprendre aux citoyens de la petite cité qu'une fête, et quelle fête ! serait célébrée ce jour-là au Temple de la Raison ?

Théodore sans prendre de qualités, Des Planches comme commissaire du pouvoir exécutif, Norbert comme agent municipal, prêtent une fois de plus, en cette circonstance, devant Guény, président de l'administration, le fameux serment de haine à la royauté et à l'anarchie (2).

« Je jure haine à la royauté et à l'anarchie, attachement et fidélité à la République et à la Constitution de l'an III. »

Ils avaient déjà prêté bien des serments et devaient en prêter beaucoup d'autres.

(1) Archives de la Vienne, L. 375.
(2) Ibid., L. 41.

Dans un vaudeville qui eut sous la Restauration quelque célébrité, *le Ménage de Croûton*, le héros de la pièce critiquait le tableau du serment des Horaces. Il voulait que le bras fût plus tendu et il ajoutait : « Je m'y connais, il y a vingt ans que je fais des bras qui prêtent serments. »

La feuille du jour — *la Quotidienne* sans doute — assurait que cette facétie avait été applaudie à trois reprises par toute la salle. Mais alors on ne plaisantait pas, on sortait du drame et on n'en était pas encore au vaudeville.

Et cependant que de farces de tréteaux ! Ne serait-ce que la débaptisation de la jeune Maron de Cerzé, pupille d'Antoine-Silvestre de Lortat, lieutenant de gendarmerie et beau-frère de Des Planches, dont la *Société populaire*, à la date du 10 mars 1794, changeait le nom si peu compromettant de Zoé pour celui, qui ne devait pas être beaucoup plus patriotique, d'Olive.

Nous n'examinerons pas ici les questions très nombreuses et de genres très variés dont eut à s'occuper l'administration municipale. Notons seulement l'une d'elles où le curé de Saint-Gaudent prit directement et âprement parti, et qui eut à Civray un certain retentissement. Il s'agit des foires et des marchés. L'administration, dans sa séance du 8 floréal an VI, avait arrêté qu'il se tiendrait à Civray deux marchés par décade, le quatrième et le neuvième jour. Interdiction était faite d'étaler, les autres jours, des marchandises ou denrées sous peine de poursuites devant le tribunal de simple police.

Habituées de temps immémorial à leur unique assemblée de semaine, les populations, on l'avait prévu, devaient se plier difficilement à ces habitudes nouvelles Aussi avait-il été arrêté que le tambour à chaque marché préviendrait les citoyens du jour du prochain marché ; qu'il serait fait de même dans toutes les communes du canton et « qu'au moins six affiches » seraient posées « qui ne pourraient être enlevées sous peine d'amendes ». Les fêtes balladoires étaient, elles aussi, changées de date, celle de Saint-Gaudent portée au 10 fructidor et celle de Saint-Clémentin dix jours avant. Il était, circonstance aggravante, défendu de danser en dehors des quintidi et décadi.

Pour faire accepter ce régime nouveau, l'administration municipale ajoutait, et c'était là un argument qui devait assez peu toucher nos populations : « Les ministres du culte, avec tous les bons républicains, sont invités de concourir avec l'administration pour faire oublier l'ancien calendrier reconnu par les savants chronologistes comme renfermant dans les anciennes époques des erreurs et de faux calculs. »

Malgré ces prescriptions, sept bouchers de Civray et de Saint-Clémentin exposent leur viande aux halles un samedi, disant pour leur défense que la population tout entière se conforme aux préceptes de la religion catholique ; les abstinences sont observées comme autrefois.

Les juges devant lesquels ils avaient été cités (1) « les avaient déchargés des peines encourues par eux, les autorisant encore à tenir leurs boucheries comme cy-devant, jusqu'à ce que le ministre de la Justice ait prononcé sur le fond ».

Norbert Pressac, qui avait été « l'instrument de l'arrêté du 8 floréal », aux dires de ses collègues, protesta, avec l'ardeur qu'il apportait en toutes choses, non pas contre les délinquants, mais contre le procès-verbal de la séance.

Cette protestation qui, d'une façon indirecte, venait au secours des bouchers, valut à Pressac de la part de

(1) *L'Esprit public dans le département de la Vienne pendant la Révolution.* Roger Doucet, page 403 (jugement du tribunal de police de Civray, du 29 floréal an VI, A. N. F. 7, 33.696).

« Quelques incidents nous montrent que le retour des mêmes croyances est un phénomène général. Au mois de floréal an VI, sept bouchers de Civray et de Saint-Clémentin, poursuivis pour avoir exposé leur viande aux halles, un samedi, disent pour leur défense que la population tout entière se conforme aux prescriptions de la religion catholique : les abstinences sont observées comme autrefois. »

Gueny, président, de Bourdier-Lallier, Tendron et Dupuis une verte réplique.

Après de violentes discussions, le 20 prairial, avait lieu la réconciliation de Pressac et de ses collègues, nouveau baiser Lamourette, avec de part et d'autre des déclarations pompeuses ; mais de toute évidence l'ardeur combative du curé de Saint-Gaudent avait eu raison de la volonté de ses collègues. On revisait l'arrêté... Il n'y aurait plus qu'un marché par décade et les bouchers et autres marchands de comestibles étaient autorisés à exposer leurs denrées tous les jours de la décade, excepté le décadi et les jours des fêtes nationales (1).

Six mois plus tard, le curé de Saint-Gaudent, que sa défense des traditions locales et des intérêts des commerçants avait mis tout particulièrement en vue, devait donner sa démission en raison d'une nouvelle loi sur l'incompatibilité de certaines fonctions. « Croyant rendre, déclara-t-il, de plus grands services à mon pays en y exerçant le ministère du culte qu'en y remplissant les fonctions d'agent municipal... Je déclare cesser mes fonctions d'agent municipal et vouloir continuer en la susdite commune (séance du 11 brumaire an VII) de Saint-Gaudent celles de ministre du culte. »

L'examen des registres de l'administration cantonale, si nous avions le loisir de les parcourir, nous apprendrait bien des détails intéressants sur les faits de la vie locale.

Nous noterions à la date du 13 messidor an IV l'établissement d'un tribunal correctionnel à Civray ; nous relèverions la taxe de la viande et celle du pain à 5 sols la livre pour le bœuf, veau et mouton de première quatité, 2 sols 6 deniers pour le pain également de première qualité (1).

Nous apprendrions que Doré — qui est sergent — réclame au district un fusil qu'il avait versé lors de la levée en masse ; que Norbert Pressac s'est rendu acquéreur

(1) Archives de la Vienne, L. 310.

de la cure de Saint-Gaudent et qu'il a lui-même acheté, le 11 germinal an III, le jardin qui dépendait de son ancienne cure de Saint-Saviol (1). Mais les événements nous pressent, le passé disparaît et l'aube de temps nouveaux se lève.

(1) En 1792, Norbert Pressac avait affermé nationalement une borderie « pour porcs et moutons d'Espagne » pour 6 ans à la régie des biens nationaux pour la somme de 200 francs par an. A une réclamation de la régie, il répond que ses papiers pendant la détention ont été enfermés dans une chambre et que « l'eau qui a tombé pendant neuf mois a détruit la quittance qu'il aurait à opposer ».

IIIᵉ PARTIE

LES TROIS FRÈRES. -- DE L'AN VIII A 1815

CHAPITRE Iᵉʳ

AU LENDEMAIN DE BRUMAIRE. — L'ORDRE NOUVEAU. — SOUS-PRÉFET CHEZ LUI. — L'ÉTAT D'ESPRIT A CIVRAY. — RELATIONS AVEC LE PRÉFET COCHON. — LE PARTI ÉMIGRÉ. — LA CÉRÉMONIE DU SACRE. — UN SCANDALE A CIVRAY.

Avec brumaire, la Révolution était terminée. Les hommes qui avaient tenu quelque rôle, pendant les dix dernières années du siècle, s'adapteront vite au régime nouveau. A tous les plans on vit les Fouché, les Cambacérès, les Talleyrand, les intrigants et les politiques, acclamer le premier consul, en même temps que les La Fayette et les Grégoire, formés à l'idéologie républicaine, venaient à lui.

Chacun s'efforçait d'oublier son passé. D'aucuns y réussissaient, comme le prouve l'anecdote suivante qui nous intéresse doublement puisqu'elle met en scène à la fois le conventionnel Ingrand et le premier préfet de notre département :

« Un républicain des plus obscurs de la Convention, Ingrand, dit Edgard Quinet, racontait que, sous le Consulat, passant à Poitiers, il s'avisa de faire visite à son ancien collègue, Cochon de Lapparent, devenu préfet. Il le trouva entouré de solliciteurs, d'émigrés, de ci-devant, qui alors sortaient de terre. Le préfet eut l'air de ne pas reconnaître le modeste jacobin : « Souvenez-vous donc, mon cher collègue, disait celui-ci ; nous faisions tous deux partie de la fameuse commission des vingt-quatre, qui provoqua tant de mises en arrestation ; c'est vous qui insistiez le plus. — Ah ! oui, interrompit le préfet, je vous reconnais parfaitement, mais oublions tout cela. Venez me voir quand je serai seul. » Et il le congédia. Ingrand lui-même s'était adapté et ses fonctions d'inspecteur des forêts de l'Oise lui seyaient aussi bien que celles de juge, à Trèves, à son farouche collègue Piorry (1).

Pressac des Planches revenait de beaucoup moins loin et paraissait tout à fait à même de remplir un rôle dans un gouvernement « désireux d'associer à ses vues et à ses travaux tous ceux qui, pendant de longs orages, étaient restés fidèles à la cause de la justice et de la morale et n'avaient usé de leur ascendant qu'au profit de l'ordre et de la paix publique (2) ».

Par arrêté en date du 12 messidor an VIII, il avait été appelé à exercer à Civray les fonctions de sous-préfet, prévues, pour l'administration des arrondissements, par la constitution de frimaire.

Des Planches était à la hauteur de sa tâche. Sa formation juridique, l'expérience qu'il avait acquise dans les affaires, les fonctions diverses qu'il avait remplies depuis vingt années, justifiaient pleinement le choix dont il venait d'être l'objet.

---

(1) C'est une des dernières fois que ce nom redouté paraîtra dans cet ouvrage. Pierre-François Piorry mourut à Poitiers le 23 janvier 1847, à l'âge de 88 ans et 5 mois. La déclaration d'état civil est signée de ses parents : MM. Aupoix-Villeneuve et Petit-Guerilault. Sa tombe se trouve au cimetière de l'Hôpital-des-Champs. *Notes sur les Cimetières de Poitiers*, Etienne Salliard.

(2) Notice sur Pressac des Planches signée d'Urgeange et parue dans une revue dont le directeur était E. Pascault, mais dont on ne nous dit pas le nom. Papiers de Mazières.

Souple, prudent, avisé, ayant donné maintes fois des preuves de courage et de sang-froid, attaché fermement aux principes de 89, il saurait mieux que d'autres se diriger au milieu des difficultés, éviter les écueils, concilier les éléments les plus divers et ramener, vers le nouveau régime, les anciens jacobins qui le suspectaient en même temps que tous ceux qui regrettaient la monarchie et en souhaitaient le retour.

Le sous-préfet de Civray était du pays, de la ville même où il allait exercer son autorité ; il en connaissait l'esprit, n'ignorait rien de ses ressources et de ses besoins et savait les concours sur lesquels il pouvait compter.

Entouré de sa famille et de ses relations, il était lié d'amitié avec le général Rivaud (1), MM. Brothier et Laubier de Grandfief qui, le premier comme maire, le second comme juge de paix, allaient avoir un rôle particulièrement important dans le pays où leur situation personnelle était déjà très en vue. Il était en bons termes aussi avec le curé Augry dont il avait partagé la captivité aux mauvais jours de la Révolution. Un concours heureux de circonstances servait sa destinée.

Le pays, au surplus, était de mœurs faciles et la situation modeste de fortune du sous-préfet s'accommodait parfaitement d'une fonction qui ne l'obligeait pas à quitter la maison de famille, à se séparer de ses enfants et à s'éloigner des intérêts agricoles dont il avait la charge.

Restant à Civray, il continuerait à donner, autour de

(1) Olivier Macoux, comte Rivaud de la Raffinière, général de division, grand-croix de la Légion d'honneur, commandeur de l'ordre de Saint-Louis, naquit à Civray, où — ce qui est étrange, aucune rue ni monument ne rappelle son illustre mémoire. D'une famille ancienne de la magistrature poitevine, il était le plus jeune des dix enfants de Charles-Jean Rivaud, maire de Civray, conseiller du roi et lieutenant-général de police au siège royal et de Elisabeth Rondeau. Le prénom de Macoux lui avait été donné en l'honneur du patron de la paroisse de Saint-Macoux où sa famille possédait héréditairement un domaine. Il attend « à côté de sa compagne chérie Marie Cézar Charlotte de Fricon », dans le cimetière de la Pierre-Levée, à Poitiers, l'heure de la Résurrection. *Notes sur les Cimetières.*

lui, des conseils d'affaires, comme précédemment au temps où il était avocat.

Toute médaille a son revers. Les avantages qu'il trouvait dans cette résidence privilégiée étaient balancés par les inconvénients qui en résultaient.

Des Planches avait été mêlé de trop près aux événements révolutionnaires pour ne s'être pas fait de nombreux ennemis. Il allait rencontrer, sur son chemin, à droite ceux qui avaient souffert de la Révolution et ne lui pardonnaient pas de l'avoir servie, à gauche les jacobins qui lui avaient ravi la liberté et l'avaient menacé dans sa vie ; de tous côtés des jaloux, des envieux.

Le curé de Saint-Gaudent, toujours en effervescence, son autre frère Doré, l'ex-prêtre, ne pouvaient que le gêner, aussi, dans bien des circonstances.

La Constitution avait créé les sous-préfets sans autrement s'occuper de les loger. Il n'existait pas à Civray d'immeuble où la nouvelle administration pût être installée. Avec Pressac l'inconvénient était tourné ; sa maison, la maison de la Grand'Rue, abriterait à la fois et provisoirement au moins, l'administrateur et ses bureaux. Longtemps les habitants de Civray s'obstinèrent à l'appeler la sous-préfecture.

En regardant de près l'entablement en triangle de la porte d'entrée, on reconnaît encore, scellée dans le mur, la douille rongée de rouille qui porta, tour à tour, le drapeau aux trois couleurs de Bonaparte et l'étamine blanche de Louis XVIII (1).

Réfection ou création de chemins vicinaux, assistance aux indigents, garde nationale, conseils de revision et surtout organisation si lourde des réquisitions militaires, suffirent à absorber l'activité de Des Planches.

Les préfets reconnaissent sa sagesse et à l'occasion son dévouement. On lui fait, toutefois, quelques reproches.

---

(1) Cette maison fait face à la rue du Temple. Elle appartient actuellement à M. Dindinaud, notaire.

« C'est un brave homme, dit, à la date du 2 novembre 1812, une note confidentielle, qui est très lent, fait trop peu par lui-même. Il est avocat et le préfet se plaint de ce que ses nombreuses consultations nuisent à sa sous-préfecture. » On lui écrivit d'opter. A certaines heures, le secrétaire Albert (1) signera même de son nom des correspondances officielles.

Cette réserve notée, les relations entre le sous-préfet de Civray et les préfets Cochon et Mallarmé nous apparaissent empreintes de confiance et parfois de cordialité.

A l'endroit de ses chefs hiérarchiques, Pressac se permet même des attentions qui décèlent quelque intimité.

Dans une lettre à Cochon concernant les chevaux andalous expédiés par le roi d'Espagne au premier consul (2), on lit ce post-scriptum : « J'ai fait demander dans tous les moulins sur la Charente une belle truite pour vous. » Le premier consul aura ses chevaux et le préfet sa truite. On a beau avoir été conventionnel, c'est-à-dire incorruptible et vertueux, ce sont de ces petites attentions auxquelles il est malaisé de rester insensible...

Nous avons d'ailleurs le témoignage que le geste ne parut pas déplacé, puisque six semaines plus tard, un autre cadeau parvenait à la préfecture. « Les châtaignes de ce pays icy, disait le billet d'envoi, passent pour très bonnes, je les ay vu preferer à paris aux marons de Lyon voicy dix jours que j'attends le messager pour vous en envoyer un sac il ne peut pas retarder longtemps (3). »

Les débuts de Pressac furent pleins de promesses ; il voyait tout en beau et ne tarissait pas d'éloges sur les populations qui lui étaient confiées et leur loyalisme envers le gouvernement (4).

(1) L'*Annuaire de la Vienne* de 1807 nous fait connaître le personnel de la sous-préfecture : Albert, secrétaire ; Dejousserant, employé; Lhuguenot, expéditionnaire.

(2) Archives départementales de la Vienne, M. 4.

(3) Ibid.

(4) Ibid.

Civray, le 2 frimaire an 9.

« Citoyen préfet,

« Je ne puis, dans ce moment, rien vous signaler qui dans cet arrondissement puisse troubler l'esprit public et porter atteinte à la liberté et à la propriété et à la sûreté individuelle des citoyens ; il ne m'appartient pas de vous dire que nous devons ce maintient habituel de la tranquilité à la police administrative. C'est une jouissance que nous procure plutôt le bon esprit de nos habitants qui tous portés pour le gouvernement rendrait absolument impossible toute entreprise contre l'ordre social.

« Je pourrais même dire qu'il se commet ici peu de crimes et que la corruption des mœurs n'y est pas aussi sensible qu'ailleurs.

« Salut et Respect.

« PRESSAC-DESPLANCHES. »

Ce bel optimisme persistait trois mois plus tard (1). « La grande confiance dans le gouvernement a ramené cette gaieté naturelle, cette liberté dans les affections, cette franchise dans les communications, de là cette multitude de repas, de bals, de petites fêtes joyeuses qui expriment si bien le Bonheur public, jamais peut-être dans cette ville comme dans la campagne il n'y a eu plus de réunions et d'amusements. »

Temps heureux que ces premières années du consulat où la France faisait joyeusement le sacrifice de sa liberté pour renaître à l'ordre et à la paix ! Des Planches, toutefois, signale une ombre à ce tableau : la mendicité, et il indique le moyen qu'il entrevoit de la dissiper : « une seule manufacture dans un petit pays ferait disparaître cette vermine de la société ».

La ville de Civray n'a pas, en effet, de ressources ni

____

(1) Archives de la Vienne, M. 4.

d'industrie et ses 1.300 habitants vivent uniquement du commerce qu'ils font, les mardis et jours de foire, avec les paysans des communes voisines.

En l'an 10, il est bien question de recevoir momentanément des troupes de garnison, mais le sous-préfet déclare qu'au chef-lieu et dans les autres centres de l'arrondissement (1), « il ne se trouve pas de bâtiments propres à faire des casernes ». « Il y aurait cependant eu, ajoute-t-il, l'ancien château de l'abbaye de Charroux qui aurait pu contenir une compagnie ; mais la municipalité de cette commune y tient ses bureaux et ses séances.

Une joie et une fête de famille, le mariage de sa fille Adélaïde avec M. Dousset, célébré le 3 juin 1803, à Gençay, vinrent le reposer des soucis de son administration auxquels le retour des émigrés ajoutait une préoccupation nouvelle. Si quelques-uns d'entre eux vivaient modestes et appauvris, dans leurs terres depuis dix ans abandonnées, d'autres, dont les épreuves n'avaient point abattu la fierté ni transformé le caractère, prenaient, à l'égard de leurs concitoyens, une attitude qui pouvait amener de fâcheuses conséquences.

« Je ne sais, se demandait le sous-préfet, si on doit attribuer à un fond d'orgueil cette réserve des émigrés et amnistiés, la plupart et presque tous ne peuvent point se familiariser à cet état de choses ; ils ne se plaisent guère qu'entre eux ; ils n'ont d'autres liaisons, d'autres communications avec les autres citoyens que celles que commande la nécessité, l'intérêt ou autres affaires de ce genre (2). »

Autre signe des temps, dans ses rapports de service le sous-préfet de Civray n'emploie plus les formules habituelles. Le protocole de la Révolution fait place à celui des temps nouveaux, le « salut et respect » se mue désormais en un hommage respectueux ; le citoyen

____

(1) Archives de la Vienne, M. 4.
(2) Ibid.

préfet est devenu M. le préfet en attendant qu'il soit M. le baron préfet.

A travers la vie locale on retrouve, une fois de plus, le reflet de l'époque. La guerre avec ses levées et ses continuelles réquisitions dont il était si difficile au sous-préfet d'assurer le transport, les premières applications du concordat, le retour des émigrés, font l'objet des correspondances les plus fréquentes de Des Planches avec le préfet de la Vienne.

Disons à sa louange que le sous-préfet ne fait point figure de courtisan. Dans les différentes circonstances où il ne tient qu'à lui de paraître au rang où la Constitution l'a placé, il s'excuse et s'efface.

Il ne se rendra même pas aux grandes solennités nationales où le Pape, venu tout exprès d'Italie, va faire les onctions saintes sur la personne auguste de l'Empereur. C'est à peine s'il enveloppe de quelques précautions oratoires sa réponse négative.

« Il n'est pas tout à fait décidé à aller à Paris aux fêtes du sacre et du couronnement. En toute éventualité, il demande que le préfet accepte pour le remplacer son frère Théodore-Jacques qui a toujours travaillé avec lui en qualité de secrétaire (1). »

Ses rapports avec l'autorité ecclésiastique représentée par les évêques Bailly et de Pradt, les curés Augry et Boudon d'Alauziers, resteront toujours corrects et confiants. Il n'en fut pas de même avec un certain abbé Charrier, venu de la Charente, qui succéda en 1806 au vénérable M Augry. Ce nouveau curé s'était fait à Civray des inimitiés très vives, dans la famille même du sous-préfet, en rappelant à ses obligations le curé de Saint-Gaudent et en provoquant plus tard son interdiction.

C'était un prêtre jeune, portant, avec élégance, le

____

(1) Archives de la Vienne, M. 4.

Il avait reçu pour ses frais de voyage un mandat de 520 francs.

Au moment de la réunion du Champ de mai, pendant les Cent jours, il décline de même façon l'invitation qui lui est adressée.

carrick à la mode, affectant des relations dans les milieux émigrés, mais qu'on disait intrigant et peu sûr.

Un jour de juin 1812, un scandale éclata. Des grandes élèves du pensionnat Murcarty, Mlles G. de la B., L. et S., accusèrent cet ecclésiastique de les avoir obligées à subir, de son fait, des traitements humiliants et étranges (1).

Dans ces circonstances, le sous-préfet de Civray fit preuve d'un jugement éclairé. Il limita le scandale, et contint l'effervescence publique ; sa lettre, jointe à celle du maire et au procès-verbal circonstancié de la gendarmerie, témoigne une fois de plus de sa prudence et de sa décision.

Une enquête, conduite par M. Soyer, vicaire capitulaire du diocèse, prêtre d'une haute vertu et d'une grande autorité, apporta la sanction inévitable.

Le curé Charrier quitta Civray sans qu'on ait su, depuis, ce qu'il était devenu. Quelle étrange physionomie que celle de ce demi-maniaque, certainement irresponsable, de ce frère fessiseur équivoque, raffiné et brutal à la fois !

Ce scandale fit malheureusement en son temps beaucoup de bruit et il est à penser qu'il eut sur cette génération influençable, par de pareilles suggestions, quelque profond et lointain retentissement (2).

---

(1) Archives de la Vienne, M. V.

(2) Notons vers cette même époque, exactement le 7 octobre 1813, le mariage à Niort de Patrice Pressac des Planches, avec Françoise-Marie-Alexandrine Le Blois, fille de l'ancien accusateur public, successeur de Fouquier-Tinville, qui était veuve d'Antoine Macips, officier de cavalerie. C'est à Niort également que devait mourir Patrice, le 18 février 1856. Il était alors juge honoraire au Tribunal civil.

CHAPITRE II

LE CONCORDAT ET LES FRÈRES PRESSAC. — LES NOTES DE L'ÉVÊ-
CHÉ. — MGR BAILLY, MGR DE PRADT. — LES DISCOURS DU
CURÉ DE SAINT-GAUDENT.

Le Concordat devait trouver avec les frères Pressac des
collaborateurs empressés, le sous-préfet à en exiger l'application, le curé à en accepter et à en dépasser les servitudes.

Des Planches, dans deux rapports adressés au préfet de
la Vienne, l'un en fructidor, l'autre en pluviôse an XII, se
plaint de ce que les fêtes supprimées sont encore solen-
nisées dans l'arrondissement et notamment à Civrai
« comme ci-devant » .. que « les cérémonies de l'Eglise
sont toujours annoncées aux messes principales et au
son de la cloche, ce qui, observe-t-il, entretient le
peuple et surtout celui des campagnes dans cet état de
repos très nuisible à l'agriculture » (1).

L'exercice du culte continue, d'autre part, à être pra-
tiqué dans les églises supprimées. On y célèbre les enterre-
ments et les mariages, contrairement « au vœu exprimé
par Monsieur l'Evêque dans son mandement du 16 nivôse ».
Il serait bon qu'on fasse « enlever les cloches des églises
supprimées et tout ce qui a trait à l'exercice du culte »,
et qu'on transporte par exemple à Civray, dont le « clocher a été construit pour quatre cloches », « la cloche de

(1) Archives de la Vienne, M. V. 1.

Saint-Pierre et celle de Saint-Clémentin qui font partie maintenant de cette paroisse ».

La subordination de l'autorité religieuse au pouvoir civil, loin d'émouvoir Norbert Pressac comme certains de ses confrères, que leur esprit de zèle devait mener jusqu'au schisme de la Petite Église, n'a pas de plus zélé défenseur.

Considéré néanmoins comme offrant des garanties de moralité et d'orthodoxie suffisantes, confirmé dans ses pouvoirs, il continuera l'administration de la paroisse de Saint-Gaudent dont le service religieux n'a guère été interrompu que pendant le temps de sa captivité.

Et cependant, si nous en croyons des notes destinées évidemment à rester secrètes (1), on le jugeait plutôt avec sévérité.

Dans l'une d'elles, il est qualifié de *curé légitime, jureur et enragé révolutionnaire*. A vrai dire cette mention figure en face du nom de Barbier, rayé et remplacé par celui de Pressac, et il est permis de se demander s'il s'agit de l'oncle ou du neveu.

Mais voici, dans un second registre, une autre fiche, aussi catégorique et plus exacte que la première et celle-là doit être indiscutablement attribuée en propre au curé de Saint-Gaudent : « *Pressac La Chagnaye curé légitime assermenté impie et sans foy.* »

Théodore est jugé à peu près de même façon : « *Pressac vicaire légitime Intrus à Saint-Saviol, sans religion.* »

En comparant ces notes à celles qui sont données au curé de Civray à la même époque, on peut juger de la différence. « *Augry curé légitime retracté, homme instruit, exact mœurs sévères.* » Il est vrai que le pouvoir civil paraît

______

(1) Il existe à l'Evêché de Poitiers deux registres qui semblent l'un et l'autre dater de la période d'organisation concordataire. A côté de renseignements sur les paroisses, ils renferment des notes où la valeur morale et religieuse des desservants du diocèse est indiquée. Ces registres n'ont d'ailleurs aucun caractère officiel et émanent peut-être d'un rédacteur sans mandat.

faire du curé de Saint-Gaudent un tout autre cas en le signalant ainsi « *très attaché au gouvernement a des moyens* ».

Quoi qu'il en soit, Norbert Pressac de la Chagnaye, en sa qualité de desservant de Saint-Gaudent, est en règle avec son ordinaire. Bien plus la paroisse de Lizant (1), centre d'un pèlerinage important, lui est en même temps confiée.

Saint-Gaudent compte alors 388 habitants, chiffre légèrement inférieur à sa population d'aujourd'hui : 76 hommes, 70 femmes, 106 garçons, 112 filles, 4 défenseurs de la patrie.

Si sévèrement apprécié dans les registres de l'Evêché, Norbert Pressac semble pourtant posséder la confiance de son évêque.

Une lettre datée du 12 brumaire an XIII, au ministre de l'Intérieur, nous rappelle les témoignages qu'il en avait reçu : « Feu Mgr Bailly, mon dernier Evêque, écrit-il, En applaudissant à mon zèle et à mon opinion, a mis à ma disposition deux Eglises et autres paroisses (2), qui me donnent Beaucoup de travail. »

Il n'aurait tenu qu'à lui d'obtenir des postes plus importants. « M. Bigot-Préameneu, Président du conseil d'Etat et autres savent que j'ai refusé des cures trois fois meilleures que la mienne », « je déclare que je refuserai toutes places qui me déplaceraient de cet ancien poste. Mon résignant a vécu cinquante ans dans la cure que j'habite. Je demande à Dieu le même bonheur, parce que toute mon ambition n'est que le salut de mes paroissiens et l'avancement de mes neveux que j'excite à la vertu, à l'amour de la Patrie et aux sentiments de notre religion, la plus pure, la plus digne de nos hommages (3). »

(1) Le 28 février 1804, il reçoit des pouvoirs pour la succursale de Lizant « avec faculté d'alterner dans les églises de Lizant et de Saint-Gaudent pour le service divin ».

(2) Les autres paroisses sont celles de Saint-Macoux et de Saint-Saviol.

(3) R. P. 14, Bibliothèque municipale de Poitiers.

Est-ce là vraiment le langage d'un « prêtre impie et sans foy », dont les croyances auraient sombré pendant la tourmente révolutionnaire, alors que très courageusement il s'efforçait de maintenir celles des autres (1) ?

Son respect de la hiérarchie, qui plus tard deviendra si sujet à caution, se manifeste plutôt alors avec quelque manque de discrétion.

A la mort de Mgr Bailly, c'est en termes emphatiques et qui nous paraissent aujourd'hui d'autant plus empreints d'exagération que nous les rapprochons des tristes destinées de ce prélat, qu'il salue son nouvel évêque : Dominique de Pradt (2).

« Je regarde, écrit-il, comme un grand bienfait, pour le diocèse de Poitiers, et une heureuse année, de ce que notre Empereur qui se connaît en génies nous a donné pour évêque son aumônier et un parent de la famille de Larochefoucauld. Nous pleurons encore le célèbre de Larochefoucauld, que le jacobinisme a fait tuer d'un coup de pierre à Gisors... un Larochefoucauld était parrain de François Ier, roi de France. Charles-Quint à Verteuil déclara que jamais famille n'avait présenté tant de vertus et d'honnêteté. François de Larochefoucauld a attaqué l'athéisme par ses maximes morales et autres ouvrages. Ainsi Dieu veuille nous conserver pour évêque, le parent d'une famille aussi vertueuse (3). »

(1) Un jugement du tribunal de police de Civray, du 29 floréal an VI, A N. F7 33696, cité par M. Doucet, p. 403, dit, parlant de la population de cette commune, qu'elle se conforme « tout entière aux prescriptions de la religion catholique ».

(2) Dominique de Pradt, évêque de Poitiers de 1805 à 1808 où il fut nommé archevêque de Malines. Il était grand aumônier et favori de l'Empereur. A rapprocher l'appréciation de Norbert de celle du cardinal Pie sur son prédécesseur :

« Du court passage de Dominique de Pradt au siège épiscopal de Poitiers, ce qu'on peut dire de mieux c'est que sa translation canonique à l'archevêché de Malines en 1809 fut une délivrance venue à temps pour épargner au siège de saint-Hilaire les douleurs et les hontes de la triste carrière qu'il traîna ensuite plus d'un quart de siècle. »

(3) *Discours sur la Bonne année et la Paix*. R. P. in-4, 14, Bibliothèque municipale de Poitiers.

Les relations des frères Pressac avec le chef du diocèse n'étaient pas empreintes de plus de confiance que celles de l'évêque lui-même avec son préfet, le baron Mallarmé.

Nous avons retrouvé de bien curieuses lettres de Dominique de Pradt, écrites alors qu'il accompagnait Napoléon en Espagne en 1808, et après le passage de l'Empereur à Poitiers. Ces documents, au seul point de vue des relations des autorités civiles et religieuses, quelques années après le Concordat, présentent un intérêt véritable, s'ils nous éloignent par trop de notre sujet.

Relevons pourtant la formule inattendue dont l'évêque termine l'une de ses lettres en assurant le préfet de « son tendre attachement », et le post-scriptum où il met ses chevaux à sa disposition pendant son absence « toutes les fois qu'il voudra bien s'en servir ».

Au risque même d'encourir le reproche d'abuser des diversions, nous noterons ce billet encore tout parfumé de son xviiie siècle : « Si M. Mallarmé n'avait pas un emploi arrêté de la soirée de dimanche prochain, je lui en demanderais la Préférence et je réunirais autour de Lui, vers huit heures, trois ou quatre personnes de la moins mauvaise conversation de cette ville. »

. . . .

Plusieurs des discours du curé de Saint-Gaudent nous sont restés où nous trouvons mêlées, dans un pêle-mêle pittoresque, ses opinions sur les événements et les choses religieuses.

Dès le 5 thermidor an VIII (1), nous entendons l'éloge du premier consul et l'apologie des temps nouveaux qui nous apportent, avec le jubilé centenaire, « la liberté de conscience, l'oubli et le pardon général de tous les crimes passés ».

---

(1) *Discours sur la Guerre. Prononcé en l'Eglise de Saint-Gaudent près Civray, département de la Vienne, le 14 messidor an XI, par Norbert Pressac.* (Rappel des discours du 5 thermidor an VIII, du 19 ventôse an IX.)

L'année suivante, dans l'église de Civray, Pressac donne lecture aux fidèles de deux lettres de « notre pacifique Bonaparte. » Le premier consul parlant de la mort de Dufresne et s'étant ainsi exprimé : « J'ai quelque consolation à penser que Dufresne sent, au sein de l'autre vie, tous nos regrets », l'orateur en tire argument pour démontrer à son auditoire que le plus haut magistrat de la France « a foi dans le bonheur des justes et le châtiment des méchants ».

L'autre lettre qu'il commente est celle où Bonaparte déclare au roi d'Angleterre que « la paix est le premier des besoins, la première des gloires, la modération, la première des vertus ». Le premier consul est « ennemi de la guerre » et si le fléau se ranime, c'est que le gouvernement d'outre-Manche n'a signé la paix « que pour nous tromper ».

Mais que nul ne craigne la guerre ; « le génie du premier consul doit nous rassurer ; nos impôts ne seront point augmentés ».

Au surplus il s'en remet au Tout-Puissant qui sait faire « naître le bien du mal » et il salue la « paix prompte et durable » qui sortira de la guerre.

A 110 années près, on retrouve en lisant son discours (1), avec les mêmes situations, les attitudes [et les vocables de la guerre 1914-1918.

Ce sont les mêmes patriotiques suggestions. Voici l'appel à l'or : « Quand on ne peut défendre son pays par son corps, on le défend par son argent. » Et voici l'union sacrée : « Il ne s'agit plus, mes frères, de se disputer sur le fait des systèmes religieux, il faut que tous les Français ne fassent qu'une seule armée, pour désarmer l'ambition, la fausseté, la calomnie du gouvernement anglais parjure au traité d'Amiens. »

Comme aujourd'hui les levées nouvelles causent quelque émotion dans le pays ; les mères trouvent l'épreuve

______

(1) *Discours sur la Guerre.*

longue et douloureuse, et le curé de Saint-Gaudent, sous la forme d'un apologue bien dans le goût du Nazaréen, répond au « pourquoi te bats-tu ? » que ses oreilles, avant les nôtres, ont entendu.

« Laquelle des deux choses aimeriez-vous mieux, voir chez vous nos ennemis ou envoyer vos enfants pour les empêcher d'entrer en France de peur qu'ils ne viennent ravager vos propriétés ?

« Si vous étiez sûres que cette nuit dix voleurs dussent aller vous égorger dans votre lit, vous payeriez bien cher vingt hommes pour vous garder et pour vous défendre. Ainsi par la même raison il faut que vos enfants aillent empêcher nos ennemis de venir piller nos maisons et nos propriétés. »

Et pour que la ressemblance avec le présent soit, en tous points identique, je retrouve contre le pape des insinuations qui le représentent comme n'ayant pas pris le parti de nos armes (1).

Après un discours sur la guerre, c'est un discours sur la paix que nous entendrons quelques années plus tard.

« Peuples, préparez-vous à des chants d'allégresse et que jusques au ciel s'élèvent ces concerts ; notre auguste Empereur a tenu sa parole : il rend la paix à l'Univers. »

Plus de contre-révolutions... paix perpétuelle... réunion de tous les cultes... le bonheur n'est pas loin. Et voici notre curé qui distribue des lauriers à tous ceux de ses concitoyens qui se sont distingués dans les dernières guerres, qui ont « acquis l'aigle de la Légion d'honneur et ont été applaudis dans les papiers publics » (2)..

(1) Sur l'exemplaire que nous avons sous les yeux et qui porte le nom du destinataire : M. Daveaux, maire de Champagné-le-Sec, figure cette annotation de la main de Norbert : « L'on croit que les Bulles de pie 6 ont produit les guerres de la Vendée et Datées par langleterre on ne peut adhérer à ce qui outrage l'humanité. »
Le texte du discours lui-même ne diffère guère de cette réflexion qui l'aggrave encore pourtant.

(2) R. P. 14. Bibliothèque municipale de Poitiers.
Nos hommages aux héros de la paix perpétuelle et nos espérances de voir réunis tous les cultes.

Après avoir cité à l'ordre du jour l'arrondissement de Civray tout entier et ses conscrits dont le général Rivaud lui a dit « qu'ils se sont toujours rendus à leur poste et conduits d'une manière exemplaire », il salue ce grand chef, à tout seigneur tout honneur, comme la gloire civraisienne : « Oh ! s'écrie-t-il, heureuse constellation que la constellation Napoléon... je vois que Dieu bénit les grandes familles. »

Ses louanges vont aussi au général Beaulieu de Saint-Hilaire, proche de son prédécesseur, qu'il nous montre gisant sur le champ de bataille d'Austerlitz.., au colonel Beaulieu, — n'est-ce pas le même ?... au chef d'escadron Favre, au capitaine d'artillerie Lemage, aux capitaines Malapert, de Pindray, Bachelier, Imbert et Leveillé, dont il cite aussi les noms (1).

Le curé de Saint-Gaudent, qui « aime son pays natal », ainsi qu'il prend soin de nous le rappeler, a toujours l'heureuse inspiration de mêler, aux grands événements que l'Eglise commémore, quelque circonstance intéressant particulièrement sa paroisse.

Ainsi, à l'occasion de la fête de la Paix (2), il célèbre l'anniversaire de 54 années de mariage de ses voisins Montagne « qui viennent encore de moissonner comme des jeunes gens et d'étonner par leur santé et leur courage ».

Aux côtés de leurs enfants, petits-enfants et « enfants de leurs petits-enfants », les deux bons vieux voient se presser les habitants de Saint-Gaudent et de Lizant, pendant que leur curé exalte, en eux, le respect de la vieillesse et l'amour de la terre.

Sous un autre aspect, reparaît sa grande idée du travail rédempteur, quand après avoir donné en exemple de pareilles existences à ses jeunes paroissiens il les convie directement à la tâche qui les attend (3).

(1) *La Bonne année et la Paix*, R. P. 14, Bibliothèque municipale.
(2) *Ibid.*
(3) *Prix d'Encouragement pour les Enfants de la campagne par Norbert, Pressac, Desserv. de Lizant et Saint-Gaudent à Civray, département de la Vienne, le 13 juin 1810.*

Depuis plus de 3o ans il s'est attaché à la leur faire aimer. Pour lui, la charrue fait vivre la Patrie et l'amour du travail assure la meilleure garantie de moralité.

Ce sont, nous apprend-il, des enfants qui cultivent son jardin et nettoient sa luzerne... jamais il ne les rebute, mais au contraire il les encourage à tel point qu'ils aiment mieux travailler pour lui que pour leurs parents.

Ses paroissiens désignent « par scrutin individuel », les plus laborieux et les plus sages auxquels des prix sont ensuite distribués.

Le curé de Saint-Gaudent voudrait qu'on donnât aux enfants quelque pièce de terre à cultiver « dont on leur abandonnerait les fruits ».

Autant d'idées excellentes que non seulement il excelle à préconiser, mais qu'il sait réaliser en même temps.

CHAPITRE III

LES DOCTRINES RELIGIEUSES DU CURÉ DE SAINT-GAUDENT. —
L'AFFAIRE DES DISPENSES. — L'INTERDICTION. — UNE LETTRE
DE BIGOT DE PRÉAMENEU.

Le rôle de Norbert Pressac aurait été digne de tous
éloges si ses opinions et ses doctrines ne l'avaient mis
en désaccord fréquent avec l'Eglise, dont il était le représentant.

Sur les grands débats du péché originel, de la grâce,
du libre arbitre, il se trouvait dans une voie très différente de celle où ses études cléricales l'avaient engagé.

Les événements, les faits, nous ont appris déjà et nous
apprendront encore à connaître notre modèle plus utilement que ne pourraient le faire des controverses doctri-
nales. Contentons-nous donc d'un aperçu rapide de ses
opinions en rappelant ici, au hasard de nos lectures,
quelques-uns de ses apophtegmes favoris.

Norbert Pressac, d'ailleurs, disserte peu volontiers théologie. Les rares fois où il parle de son ministère, c'est pour
l'humaniser, le dépouiller de tout ton et toute allure
dogmatiques. N'était la partie critique de ses réflexions,
il nous apparaîtrait comme un pasteur indulgent et de
peu d'exigeance. Le Dieu qu'il adore est bien le Dieu de
l'Evangile, mais c'est aussi le bon Dieu des petits oiseaux.

Il est évident que le ton de ses déclarations n'est pas
tout à fait le même quand, en pleine Terreur, il discute
avec Ingrand de l'existence de Dieu, ou quand sous la
Restauration il se défend des imputations d'hétérodoxie

qui pèsent sur lui. A y regarder de près, le fond des idées reste pourtant identique.

De même que la vie sociale, il voit la vie religieuse régénérée par la nature (1).

« J'ai toujours cru qu'en travaillant pour l'agriculture, je travaille aussi pour la religion, parce qu'en âme et conscience, je crois que l'une et l'autre adoucissent les mœurs, nourrissent le corps et l'âme, et que sans elles, les trônes et les autels seraient bientôt détruits. »

Le prêtre, avant même d'enseigner les préceptes de la religion aux enfants, doit leur inspirer l'amour du travail.

Il appartient, par ailleurs, à un curé de se mêler le plus complètement possible à la vie des fidèles, de profiter de toutes les circonstances ordinaires de la vie pour devenir leur confident et leur conseil.

Norbert Pressac déclare qu'il faut se réunir pour rendre hommage à Dieu, mais que la messe, sacrifice et oblation mystique, doit être aussi l'occasion d'une assemblée de paroisses favorable aux intérêts de l'agriculture et du commerce. « Il faut des messes et vêpres... il faut s'assembler (2). »

Des schismes, et plus particulièrement de ceux de l'époque révolutionnaire, il prend facilement son parti en les énonçant sans qu'on puisse vraiment savoir où sont ses préférences.

« La multiplicité des religions n'est jamais à craindre, et certainement aujourd'hui les prêtres mariés ont leurs principes ; les non mariés ont leurs systèmes ; les constitutionnels ont leur opinion, et les inconstitutionnels leur dogme, leur gloire et leur avarice (3). »

Il dit également son fait à l'intolérance révolutionnaire impuissante devant la conscience, malgré ses rigueurs. « Qui avoit-il de plus intolérant de voir des administra-

____

(1) *Prix d'encouragement pour les enfants de la campagne.*

(2) Archives départementales de la Vienne. Dernier écrit de Norbert Pressac, du 18 mai 1816.

(3) *Scélératesse dévoilée ou le Robespierrisme à Civray.*

teurs menacer de la mort et refuser des certificats aux prêtres s'ils ne remettaient leurs lettres de prêtrise, comme si un morceau de papier formait le caractère ? mais je demande à ces terroristes s'ils auraient cessé d'être administrateurs, quoique le feu aurait brûlé le titre qui les a constitués (1). »

Le conflit, qui devait fatalement un jour ou l'autre éclater, se produisit sur la question débattue des dispenses de mariage.

Cette prérogative, longtemps disputée par le pouvoir civil, avait été, en définitive, concédée à l'Eglise, ce qui n'empêcha pas l'ancien évêque de Poitiers, de Pradt, et 19 autres de ses collègues d'écrire à Pie VII, le 25 mars 1810, en faveur des dites dispenses que réclamait, à nouveau, l'Empereur.

Quelques semaines avant le 1er janvier de l'année précédente, les prêtres du diocèse (2) avaient été prévenus de l'obligation dans laquelle ils se trouvaient de demander à Rome, avant de célébrer certains mariages entre parents, des dispenses dont les conditions et les droits avaient été fixés.

Le curé de Saint-Gaudent, avec les principes de gouvernement que nous lui connaissons, ne pouvait voir que d'un mauvais œil l'Eglise exiger ce droit,

Une circonstance le décida à violer les prescriptions qui lui avaient été faites et de l'extrême importance desquelles il ne s'était peut-être pas suffisamment pénétré (3).

Le maire de Saint-Clémentin lui ayant écrit que la famille Tendron ne voulait pas d'autre pasteur que lui pour bénir le mariage de ses deux filles et l'ancien maire Tribert ayant attesté que lesdites demoiselles

---

(1) *Scélératesse dévoilée.*

(2) MM. de Moussac, Soyer, d'Argence, de Pradel, de Beauregard, administraient alors le diocèse.

(3) *Les 40 Curés interdits, par Norbert Pressac, desservant de Lizant à Civray Département de la Vienne* (1809).

n'étaient parentes de leurs futurs époux que du quatrième au cinquième degré, Norbert Pressac s'engagea.

Il hésitait pourtant encore devant la double faute dont il allait se rendre coupable en célébrant un mariage dans une paroisse autre que la sienne sans autorisation régulière, et aussi sans les dispenses requises, quand une lettre pressante d'un des futurs l'y décida.

Elle était ainsi conçue : « Monsieur, on assure que nous allons éprouver un rappel des dernières conscriptions. Cette nouvelle rend malade celle à qui j'ai promis la foi conjugale depuis si longtemps. Au nom de la charité qui vous anime, couronnez notre bonheur. Nous vous demandons le jour et l'heure où nous irons à votre confessionnal ; c'est là où vous connaîtrez nos sentiments de religion.

« Signé : VAILLANT fils. »

Quatre jours plus tard, le 9 février, Norbert bénissait les deux mariages.

Le curé de Civray, qui administrait au spirituel la paroisse de Saint-Clémentin, prit fort mal ce double manquement. Norbert se rendit compte des censures qui le menaçaient. Aussi ne fut-ce pas pour lui une surprise que de recevoir le 28 du même mois, des mains de la fille du sacristain de Civray, une lettre lui annonçant que le conseil épiscopal, sur la plainte du curé de Civray, l'avait interdit et rayé du tableau des desservants. Il était aussi avisé en même temps de l'annulation des deux mariages « clandestins et sacrilèges » qu'il avait consacrés.

Au lieu de reconnaître alors la lourde faute dont il s'était rendu coupable, il brava publiquement l'autorité ecclésiastique, plaisantant, goguenardant avec un manque de réserve que son caractère, son âge et même son passé rendent inexplicables.

Dans le document imprimé, qu'avec une belle inconscience il envoya pour sa justification au préfet de la Vienne et au ministre des Cultes, il affirmait des principes singulièrement compromettants en même temps qu'il se vantait, sans doute pour témoigner de l'indépendance de son esprit, de bien malséantes espiègleries (1).

« Les dispenses de mariage, écrit-il, ont toujours appartenu à la puissance civile... Le droit de dispenses n'a jamais appartenu à la Cour de Rome qu'après des conventions purement civiles, par lesquelles les puissances temporelles cédaient aux Papes ce qui n'avait jamais appartenu à la chaire de Saint-Pierre ni au Saint-Siège . . . . aujourd'hui l'Eglise veut anticiper sur la puissance temporelle et occasionner des querelles religieuses qui influent même sur le moral et sur le physique des personnes délicates. . . . . . . Les ministres de l'Eglise n'ont jamais été que des vice-gérens de la puissance civile. »

Il estimait la sentence qui le frappait, en même temps, disait-il, que quarante autres prêtres, injuste, nulle et sans effet, et il en appelait au Conseil d'Etat pour déclarer comme d'abus l'évêché de Poitiers.

A sa requête, le curé de Saint-Gaudent avait joint une consultation assez adroite « d'un célèbre avocat » où le jurisconsulte, au lieu d'examiner l'affaire en elle-même, ne relevait que des vices de forme dont il la supposait entachée.

La confiance avec laquelle le curé de Saint-Gaudent en avait appelé au pouvoir civil était accrue de ce fait que son cousin, le ministre Bigot de Préameneu, défenseur puissant et résolu des pouvoirs d'Etat, aurait à décider du litige.

Il n'avait sans doute pas prévu sa réponse si remarquable par sa netteté (2).

(1) *Les 40 Curés interdits,* 1809.

« A une foire, je vois une dévote qui vient vers moi et est forcée de toucher à mes habits. Je lui fais faire plusieurs signes de croix et comme elle passe je l'entends prononcer : *abrenuntio, abrenuntio tibi Satanas.* Je l'arrête par le bras, je lui fais des grimaces, comme un démon, un satan, une âme damnée. Elle a manqué tomber évanouie à mes pieds. »

(2) Archives de la Vienne, VI, L. 11.

MINISTÈRE DES CULTES
    Division
    Enreg. : n° 1171
      2ᵉ Bureau
    du Secrétariat.

Paris, le 9 juin 1809.

« Messieurs les vicaires généraux, j'ai reçu les diverses lettres que vous m'avez fait l'honneur de m'écrire au sujet de M. Norbert Pressac, desservant de Saint-Gaudent.

La conduite de cet ecclésiastique est très reprochable. Je lui ai écrit directement pour lui faire connaître qu'il y a dans le mariage deux choses absolument distinctes, le contrat et le sacrement ; que le contrat est entièrement du ressort de la loi civile, mais que le sacrement concerne uniquement l'Eglise qui a aussi ses règles, et qu'une des principales étant que les mariages soient célébrés devant le propre curé, il ne pouvait donner la bénédiction nuptiale à des personnes étrangères à sa paroisse.

« Je lui ai manifesté encore mon mécontentement au sujet de son prétendu mémoire justificatif et je crois être parvenu à lui faire sentir son tort. D'après la lettre ci-jointe que son frère M. Pressac des Planches m'a adressée par vous, M. Norbert Pressac paraît se repentir de sa conduite, peut-être jugerez-vous en conséquence devoir user d'indulgence à son égard en faisant cesser son interdiction ; en vous faisant part de mon opinion sur le desservant de Saint-Gaudent je ne dois pas vous laisser ignorer que d'après les renseignements qui m'ont été transmis, le curé de Civray s'est permis de blâmer en chaire la conduite de ce desservant. Il importe qu'il soit averti, par vous, de prêcher la Religion à ses paroissiens sans aucun mélange de personnalités. Ce curé doit aussi empêcher de tout son pouvoir que les personnes préposées au service de son Eglise tiennent des propos offensans contre le desservant de Saint-Gaudent.

« Je vous prie de m'instruire de ce que vous aurez fait.

« Recevez, messieurs les vicaires généraux, l'assurance de ma considération distinguée.

« Le ministre des Cultes, comte de l'Empire,
« BIGOT DE PRÉAMENEU. »

Il eut été piquant de lire, dans son texte, la lettre de repentir du vaniteux et têtu curé, transmise au gouvernement et très certainement habilement présentée par son frère, le sous-préfet de Civray.

Elle manque au dossier, mais la prose du ministre nous apporte comme l'écho des griefs faits par Des Planches à l'archiprêtre de Civray, à l'hostilité duquel il dut imputer, pour une part, les fâcheuses incartades de Norbert.

Bigot de Préameneu néglige, sans doute, de se prononcer sur la question des dispenses en elle-même, mais la distinction si catégorique qu'il fait entre le mariage-contrat et le mariage-sacrement, entre l'Etat qui a ses lois et l'Eglise qui a ses règles, suffit à trancher le conflit si imprudemment provoqué.

Le principal grief que le ministre fait au curé n'est pas probablement celui qui décida de son interdiction : il vise le tort du desservant qui a, sans titre, exigé ses droits dans une paroisse qui n'était pas la sienne.

Les vicaires capitulaires accueillirent la soumission de Norbert ; ils écoutèrent les suggestions du gouvernement et levèrent l'interdiction qu'ils avaient prononcée quatre mois avant.

Une correspondance de Bigot de Préameneu avec le préfet de la Vienne en témoigne.

Le ministre demande que le curé de Saint-Gaudent, ayant été relevé de la censure qui l'avait frappé, touche la partie de son traitement qui alors avait été retenue.

CHAPITRE IV

De l'an VIII à la maladie qui en fit douze années plus tard un vieillard et un infirme, s'écoule pour Norbert Pressac la période la plus active et aussi la plus féconde de sa vie. Il est alors connu au loin ; son nom a figuré avec avantage dans les gazettes du département ; ses relations avec le général Rivaud (1), avec le représentant Faulcon, la situation de son frère Des Planches, ses généreuses initiatives sociales, ses méthodes de vulgarisation en agriculture, en médecine et en hygiène, non moins d'ailleurs que les opinions politiques et l'indépendance de ses allures, lui dessinent une physionomie de curé, rien moins que banale, curieuse, presque étrange.

Nous avons analysé déjà ses méthodes culturales ; mais nous n'avons que noté ses débuts de guérisseur. N'est-ce pas le moment, à l'aide des documents qu'il nous a laissés, de parler de l'hygiéniste et du médecin ?

L'esprit d'observation de Norbert Pressac le fait d'ailleurs évoluer naturellement de l'agriculture à l'hygiène et de l'hygiène à la médecine.

Et ici plus encore peut-être qu'en agriculture, il fait figure d'initiateur.

(1) *Nos hommages au héros de la paix perpétuelle*, R. P. *14*. Bibliothèque municipale de Poitiers. Papiers de Mazières.

Dans deux opuscules publiés à la fin de sa carrière, il nous a fait connaître ses principaux remèdes (1).

L'hydrothérapie, la gymnastique fonctionnelle, le clystère, sont ses méthodes essentielles.

Ennemi des drogues, des onguents, des orviétans de toutes sortes et de la saignée, il demande principalement aux simples la guérison de ses malades.

Sans se lasser, il prodigue son expérience et son dévoûment aux autres jusqu'au jour où la maladie, le frappant à son tour, l'oblige à réserver ses soins pour lui-même.

Les habitudes de propreté, les lavages à grande eau intus et extra, les exercices du corps, voilà pour l'époque une thérapeutique toute nouvelle qui ne devait, croyons-nous, son inspiration ni aux livres de médecine ni aux enseignements d'école.

Norbert Pressac eut l'indiscutable mérite de s'y attacher et de s'en faire le protagoniste et le vulgarisateur.

Certains remèdes fort ingénieux alors, aujourd'hui d'un intérêt bien moindre, nous ont paru mériter d'être notés plus pour la curiosité du fait que pour les services qu'on en peut attendre. Citons-en, au hasard de la plume, quelques-uns :

L'écorce de cerisier sauvage, excellent fébrifuge, succédané du « merveilleux » quinquina.

Les prunes d'amour séchées et cuites à l'eau excellentes pour l'expectoration.

Le houblon substitué à la salsepareille comme sudorifique et antivénérien.

Le genêt en infusion dans l'hydropisie.

Le baguenaudier, le pêcher, le frêne et aussi le lin, purgatifs au lieu et place du séné d'Italie.

Le curé de Saint-Gaudent affectionnait tout particulièrement l'emploi des plantes après macération. Il avait, sous

---

(1) *Remèdes du curé de Saint-Gaudent, R. P. 13.* Bibliothèque municipale de Poitiers.

Mon Contre-poison ou Supplément aux remèdes du curé de Saint-Gaudent, A Angoulême, Broquisse fils.

la main, toutes sortes de vinaigres de sa fabrication, vinaigre anti épileptique, vinaigre contre la gale, vinaigre vermifuge, vinaigre nostalgique (!!), vinaigre purgatif, vinaigre céphalgique, vinaigre emménagogue, et je crois bien que la liste n'est pas close.

Dans l'opuscule intitulé *Mon Contre Poison*, et qui fait suite à ses *Remèdes*, Norbert Pressac nous révèle les antidotes qu'il emploie quand il faut d'urgence administrer au malade une médication énergique d'où dépendra peut-être sa vie.

En cas d'intoxication par le cuivre et l'étain, fléau très à redouter à une époque où on servait les vins acides du Poitou dans des pintes et des gobelets d'étain ou de plomb, Pressac préconise une préparation faite avec « des cendres en feu » qu'on plonge dans l'eau qu'on coulera dans un linge fin et qu'on administrera au malade jusqu'à ce qu'il ait rejeté « la nourriture empoisonnée ». Il conseille en même temps l'usage du sucre et du miel, et toujours le clystère, lavements au lait, aux plantes émollientes ou à la graine de lin.

Un second cas d'empoisonnement également, fréquent à la campagne, dû à l'ingestion des champignons vénéneux, demandera des soins à peu près analogues et l'eau lessivée ici encore se trouvera efficace.

Contre les morsures de serpent, notons un spécifique peu connu dont il avait, naguère, constaté les heureux effets.

« Il y a 30 ans que, étant à la chasse avec un chirurgien, son chien fut mordu au nez par une vipère. De suite le chasseur avec du genêt vert lia le chien au-dessus de la morsure et de la plaie. Ce qui m'étonna, c'est que toute la tête du chien n'enfla pas, il n'y eut que le dessous de la morsure, et l'enflure ne passa pas au-dessus de la plaie (1).

« De suite nous allâmes au village voisin chercher un

____

(1) *Mon Contre-poison.*

rasoir avec lequel le chirurgien fit des incisions et en lavant les plaies, il fit sortir le venin.

« De suite le chien vint hors de dangers. Si je n'avais pas eu d'alcali volatil, d'alcali fluors, avec lequel j'ai guéri des moissonneurs, j'aurais fait de pareilles incisions et de suite j'aurais appliqué les vésicatoires sur la plaie et la morsure.

« Il est sûr que ce remède a été employé pour toutes sortes de bestiaux et qu'il a réussi.

« Il serait nécessaire qu'on éprouvât la propriété du suc de genêt qui empêche que le venin n'empoisonne pas toute la masse du sang et n'outre passe pas : cette plante si utile et si commune mérite attention. »

A côté des médications qu'il recommande, il en est d'autres très en vogue à son époque, qu'il proscrit résolument. L'émétique par exemple, et surtout les onguents qui « composés d'huile, de graisse, de suif et de mœlle.

. . . . bouchent les pores et arrêtent la transpiration ». Mais à côté de son expérience personnelle, il invoque les conseils d'un grand médecin anglais qui conseille aux malades « de jeter les onguents par la fenêtre ».

Les soins à donner aux morts, et tout particulièrement la question des inhumations précipitées, qui était, semble-t-il, un sujet habituel de glose et de dissertation à cette époque, le préoccupent à maintes reprises.

M. Rambaud, l'érudit historien de *la Pharmacie en Poitou* (*Mémoires des Antiquaires de l'Ouest*, année 1906), auquel nous avons demandé son avis particulièrement éclairé sur les remèdes du curé de Saint-Gaudent, l'a résumé ainsi : « Tous les remèdes préconisés ne sont pas de même valeur. Les uns ne sont pas mauvais pour des raisons qu'il a ignorées à son époque... les autres sont insignifiants ou même plutôt dangereux. En réalité ils lui sont propres... ; il s'est fait lui-même une thérapeutique sans rien ou presque rien emprunter aux livres. »

La légendaire aventure de la Mervache, qu'ont racontée plusieurs annalistes, notamment Thibaudeau et M. de la Liborlière, semble avoir hanté son imagination (1).

Une étude sur le danger des inhumations précipitées parue dans les *Affiches du Poitou* (p. 53, année 1777), où les faits étranges du cimetière de Saint-Didier étaient rappelés, n'avait pas dû être ignorée de Norbert, alors étudiant à Poitiers, pas plus que les pages de Dreux du Radier sur le retour identique à la vie de Renée Taveau, dame de Lussac et de Verrières.

Un mémoire d'un médecin de Champdeniers, sur les mêmes dangers, avait aussi vivement piqué l'intérêt des esprits que cette question passionnait.

Mais en dehors de ces écrits qui avaient pu attirer son attention, un événement domestique dont il fut le témoin lui causa une émotion que de sa vie il n'oublia pas.

« Nous avions chez mon père, écrira-t-il, une servante qui avait soigné et sevré mes frères et moi. Cette fille, passant le soir sous les halles de Civray, eut tant de peur qu'elle resta évanouie pendant 42 heures. On voulut l'enterrer ; mon père s'y opposa (2) .»

« Depuis ce temps-là je n'ai cessé d'éviter les inhumations précipitées et j'ai pris bien des précautions. »

Le curé de Saint-Gaudent n'a pas été seulement un guérisseur des hommes, il fut aussi médecin des bêtes (3).

L'opuscule qu'il répandait autour de lui et où il avait consigné « cent trente maladies des quatre espèces de bestiaux les plus nécessaires à l'homme » et ses observations sur « trois cent trente-deux remèdes » indiqués par « quarante-huit auteurs et médecins vétérinaires » mériterait sans doute plus qu'une simple mention.

---

(1) Femme d'un orfèvre de Poitiers, la Mervache, enterrée dans le cimetière de Saint-Didier, retrouva la vie quand le fossoyeur vint nuitamment lui retirer la bague qu'elle avait conservée au doigt et qu'il lui avait fallu scier. (Voir à ce sujet *Vieux Souvenirs, Notes sur les cimetières de Poitiers,* 1910, Étienne Salliard.)

(2) *Mon Contre-poison.*

(3) *Les cent trente maladies des quatre espèces de bestiaux les plus nécessaires à l'homme, Poitiers, chez M. V. Chevrier, rue Saint-François,* 1792, R. P. 10, Bibliothèque municipale de Poitiers.

Mais l'exemple même de sa prolixité nous met en garde contre un semblable défaut, et sans contester que ce manuel « dédié aux laboureurs, bergers, citoyens éconômes, principalement aux enfans de la campagne qui commencent à lire », ait rendu de signalés services à l'agriculture, nous n'en retiendrons au passage que deux ou trois recettes avec la nécessité d'aérer largement les bergeries, principe d'hygiène vétérinaire tout à fait nouveau alors. « En 1789, près Civray, a noté notre observateur attentif, on abandonna six brebis pleines, à la rigueur du froid, nuit et jour. Les brebis des environs périrent en grand nombre. La laine de celles exposées au froid était superbe par sa blancheur, sa finesse et sa beauté... » M. Serph a de plus constaté l'effet de la stabulation en plein air contre une affection justement redoutée. « Voyant ses brebis atteintes d'un pissement de sang, il les a guéries trois fois en les laissant coucher à l'air nuit et jour. »

Successivement il passe en revue les races d'animaux domestiques auxquelles il a consacré son étude ; puis dans un chapitre spécial il classe, par ordre alphabétique, les maladies dont il indique les remèdes.

Voulez-vous avoir une idée de ce dictionnaire vétérinaire, voici la recette qu'il indique au mot *malmarteau* (assoupissement du bœuf) : appliquer avec de la filasse, entre les deux cornes, des blancs d'œufs avec de l'eau-de-vie et du vinaigre.

Comme toujours, notre auteur fait l'école buissonnière ; il oublie parfois qu'il traite les bêtes et revient aux soins humains. Il nous conte même une aventure arrivée à M. Lelong, commissaire du roi à Civray, qui, ayant envoyé des pommes cuire au four alors qu'un marchand avait mis dans le même four du tabac pour le faire sécher, fut avec les siens épouvantablement malade parce « ces pommes avaient attiré la qualité purgative du tabac».

L'esprit du curé de Saint-Gaudent est toujours et dans tous les domaines en éveil ; il ne perd jamais l'occasion de noter les observations locales qui pourront l'instruire et l'aider à éclairer le petit peuple qui lui est confié.

Son expérience aidant, il a composé un remède dont il dit naturellement merveille (1), et qui fut en 1802 l'objet d'un mémoire à l'Académie des Sciences : c'est son baume de Geneviève avec lequel il affirme avoir guéri nombre « de gangrènes, de panaris, blessures, meurtrissures, ulcères, foulures, brûlures, rhumatismes, douleurs internes ». « Citoyens, nous dira-t-il, d'après une expérience de dix ans, je vous conseille, au nom de l'humanité et de votre intérêt, d'avoir toujours, chez vous, de ce baume miraculeux », dont voici la recette :

« Huile d'olive ni rance ni forte 3 livres, cire jaune neuve en petits morceaux demi-litre, eau de rose demi-livre, bon vin rouge trois livres, santal rouge en poudre deux onces. Mettez le tout dans une terrine vernissée qui contienne six pintes, laissez bouillir pendant une demi heure, remuant toujours la matière avec une spatule de bois, ajoutez-y : térébenthine de Venise fine, une livre, incorporez le tout pendant deux minutes, retirez le vaisseau du feu, quand le baume sera refroidi jetez-y du camphre en poudre, mêlez le tout avec la spatule, coulez à travers un linge, laissez reposer toute la nuit, lorsqu'il sera figé faites de profondes incisions en forme de croix, mettez-le ensuite dans des pots de faïence. »

Le remède doit être excellent, je n'en doute pas, mais outre qu'il nous éloigne un peu de cette médication naturelle que nous voulions demander aux seules provisions d'herbes du laboratoire de Saint-Gaudent, il représente, en définitive, une préparation plutôt complexe et coûteuse.

Est-ce bien à l'étude pharmaceutique du curé de Saint-Gaudent qu'il faut rattacher le vin concentré à froid dont il signalait en 1810 à la Société d'agriculture de Paris les bienfaits que depuis vingt années il en avait recueilli ?

Une fois encore nous remarquerons la merveilleuse

______

(1) *Les cent trente maladies des quatre espèces de bestiaux.*

faculté d'observation de notre praticien, si nous sommes obligés de faire des réserves au sujet de l'outrance qu'il apporte en toutes choses, et par conséquent aux effets prétendûment merveilleux des produits qu'il a préparés.

Hygiéniste, médecin (1), vétérinaire, Norbert Pressac de la Chagnaye eut à ces titres seuls acquis, dans la paroisse qu'il administra si longtemps et dans celles d'alentour, la réputation qui, cent ans après sa mort, s'attache encore à sa mémoire (2).

(1) Le curé de Saint-Gaudent n'aime pas les médecins, au moins certains d'entre eux, qui « ordonnent à leurs malades des écailles d'huîtres, des pattes de perdrix rouge, de l'écorce d'orange, pour en manger le corps, le dedans et se régaler aux dépens du malade dont la guérison les préoccupe très peu ». (*Aux Botanistes amis de la paix*, R P. 13. Bibliothèque municipale de Poitiers.

(2) Tout près du bourg de Saint-Gaudent, une pièce de terre porte encore le nom de *la Médecine*, sans doute en raison des cultures médicinales qu'y fit Pressac. C'est un détail qui pourrait être vérifié.

CHAPITRE V

LE CURÉ DE SAINT-GAUDENT ET LES PROCÈS. — LA TOMBE A BARBIER.

Prenez à Saint-Gaudent, à hauteur du Pinier, le chemin vert qui accompagne, à quelque distance, la route de Ruffec, et vous rencontrerez, après une demi-heure de marche, le hameau de Tymlorier.

Un lieudit, que la carte d'état-major désigne sous le nom de « Tombeau », fait l'angle de l'allée de buis qui conduit aux maisons. C'est un étroit carrefour, sorte de *Chiron*, comme on dit ici, où poussent enchevêtrés des ronces, des épines et des rejets d'ormeau.

Écartez ces broussailles, et vous découvrirez biéntôt un monolithe brut de deux mètres de long et de deux pieds de large reposant à plat sur le sol. Une inscription se devine dont le temps, *tempus edax!* a fait disparaître le relief où s'incrustait la mousse. Un peu de patience et, mot par mot, vous pourrez reconstituer, pourtant, l'épitaphe.

> Cy Gît le corps de
> Jacque Isaac BARBIER
> Agé de 8o ans Prési
> dent du Conseil de
> Sous Préfecture de
> Cet arrondissement.
> Décédle 29 Bru
> maire, an 12.

Pourquoi cette sépulture en plein champ? Pourquoi

cette épitaphe que n'annonce pas une croix et que n'accompagne aucune formule de prière ?

C'est là une histoire de famille.

En la contant, nous retrouverons un peu de la vie privée du curé de Saint-Gaudent avec cette tradition, trop en honneur autrefois, même dans ce pays des « bureaux de conciliation », des procès interminables dont les plaideurs mouraient avant que les juges aient prononcé la sentence.

Aymé Barbier, le curé de Melle, avant de se retirer dans ses propriétés de la Maisonneuve de Genouillé, avait marié sa nièce, Monique Pressac, à Mandé Bourcy. Il s'était engagé, en reconnaissance des soins assidus qu'il en avait reçus, car il était infirme, à vendre à ladite nièce son domaine « consistant en trois métairies et deux borderies » pour la somme de trente-deux mille francs, payable par paiement de chacun quatre mille francs.

Son frère, Isaac, de Tymlorier, ayant eu connaissance de ces dispositions, parvint à le dissuader de passer acte authentique. Le curé mourut sur ces entrefaites, deshéritant ou à peu près sa famille au profit de son frère Isaac et de sa servante Isabeau qui recueillait en usufruit la métairie de Chez Perochon, et en toute propriété ses meubles, jusqu'à sa montre en or et ses couverts d'argent.

Norbert, des Planches et Doré accusèrent leur vieil oncle Isaac d'avoir « pillé la succession », et leurs parents Blanchet d'avoir brûlé le dernier testament en date. Protestations vaines : Isaac était l'héritier.

Deux années plus tard l'octogénaire de Tymlorier décédait à son tour. Les Pressac, encore déshérités, engagèrent un procès en captation d'héritage contre leurs cousins Blanchet, Leveillé et Labroue et déclaraient en outre que l'oncle Isaac s'étant rendu indigne de succéder au curé son frère, « il ne pouvait pas léguer le fruit de sa spoliation ».

Nous aurions pu hésiter à parler ici de ces discussions de famille si elles n'appartenaient au domaine public par les longs et virulents mémoires imprimés que le curé de Saint-Gaudent nous a laissés (1).

Les relations entre les Pressac et Barbier étaient donc très tendues à la fin de la vie de ce dernier, et les conversations du curé de Saint-Gaudent avec le maître de Tymlorier devaient être singulièrement montées de ton. La légende rapporte même que Norbert, pour rappeler à son oncle le jour prochain où il le conduirait au cimetière, n'avait pas craint de lui dire « qu'il serait plus longtemps couché que debout ».

Et le vieux Barbier — chez lequel survivait l'esprit de la Réforme avec celui de son ancêtre, l'ancien du Temple de Villefagnan — le vieux Barbier, une de ces têtes carrées comme le Poitou en comptait toujours, par une gageure bien dans le goût de son époque et de son milieu, résolut de donner la réplique au curé.

Sans prêtre, comme son frère Aymé qui « avait été charroyé par des bœufs », il se ferait inhumer, loin de l'église et des croix de pierre, non pas dans la posture humiliée à laquelle le curé l'avait condamné, mais le corps droit, la tête haute.

Dans son testament il avait désigné un certain Chabanne pour être l'exécuteur de sa volonté suprême (2).

Il entendait être enterré dans un angle de l'allée de la maison de Tymlorier, sur le bord du chemin de Lizant ; il avait stipulé, en outre, qu'il ne voulait ni cercueil ni tombe, tout au plus une pierre qu'il désignait d'avance.

Il laissait à la commune de Saint-Gaudent une somme de douze cents francs pour entretenir le chemin et invitait les habitants à conduire avec leurs attelages des matériaux pour rendre la chaussée plus praticable.

Nulle part il n'est dit dans le testament que le défunt sera enterré debout comme la légende avec une certaine

(1) *L'abus des testamens* ou *Norbert justifié*,
Supplément à l'abus des testamens. Bibliothèque municipale de Poitiers. R P. 14.
(2) Copie du testament communiqué par Mᵉ Galopaud.

vraisemblance le prétend ; par contre il avait bien désigné, lui-même, l'emplacement de sa sépulture au sujet
de laquelle Norbert rapporte le trait suivant.

« Un jour, un vieux cloutier meurt à la porte de mon
oncle ; on lui demande linge et bois pour inhumer ce
mendiant ; mon oncle ordonne que le cloutier sera
enterré avec ses haillons dans le coin d'un pâtis... Mas-
sonnière et Chabanne refusent de faire la fosse .. Enfin
mon oncle prend l'univers entier (à témoin) qu'il veut
être inhumé au lieu qu'on a refusé d'enterrer le cloutier.

« En effet, le 28 brumaire, la dame Léveillé a tenu la
parole qu'elle avait donnée à feu son oncle et sans que
personne de la famille ait été invité, votre oncle a été
inhumé dans le carrefour qu'il a demandé. »

Et voilà toute l'histoire de la « tombe à Barbier ».

CHAPITRE VI

LA RESTAURATION. — LE DRAPEAU BLANC SUR LE CLOCHER DE
CIVRAY. — L'AFFAIRE DE SOMMIÈRES. — ATTITUDE DU SOUS-
PRÉFET DES PLANCHES. — LE ROLE DES ÉMIGRÉS. — L'ÉTAT
DES ESPRITS DANS L'ARRONDISSEMENT. — LE DUC D'ANGOULÊME
A CHAUNAI. — LA SAINT-LOUIS A CIVRAY. — LES CABALES.
— DÉNONCIATION DE DES PLANCHES. — LES INCIDENTS DE
SAINT-SAVIOL ENTRE NAPOLÉONISTES ET ÉMIGRÉS. — LES PRO-
TECTEURS DU SOUS-PRÉFET. — SCÈNES A LA SOUS-PRÉFEC-
TURE. — UNE ACCUSATION EN RÈGLE.

« Le 3 avril 1814, Louis XVIII fit son entrée à Paris, au
bruit des cloches et du canon, dans une calèche attelée
de huit chevaux blancs. La période des révolutions et des
guerres était close, la Monarchie héréditaire rétablie. Louis
le Désiré occupait aux Tuileries le trône de ses ancêtres
dans la dix-neuvième année de son règne. Il ne s'agissait
plus que de gouverner (1). »

Ces grands événements ne furent pas connus, dans le
pays, aussitôt qu'ils auraient pu l'être ; paquets, lettres
et journaux adressés aux fonctionnaires publics ayant
été interceptés pendant plusieurs jours (2).

Le baron Mallarmé, préfet de la Vienne, put se procurer
seulement le 9 avril, à 10 heures du soir, un exemplaire
du *Moniteur* arrivé à Poitiers, à une adresse particulière,

(1) *1815*, H. Houssaye.
(2) Archives de la Vienne, M. 4. *Lettre du Préfet Mallarmé,* 21 octobre
1814.

qui contenait les actes constitutifs du nouveau gouvernement (1).

Le sous-préfet de Civray ne fit hisser le drapeau blanc sur l'église que le dimanche de la Quasimodo, 17 (2). Aussitôt expliquera-t-il pour se justifier de son peu d'empressement « qu'il fut instruit, d'une manière certaine, des événements arrivés à Paris (3) ».

Les partisans des Bourbons s'émurent des hésitations et des lenteurs de ce fonctionnaire à saluer le retour du roi et l'accusèrent formellement d'hostilité.

Une circonstance, autour de laquelle on fit alors quelque bruit, paraissait justifier leur manière de voir. M. de Varcilles, ayant voulu pavoiser l'église de Sommières, en avait demandé l'autorisation au sous-préfet de l'arrondissement, et ce dernier, au lieu de le féliciter de son zèle, s'était retranché derrière des formules respectueuses de la légalité, mais qui ressemblaient assez à une fin de non recevoir.

M. de Vareilles en ayant référé au préfet, ce dernier l'avait autorisé à arborer les couleurs royales à la seule condition de prévenir le maire, chargé, par ses fonctions, de l'ordre public.

Des Planches allégua qu'il avait mal compris et crut que l'intention de son administré était d'obliger la municipalité de Sommières « à fournir et à placer le drapeau aux frais de la commune ».

Ces incidents achevèrent de le compromettre.

L'arrondissement de Civray était divisé (4). L'Empire conservait des racines profondes dans le cœur de ses serviteurs de la veille et de ses glorieux soldats ; mais les

<hr>

(1) Archives de la Vienne, M. 4. *Lettre du Préfet Mallarmé,* 21 oct. 1814.

(2) Ibid., M. 4. *Lettre de Des Planches,* 7 octobre 1814.

(3) Le Préfet constate que son subordonné ne put être avisé des événements avant le 13.

(4) Les appréciations qui suivent résultent des correspondances échangées entre les sous-préfets de Civray et les préfets de la Vienne. Archives de la Vienne, Série M.

paysans, heureux d'être débarrassés du poids si lourd de la guerre, des réquisitions et des transports, respiraient, non toutefois sans s'inquiéter d'un retour possible à l'ancien état de choses. Excédée par l'autoritarisme de Bonaparte, la bourgeoisie saluait le gouvernement des Bourbons comme l'instaurateur de la liberté française, tout en souhaitant vivement qu'il sût s'affranchir de la domination des anciennes classes privilégiées.

Le parti émigré, la noblesse, dont la fidélité jalouse s'accommodait mal des évolutions de tant d'autres, eût été plutôt sympathique aux campagnes si le ton excessif de ses déclarations et sa fougue mal contenue n'étaient venus troubler une confiance qui ne demandait qu'à se donner.

Les royalistes exclusifs, en face desquels allaient se trouver les ralliés, avaient une inexpérience absolue de la vie publique en même temps que d'invraisemblables illusions qu'expliquaient, avec dix ans de révolution et d'émigration, tout un arriéré de souffrances et de rancœurs contre les abandons des uns et les trahisons fructueuses des autres.

Des conciliateurs cherchaient à s'interposer, à rapprocher et à retenir ensemble le principe de la liberté moderne et celui de l'hérédité antique ; ils se heurtaient à de redoutables obstacles en voulant fondre les deux Frances si violemment séparées par la Révolution.

Le sous-préfet de Civray représentait un échantillon bien choisi des adaptés. Il avait effectivement accepté la monarchie, mais, de toute évidence, le droit de la bourgeoisie à la suprématie politique le touchait beaucoup plus que le droit héréditaire de la royauté. Ses tendances le portaient vers une charte libérale et constitutionnelle qu'il considérait comme la conséquence finale et le dernier mot de la Révolution française.

Le président de la Chambre Félix Faulcon, nature généreuse et droite, ami et cousin de Des Planches, restait son plus utile protecteur, ainsi que le général Rivaud, baron de la Raffinière, Civraisien comme lui, qui avait aussi loyalement adhéré aux Bourbons.

Il semble bien que le sous-préfet de Civray ait trouvé chez plusieurs émigrés, et principalement près de Desmier du Roc, président du conseil d'arrondissement, un certain désir de conciliation qui contrastait évidemment avec la véhémence de MM. de Menou, de Fleury, Salliard, de Vareillés et plusieurs autres.

Une semaine après la promulgation de l'avènement de Louis XVIII, Des Planches répond ainsi à une demande de renseignements reçue l'avant-veille :

« Civray, le 25 avril 1814.

« Monsieur le Baron Préfet (1),

« Je m'empresse de répondre à votre lettre du 23 de ce mois.

« Le calme et la tranquilité règnent dans cet arrondissement ; il ne s'est manifesté aucun mouvement rebelle et la joye pure et sincère qui a été générale a vivement pénétré de toutes parts.

« Je crois pouvoir vous observer cependant que cette allégresse a été un peu comprimée dans les campagnes par la crainte du retour de la féodalité ; on a cru voir et quelques malveillants se sont mis à répandre et à chercher à persuader que le rétablissement de l'ancienne noblesse dans ses titres lui donnait le droit d'exiger le paiement des rentes dixmes et terrages, cette fausse interprétation donnée par ceux là même qui y avoient le plus d'intérêt a affligé et répandu beaucoup de tristesse.

« Agréez la nouvelle assurance de la respectueuse considération avec laquelle j'ai l'honneur d'être, Monsieur le Baron préfet,

« Votre très humble et très obéissant serviteur,

Le sous-préfet,
PRESSAC-DESPLANCHES. »

(1) Archives de la Vienne, M. 4.

Cette lettre est-elle l'expression fidèle de la vérité?

Il y eut évidemment, de la part d'émigrés emportés par leur zèle, d'imprudents excès de langage. Mais à côté de ces amis maladroits du régime, des habiles n'excitèrent-ils pas, à bon escient, des populations inquiètes du passé, comme l'incident Daveaux, rapporté plus loin, nous autoriserait à le croire?

Il est aussi permis de supposer que Des Planches, en prévision des luttes qu'il allait avoir à soutenir, cherchait à mettre le pouvoir en garde contre le parti émigré.

Quinze jours plus tard, les mêmes craintes se confirment dans son esprit. Le gouvernement devrait faire entendre aux intransigeants de se modérer, les rappeler à des sentiments de prudence et d'équité.

Certains royalistes considèrent la Restauration des Bourbons comme la victoire d'un parti, le triomphe de l'ancienne France sur la nouvelle. Des Planches voudrait, et c'est bien ici la façon de concevoir du Roi et de ses ministres, que chacun, quel que fût son passé, pût être admis à servir la Monarchie.

Un jour viendra où les outrances de ceux-ci détermineront un mouvement redoutable. Il en frémit déjà :

« Civray, le 7 mai 1814.

« Monsieur le Baron préfet (1),

Jusqu'à ce Moment la tranquillité publique n'a point été troublée dans mon arrondissement. Le Repos qui succède aussy subitement a D'aussi grands orages. Est trop Délicieux et Sensible.

« Et tout le Monde se plaît à le goûter.

« Je ne dois pas vous taire cependant que quelques anciens privilégiés peu instruits se plaizent à croire que la Révolution qui vient D'avoir lieu, n'est que pour Eux Et qu'ils en Doivent Recueillir Excluzivement tous les avan-

(1) Archives de la Vienne, M. 4.

tages, ils se Dessinent avec une fierté Et un orgueil qui
Blessent Bien Du Monde. S'ils s'en tenoient la Encore on
les laisseroit pavoiser tout à leur aize, Mais il s'en vont
Et Repandent Dans les Campagnes qu'ils seront Rétablis
dans touttes leurs propriétés, Et Dans tous les Droits incor-
porels Dont ils jouissoient, qu'ils seront même autorisés
à Exiger les arrérages pour le passé, il En Est Même qui
Elèvent leurs prétentions jusqu'à croire que leurs propriétés seront afranchies De contributions, Et qu'ils ne
seront assujettis comme cy devant qu'à la capitation, aussi
pleins de cette idée, ils n'acquittent point ces impôts
Dans l'Espoir d'En Etre Dispensée.

« Je frémis Et s'il y avait quelque Mouvement il seroit
affreux. Je ne Mets pas sur la Même ligne tous les anciens
Nobles, il En Est Beaucoup et la plupart qui sont très
Estimables et qui sont Même les premiers à gémir du peu
de Mezure de ceux qui se Conduisent ainsy.   .   .

« Un Seul Mot Du gouvernement peut Rassurer tout le
Monde, Et Mettre un terme à ce dézordre. En Elevant trop
les uns il ne faut pas laisser De Crainte sur l'abbaissement
Et l'oppression des autres ; on se soumettra Bien Difficil-
lement Dans ce pays aux anciennes servitudes Du Régime
féodal, Et on ne Doit la prospérité et les progrès toujours
croissants de l'agriculture qu'à l'áffranchissement des
terres.

« Je crois pouvoir Emettre librement cette opinion, vous
en ferez tel uzage que vous jugerez convenable.

« Agréez la nouvelle assurance de la Respectueuse
Considération avec Laquelle j'ay l'honneur D'Etre,
Monsieur le Baron préfet,

« Votre très humble et très obéissant serviteur,

PRESSAC-DESPLANCHES. »

A la date du 21 mai, le comte de Damas informe le
préfet de la Vienne que Monseigneur le duc d'Angoulême
partira d'Angoulême le mardi suivant pour aller, le même
jour, coucher dans la bonne ville de Poitiers avec sa suite

composée du duc de Guiche, adjudant général, du comte Amédée Descars, du comte de Damas et de cinq domestiques.

Au jour dit, le sous-préfet se rend à Chaunai, localité la plus voisine de Civray que traverse la route de Paris à Bordeaux. Les populations se montrent enthousiastes. Sur la route, à chaque relais, des arcs de triomphe, les maisons sont ornées de verdure et de fleurs ; « le riche comme le pauvre s'empressa de donner un témoignage public et éclatant de son amour et de son allégresse, à toutes les fenêtres et croisées un drapeau blanc flottait ».

Les volontaires royaux, ayant à leur tête M. de Vitré en superbe tenue, qui se tenait à la portière du prince, formaient l'escorte avec la gendarmerie.

Nous ignorons la forme des « hommages et des respects » que le sous-préfet nous dit avoir offerts au prince aussi bien que les requêtes qui lui furent alors présentées ; mais de toute évidence l'arrondissement de Civray, signalé comme attaché à la cause de Bonaparte, donna, ce jour-là, un témoignage de son adhésion joyeuse à celle des Bourbons.

Une autre circonstance, la fête du Roi, allait permettre à nos populations d'affirmer encore leur loyalisme.

A Civray, la Saint-Louis fut célébrée avec une pompe et un éclat incomparables, « eu égard à la localité ». Après une messe chantée à laquelle assiste la garde nationale « faisant la haie » et tous les fonctionnaires, y compris le procureur du Roi, qui avait, sans doute, un peu oublié le chemin de l'église, dont il était vicaire vingt-cinq années plus tôt. On se livre à toutes sortes de divertissements publics.

Je note « des prix décernés pour équilibre sur l'eau », un banquet de 48 personnes où les cris de : « Vive Louis XVIII ! vive la famille Bourbon ! » furent mille fois répétés, et plusieurs couplets composés pour la fête « qui excitèrent le plus vif enthousiasme ».

Ce n'est pas tout : « il y eut, nous apprend Des Planches,

danses champêtres, mât de cocagne, tir à la cible, feu de joie, illumination générale et enfin un bal « à la maison », qui se prolongea jusqu'à trois heures après minuit ».

A quelque différence près, ne croirait-on pas lire la relation d'une fête nationale à l'île de Peignevesce, quatre-vingts ans plus tard ?

Pour la première fois, le sous-préfet portait en public la décoration du Lys que le duc de Berry venait de lui octroyer, ainsi d'ailleurs qu'à tous les fonctionnaires de même ordre administratif.

Loin de les désarmer, de pareils témoignages exaspéraient ses ennemis. Ils ne comprenaient pas que le pouvoir pût s'accommoder de représentants qui avaient prêté tant de serments et servi tant de régimes.

Cette politique, qui consistait à s'assurer des concours incertains, quitte à paraître oublier les fidélités anciennes, leur déplaisait fort, et quand on leur objectait que leurs outrances nuisaient au régime, ils dénonçaient, eux, « certains républicains mal déguisés dont le projet favori paraît être de nous rendre une monarchie démocratique, espèce de monstre politique qu'avaient imaginé nos réformateurs de 89 et les Girondins, leurs dignes élèves (1) ».

« Voici le duc d'Angoulême parti pour Paris et voilà bien des espérances déçues, bien des prétentions déçues, je ne rencontre que gens à mines allongées.   .   . Ce n'est point du tout ce qu'attendaient nos royalistes exclusifs.
.   .   . Le duc d'Angoulême n'a même pas emmené, avec lui, un seul des jeunes gens qui composent, ici, la garde royale (2). »

Ces observations notées de Bordeaux auraient pu l'être également de Civray, aussi bien d'ailleurs que celles qui suivent.

« Plusieurs petits nobles ont vendu jusqu'aux bœufs de leurs métairies pour faire le voyage de Paris et supplier

____

(1) *Un Témoin des deux Restaurations*, Edmond Géraud.
(2) *Ibid.*, ld.

le roi de vouloir bien écarter de lui ces idées de lois et de coustitution qui les scandalisent (1). »

En août 1814, M. de Fleury, le jeune, avait été à Paris demander la révocation de Des Planches ; il y était retourné au début de novembre, où il avait précédé M. Salliard ; l'un et l'autre « avaient remué ciel et terre pour parvenir à leur but.(2) ».

La situation du sous-préfet devenait chaque jour plus difficile. A Civray même, il s'était formé un petit clan contre lui avec MM. Vernial, receveur des finances, et Jozeau, dont le directeur de la poste aux lettres, M. Houdart, était l'agent le plus actif et le plus audacieux.

Des libelles couraient les rues, des affiches étaient posées nuitamment.

Un incident qui se passa à Saint-Saviol et dont la ballade fut l'occasion vint exacerber ces querelles (3).

Sous une tente, « où on servait à boire et à manger », des habitants avaient pris place. On y vidait des bouteilles, on causait, on s'échauffait.

Quatre à cinq personnes groupées à l'extrémité d'une table crièrent à haute voix, en élevant leurs verres : « Vive Louis XVIII ! » D'autres buveurs, à l'autre extrémité de la même table, répondirent par des cris de : « Vive l'Empereur ! »

Aussitôt prévenu, M. de Menou, qui habitait le bourg, fut chercher les gendarmes et les conduisit jusqu'à ceux des buveurs qui venaient de pousser des cris séditieux qu'il dénonça « avec un ton et un air peu tranquille ».

La maréchaussée, indulgente ou peu zélée, se contenta de faire quelques observations aux délinquants « qui suffirent pour calmer et tranquilliser l'un et l'autre parti », observe, avec un détachement significatif, le sous-préfet de Civray.

---

(1) *Un Témoin des deux Restaurations*, Edmond Géraud.
(2) Archives de la Vienne, M. 4. *Lettres de Des Planches*, 26 novembre 1814.
(3) Ibid., M. 4. *Lettre de Des Planches*, 7 octobre 1814. *Monsieur le Préfet seul.*

Ces admonestations n'eurent d'ailleurs qu'un effet peu durable.

Bouteilles et verres en mains, les manifestants séditieux, d'anciens militaires congédiés et réformés, allèrent narguer, devant sa porte, M. de Menou.

Le sous-préfet de Civray paraît surpris qu'on se soit autorisé de ces faits isolés et sans importance pour représenter son arrondissement comme animé d'un mauvais esprit, et il insinue que ceux qui criaient : « Vive Louis XVIII ! » pouvaient bien avoir eu l'intention de provoquer le désordre.

Cette attitude ingénue et calculée à la fois inspirait fort peu de confiance à ceux dont la foi monarchiste eut transporté les montagnes. Il leur paraissait scandaleux de demander à des royalistes, au lendemain de la Restauration, de s'abstenir de crier : « Vive le Roi ! » de crainte d'émouvoir les bonapartistes de la veille. Le sous-préfet dut s'expliquer en haut lieu et mettre en mouvement des influences pour le couvrir (1).

En remerciant le baron Mallarmé d'avoir pris si utilement sa défense, Des Planches nous apprend que son cousin Faulcon, « par deux lettres successives, l'avait déjà beaucoup rassuré » ; que le général Rivaud et M. Bouchard (2) s'étaient remis à ce dernier pour sa défense. Il constatait néanmoins que ses « délateurs » n'avaient pas perdu courage et signalait de nouvelles allées et venues à Paris.

Le mardi 14 février 1815 était jour de marché à Civray.

M. de Menou, frère de l'entreposeur principal de Poitiers, celui même dont nous parlions tout à l'heure, venait de se présenter aux bureaux de la sous-préfecture (3). Il s'était plaint de la mauvaise volonté d'un maire à Des

(1) Archives de la Vienne, M. 4. *Lettre de Des Planches,* le 26 novembre 1814.

(2) Henri Bouchard, ancien député de la Côte-d'Or, procureur général près la Cour royale de Poitiers, avait voté la déchéance de l'Empereur.

(3) Archives de la Vienne, M. 4. *Lettre de Des Planches,* le 15 février 1815.

Planches qui lui avait promis son concours pour obtenir satisfaction. A ce moment, un nouveau venu se présenta. C'était un ancien militaire, domicilié à Champniers, qui venait également récriminer contre le maire de sa commune, toujours absent, qui n'avait pas visé un mandat que l'adjoint refusait de signer.

« Dans ce moment, rapporte le sous-préfet, M. de Menou éleva la voix. Et il répéta plusieurs fois avec un ton d'importance que tous les maires et adjoints de cet arrondissement n'étaient que des tyrans et des despotes ; que cela ne pouvait durer longtemps ; que tout venait d'être changé et renouvelé. » Et il sortit en disant qu'il ne se présenterait plus à la sous-préfecture tant que M. Pressac y serait.

C'est une véritable levée de boucliers contre les municipalités de l'Empire qui n'avaient pas été encore destituées ; les différentes scènes de cette journée paraissent avoir été concertées.

Le sous-préfet n'était pas seul à son bureau ; de ses employés il eut pu sans doute obtenir le silence ; mais le messager de Charroux, qui avait entendu les impertinences des administrés de Des Planches, et aussi leurs menaces, ne se ferait pas faute de les répéter sur sa route.

A cet affront humiliant allait s'en ajouter un autre. Le chevalier de Moneys d'Ordières se présente au sous-préfet et lui montre un certificat de M. Boutelant de la Brousse, notaire public à Genouillé, par lequel il constate qu'ayant perdu toute sa fortune pendant la Révolution, il est dans l'impossibilité de faire les frais de l'éducation de ses enfants.

Des Planches lui fait observer que ce certificat doit être délivré par le maire, et son interlocuteur sort pour rencontrer ledit magistrat.

A quatre heures, au moment où le sous-préfet retourne à son bureau, MM. Salliard, de Menou et de Moneys se trouvent, à la fois, sur le pas de sa porte.

La conversation s'engage, monte vite de ton, et M. Salliard s'emporte jusqu'à dire : « Oui, Monsieur, tout changera, tout doit changer, nous ne pouvons plus vivre sous une pareille administration ; j'ai déjà fait un premier voyage à Paris pour ébaucher la besogne, je vais partir encore pour l'achever. » — « Je me contentai, écrit Des Planches résigné, de lui répondre que le plus tôt serait le meilleur. »

Sur ces entrefaites, MM. Salliard et de Moneys entrent avec M. de Menou, ils sont ses témoins certificateurs, dans le bureau du sous-préfet où se trouvent également M. Daveaux, maire de Genouillé, et M. Brothier, maire de Civray, dont le sous-préfet semble avoir voulu s'entourer.

Pendant la rédaction de la pièce d'identité, le malheureux Des Planches ploie sous le faix. « M. Salliard — toujours lui — se promenant de long en large, avec ce ton de fierté et menaçant qui luy est si naturel », poursuit son réquisitoire : « Il faut espérer que le règne des honnêtes gens reviendra, qu'ils n'auront plus besoin de recourir à des autorités mal composées et qui se ressentent trop de ce qu'elles étaient. »

Une dénonciation en règle contre le sous-préfet venait d'être adressée au ministre, au sujet de laquelle on lui demandait, de Poitiers, des explications motivées (1).

Il était accusé de toutes sortes de méfaits : il avait soutenu la cause de Buonaparte depuis l'époque de la Restauration ; — il avait précédemment commis des injustices lors de la levée des conscrits ; — il avait pillé la bibliothèque publique et soustrait des effets précieux provenant des émigrés ; — il était un homme de mauvaise vie ; — il avait tenu, en plein café, des propos inconvenants contre le gouvernement.

Le sous-préfet, sur le premier chef d'accusation, qui

____

(1) Archives de la Vienne, M. 4. *Lettres de Des Planches,* 15 et 21 octobre 1814.

concernait l'affaire de Sommières, s'était expliqué, nous l'avons dit déjà ; sur le second, qui visait particulièrement une affaire Houdart, il objectait que, n'ayant point voix dans les questions de recrutement, sa responsabilité ne pouvait être engagée. Le Conseil de recrutement prononçait seul les exemptions, les réformes et les ajournements ; les maires constituaient les dossiers, les ordres de départ aussi bien que les plaintes contre les réfractaires émanaient du capitaine chargé de ce service.

Il n'est pas interdit pourtant de supposer, malgré ses explications, que le sous-préfet restait influent quand même près des maires, ses créatures, au point de vue qui nous occupe.

De cette influence, nous sommes bien près d'avoir retrouvé la preuve. Nous la demanderons au général Rivaud, au beau et noble soldat dont ce billet de complaisance ne peut diminuer le caractère.

« La Rochelle, 29 avril 1813 (1).

« D'après les dispositions de la loy, mon cher Beaulieu, tu appartiens de droit aux cohortes de grenadiers et chasseurs qui vont s'organiser pour se porter au besoin sur les côtes (?) de leur arrondissement, puisque tu n'as pas 40 ans et que tu n'es pas fonctionnaire public, d'un ordre qui donne l'exemption ; à moins que le sous-préfet ne veuille bien te considérer comme indispensable à ta famille ; je ne doute pas que Monsieur Desplanches ne fasse pour toi tout ce qui peut se concilier avec ses fonctions, j'ai écrit enfin au préfet et je réclame sa bienveillance en ta faveur ; mais si on peut t'éviter cette corvée, Monsieur Desplanches s'empressera surement de le faire.

« Monsieur LAUBIER DE GRANDFIEF fils,
à Civray, par Poitiers. »

(1) *Papiers du Roc.*

— On l'accusait d'avoir dilapidé la bibliothèque de Civray ?

Et d'abord il n'y avait jamais eu de bibliothèque publique à Civray ; les administrateurs du district avaient entassé, pendant la Révolution, quelques piles de volumes provenant de couvents et de maisons d'émigrés dont certaines avaient disparu.

La plus grande partie avait été transférée à Poitiers par Dom Mazet, chargé de leur examen ; d'autres avaient pris, par suite de circonstances qu'on nous fait connaître, le chemin de la maison H... ; le reste, psautiers, histoire religieuse, livres d'église et tomaisons dépareillées, moisissait dans une salle humide du Palais où la pluie tombait comme dehors.

Le maire de Civray et le bibliothécaire, dom Mazet, attestaient et reconnaissaient les faits.

En ce qui concerne les biens meubles des émigrés, ils avaient été saisis dans les derniers mois de 1792 et les premiers de 1793, au moment même où celui qu'on accusait de malversation siégeait au Corps législatif ou était incarcéré comme suspect. Sur une catégorie d'objets séquestrés avant cette époque, Des Planches avait tenu à donner les explications suivantes, assez peu concluantes d'ailleurs.

« Ce dépouillement fut fait par des commissaires délégués. Et quoiqu'il faut remonter à plus de 20 ans, je me rappelle qu'on me rapporta au district les linges et les matelas qui étaient estimés et furent envoyés aux hôpitaux dans la Vendée.

« Et les rampes des escaliers, les croisées destinées à faire des piques, des armes, et des cloches pour être fondues et employées en canons. Les cloches furent envoyées aux fonderies, les fers furent vendus par ordre du gouvernement d'alors. Et ce fut M. Jay, commissaire des guerres à Poitiers, qui se rendit ici et fit une vente publique de tous les fers. »

Il avait été fait un inventaire, mais on n'en retrouvait aucune trace.

Qui l'eût cru ? On accusait le sous-préfet de Civray d'être de mauvaise vie. De cette vie, qui eut. en d'autres temps été si paisible et si douce, il nous a laissé ce charmant raccourci :

« Je travaille jusqu'à une heure après mydy. Je fais quelque lecture ou je m'occupe de quelques affaires particulières jusqu'à cinq heures.

« Je me rends chez Mesdemoiselles Guyot, où il y a société nombreuse tous les jours. Je fais une partie de Reversy à 10 centimes le cent de fiches.

« On se retire à huit heures et à dix heures je suis au lit. C'est une habitude si contractée qu'il faut bien de l'extraordinaire pour la déranger. »

Ce que le sous-préfet ne nous dit pas. mais ce que rappellera fort à propos le baron Mallarmé, Des Planches, tout subdélégué qu'il est, a presque l'âge d'un patriarche, soixante ans. Il a trois enfants, des petits enfants à gâter et aussi de vieilles sœurs qui l'entourent dans la maison de famille (1). Qu'importe d'ailleurs !

Les grands hommes seuls ont leur Saint-Simon et leur chronique de l'Œil-de-Bœuf.

On faisait à Des Planches un autre grief, que chacun pouvait reconnaître mal fondé, sans avoir besoin de pénétrer dans l'intimité de sa vie privée. Il fréquentait les cafés. Le sous-préfet de Civray, comme le roi lui-même, fumait la pipe, mais s'il sacrifiait à cette aimable habitude, oncques n'avait pu le voir au café de la Touzalin.

Il y avait méprise. Doré, le procureur, était, lui, en passant, rentré à l'estaminet ; de là « il avait éprouvé quelques plaisanteries piquantes en raison de ce qu'avant la Révolution il était dans l'état ecclésiastique et même vicaire de Civray » (2).

(1) Archives de la Vienne, M. 4. *Lettre du Préfet*, 21 octobre 1814.
(2) Ibid., M. 4. *Lettre de Des Planches. Monsieur le Préfet seul*, 7 octobre 1814.

Sur ce sujet, Des Planches nous donne une page disproportionnée, certes, avec l'importance du grief qu'on lui fait, mais que nous avons retenue en raison de sa couleur locale. « Il n'y a qu'un café à Civray qui est tenu depuis très longtemps par la femme Touzalin. Un autre vient de s'ouvrir cependant il y a un mois, mais il n'est point suivi encore.

« Les habitués du premier café sont, comme dans toutes les villes, des jeunes gens et ceux qui n'ont pas d'occupations, d'emplois... Ces lieux de rassemblement sont surveillés exactement par la police ; aucun habitant ne s'est permis ni n'a jamais élevé la voix contre le gouvernement actuel. Et si on eût pu concevoir même des soupçons sur l'esprit et sur l'intention de ceux qui s'y réunissent, on se fût empressé d'en provoquer l'interdiction et la clôture.

« Civray est un lieu de logement ; on a bien vu dans ce café quelques militaires, même des officiers, qui, encore imprégnés de cette dévotion pour l'ancien gouvernement, ont pu se permettre d'exprimer hautement soit par l'effet de l'habitude ou du mécontentement leurs regrets de la chute de l'Empereur ; il en est même qui, dans les rues, ont chanté ses louanges ; mais de cela il y a plus de quatre mois ; ils partaient le lendemain pour suivre leur route ; cela n'a fait ni laissé aucune impression, et où cela n'est-il pas arrivé ? mais aucuns habitants de Civray ne se sont permis aucunes déclamations de ce genre, et je n'en connais pas un dans la classe aisée et distinguée qui ne se félicite de voir sur le thrôsne l'auguste monarque qui nous gouverne maintenant et qui ne soit disposé de cœur et d'affection à se rallier autour de luy, à protéger et à défendre un gouvernement aussi sage, aussi modéré, aussi impartial.

« Aucuns fonctionnaires ne vont dans ce café. Cependant il y a quinze jours que le procureur du Roy, mon frère, se rendant de la promenade avec un de ses amis, le temps était chaud, fut invité à prendre un verre de bière. Sylvestre Houdard, frère du directeur de la poste, s'y trouva et luy lâcha quelques propos injurieux. Mon frère s'est retiré tranquillement sans mot dire, avec protestation et la résolution bien formelle de ne jamais y mettre le pied. »

D'autres reproches étaient adressés au sous-préfet de Civray. Un soldat s'était permis un jour de marché d'exhiber la cocarde aux trois couleurs ; nul n'avait paru s'en émouvoir et la gendarmerie, le soldat ayant jeté l'insigne séditieux dans le feu, n'avait pas verbalisé.

On racontait que le maire de Genouillé, M. Daveaux, parlait volontiers en termes inconsidérés de S. M. « qui portait culotte », et alarmait les paysans, en les mettant en défiance contre les Bourbons.

Bien entendu, Daveaux, qui venait d'être décoré du lys, niait les propos compromettants qui lui étaient prêtés ; mais la vérité sans fard n'apparaissait pas au milieu de ses explications.

En toutes circonstances Pressac des Planches, sous le couvert des enquêtes de gendarmerie conduites par de Lortat, excusait, palliait, diminuait visiblement les responsabilités ; néanmoins le Préfet de la Vienne, dans le long mémoire qu'il écrivait pour disculper son subordonné, et dont le projet nous est resté, concluait ainsi :

« Il me paraît résulter de ces observations que la dénonciation faite à S. E. contre M. Pressac, et sur laquelle vous me faites l'honneur de me demander mon opinion, a été dictée par l'animosité et non par l'amour de l'ordre. Mon intention, en leur donnant un développement que vous trouveriez peut-être trop étendu, a été de vous donner la conviction que j'ai toujours eu de la probité, de l'honnêteté de M. Pressac et de sa persévérance dans les sentiments qu'il a manifestés dans l'assemblée législative, le dévouement au Roi et au gouvernement que nous avons eu le bonheur de recouvrer. »

A la date du 16 novembre, le ministre faisait savoir au

Préfet qu'il se déclarait satisfait de la justification de son subordonné.

Les émigrés des alentours avaient pris l'habitude de se réunir les mardis, jour de foire et de marché, à la poste aux lettres. En opposition ouverte avec la sous-préfecture, ils avaient senti la nécessité de se grouper et d'avoir comme lieu de rendez-vous une maison sûre et bien à eux.

En ces temps où les convictions, affermies par les épreuves du passé, avaient peine à se contenir, on voulait connaître le plus vite possible les nouvelles de Louis et du gouvernement. A la Poste parvenaient, avant toute autre destination, *le Moniteur* et les gazettes et aussi les rumeurs du chef-lieu.

Le sous-préfet Des Planches, propre neveu de l'ancien directeur de la poste aux lettres de Civray : Pressac de la Mothe, reprochait, il est vrai, aux Houdart, toutes sortes de méfaits. Mais n'exagérait-il pas ?

Une affiche était-elle posée, dans la nuit, contre les bonapartistes de l'endroit, le sous-préfet ou sa famille, une lettre anonyme courait-elle de mains en mains dans la ville ? C'était toujours le directeur de la poste ou les siens qui en étaient rendus responsables. « Ils ont, depuis qu'ils existent, écrivait Des Planches à son préfet, semé le trouble et la division et ne font que des turbulences et des agitations. »

Il y avait plus. Pressac accusait formellement l'administration des Postes de violer le secret des correspondances privées ou publiques.

En avait-il vraiment la preuve ?... En tout cas, il ne devait point penser un seul instant que les hommes, passionnés sans doute, mais certes loyaux, qui se réunissaient à la maison Houdart, pouvaient être les complices de semblables manœuvres ?

Depuis six années (1), il se faisait adresser son courrier à Chaunai d'où un exprès le lui apportait.

(1) Archives de la Vienne, M. 4. *Lettre du 22 mars 1815.*

Pour une fois la poste ne semble pas avoir été informée.

C'est, en effet, le 21 mars, le lendemain même du retour de Napoléon aux Tuileries, qu'Houdart père, conseiller municipal de Civray, dénonce au gouvernement le sous-préfet pour une question personnelle, tout en lui faisant grief des manifestations napoléonistes qui se produisent en ville. « Dans la nuit du 19 au 20, un attroupement de céditieux très connus, ont chanté et crié sur la rue : « Vive Bonaparte ! A bas les Bourbons ! » La scène s'est passée à deux heures du matin. »

On savait bien que l'ex-empereur avait quitté l'île d'Elbe, on savait même qu'il était passé à Lyon. Mais les journaux restaient pleins de confiance et parlaient encore avec mépris « de Bonaparte et de sa bande ».

Les partisans de l'Empire, ses anciens soldats, eux, se réveillaient pendant que nous apercevons les frères Houdart, le lundi 19 et le mardi 20 mars, accoursant un bâton à la main le procureur Doré Pressac, quand il se rend à sa vigne du Puits-Carré, un gendarme, pour le protéger, à ses côtés (1).

La colère de la famille Houdart était grande.

Le procureur du roi n'avait-il pas osé faire lacérer deux affiches apposées le mardi, l'une sous les halles, l'autre aux auvents de leur propre maison, où les Houdart accusaient un sieur P... de les avoir obligés à vendre une maison... pour payer les frais d'équipement de l'un d'eux désigné pour faire partie de la garde d'honneur?

Le préfet dut intervenir. A son avis, il aurait été sage d'ignorer ces placards pour éviter le scandale.

Le ministre fut lui-même saisi et demanda à être tenu au courant des incidents et de leur suite.

Ces autres scènes de la vie de province, encore que ténues, étaient, à juste titre, considérées, en haut lieu, comme des symptômes à enregistrer. Chaque jour grossissait, contre le sous-préfet et son frère, le dossier des

(1) Archives de la Vienne, M. 4. *Lettre de Des Planches*, 22 mars 1815.

récriminations et des rancœurs qui, trois mois plus tard, s'étalera victorieusement quand Bonaparte, cette fois-ci, sera parti pour ne plus revenir que dans le cercueil du *Bellérophon*.

CHAPITRE VII

LES CENT JOURS. — « VIVE L'EMPEREUR ! ». — DES PLANCHES DIT
LA JOIE DE SES ADMINISTRÉS — REPRÉSAILLES CONTRE UN ÉMI-
GRÉ. — LE ROLE DE DES PLANCHES ET DU MAIRE BROTHIER. —
PROVOCATIONS BONAPARTISTES. — LE SOUS-PRÉFET ACCUSÉ PAR
LES BONAPARTISTES. — LES ÉLECTIONS A LA CHAMBRE DES REPRÉ-
SENTANTS. — THÉODORE PRESSAC-DORÉ ÉLU DÉPUTÉ.

Le 20 mars 1815, le drapeau tricolore flottait au palais
des rois et bientôt après, dans la nuit, à la lueur des tor-
ches, sa voiture précédée des généraux et entourée de sa
garde et de soldats qui ne cessaient de crier : « Vive
l'Empereur ! » le revenant de l'île d'Elbe franchissait le
guichet des Tuileries.

Depuis le golfe Juan, il avait été porté par les accla-
mations qui vont toujours au succès, et ce succès était
ici une résurrection.

Rien qu'à sa vue, des fidélités endormies s'étaient réveil-
lées, plus sûres d'elles-mêmes et plus enthousiastes que
jamais.

Louis XVIII — le comte de Lille — venait de quitter les
Tuileries.

Six jours après, le 26 mars, dès que ces événements
furent connus à Civray (1), maire et sous-préfet abor-
daient la cocarde tricolore, faisaient disparaître l'écu
fleurdelysé qui ornait la porte de l'hôtel de ville et substi-
tuaient au drapeau blanc le drapeau aux trois couleurs.

(1) Archives de la Vienne, M. 4. *Lettre de Des Planches*, du 24 avril 1815.

« Vive l'Empereur ! » criait le sous-préfet avec force. La foule relevait le cri « avec enthousiasme ». Le soir, un feu de joie était allumé sur la place, et le lendemain matin, dès 5 heures, un autre drapeau flottait sur l'église.

Des Planches, qui avait déjà constaté après Brumaire, après 1814, le ralliement de ses administrés aux régimes nouveaux, n'oublia pas, cette fois non plus, de faire les mêmes et profitables remarques.

Lettre du sous-préfet de Civray au Préfet (1).

15 mai 1815.

« Monsieur le Baron Préfet,

« J'ai l'honneur de vous remettre ci-joint la liste des personnes qui ont été attachées au service du comte de Lille :

« Savatte du Coudret (Léon), Saint-Romain, garde du corps.

« Pain, Champagné-Saint-Hilaire, ex-chouan parti depuis 15 jours ; on le présume en Vendée.

« Salliard Hugues-Baptiste, un volontaire des gardes royaux, ancien émigré.

« Demenou François, Saint-Saviol, un volontaire des gardes royaux, ancien émigré.

« Descourtis Charles, maire de Saint-Maurice, un volontaire des gardes royaux, ancien émigré.

« Des gardes royaux et ex-chouans qui ont leur domicile dans l'arrondissement de Civray.

« Il paraît que trois ou quatre nobles se sont donnés beaucoup de mouvement ces jours-ci pour se procurer des chevaux.

« Un de ces ci devant nobles, M. Demancier, aîné de la commune de Saint-Romain, a eu la hardiesse de dire au

____

(1) Archives de la Vienne, M. 4.

percepteur de Voulon que 10.000 hommes anglais et espagnols étaient débarqués sur les côtes du Poitou et de la Bretagne pour appuyer et soutenir l'insurrection manifestée dans la Vendée.

« Depuis il a osé assurer que les cartouches que l'on faisait à Poitiers n'étaient remplies que de cendres et qu'il n'y avait pas un grain de poudre.

« Un M. Deteil, de Villenon, commune d'Anché, est, dit-on, parti avec son domestique. Je crains que cet exemple ne soit promptement suivi par d'autres, si l'on ne prend pas des mesures pour empêcher cette nouvelle Emigration.

« PRESSAC-DESPLANCHES. »

« A la nouvelle de l'entrée de S. M. l'Empereur à Paris, écrit-il le 2 avril (1), il y a eu la plus grande explosion de réjouissances dans toutes les villes, bourgs et même plusieurs hameaux de l'arrondissement de Civray.

« Partout ce n'a été que fêtes, banquets et beaucoup de feux de joie, cet élan d'allégresse n'a été que l'effet d'un mouvement spontané et bien libre et non point de cette impulsion que naguère il fallait souvent réitérer, il a fallu, au contraire, contenir et réprimer l'enthousiasme trop énergique qui pouvait avoir des conséquences funestes. »

L'histoire se recommence et les appréciations du sous-préfet sur des événements contraires restent les mêmes.

Il faut toutefois lui rendre cette justice que les éloges superposés qu'il décerne au régime du jour, et les blâmes dont il couvre ceux de la veille, ne lui font pas perdre de vue le souci de l'ordre public.

Pendant que de nombreux habitants de Civray se disposaient à acclamer les aigles de l'île d'Elbe, le chevalier Salliard était appelé à Poitiers pour y passer la

---

(1) Archives de la Vienne, M. 4. *Lettre de Des Planches,* du 25 avril 1815.

revue de la garde nationale à cheval et la conduire au roi dans sa retraite.

Il n'accomplit pas sans doute sa mission tout entière, puisqu'il était de retour dans sa terre de Saint-Bonnet au moment où la foule célébrait le retour de l'Empereur.

Sa fidélité aux Bourbons, l'ardeur avec laquelle il avait combattu la Révolution et l'Empire, avaient soulevé, contre lui, de violentes colères.

On l'accusait, par surcroît, de détenir un tableau outrageant pour Napoléon, représenté « avec des chaînes au col et un cancer qui lui dévorait le cœur ».

« Quelques moteurs secrets et très dangereux », nous apprend le sous-préfet (1), engagèrent le peuple à se porter au domicile de M. Salliard à une demi-lieue de la ville, Des Planches ayant donné des ordres à la gendarmerie, très attachée à Bonaparte, « pour que la personne et la propriété de M. Salliard fussent protégées », s'adressa aux meneurs, employa tous les moyens de persuasion pour les détourner de leurs projets et leur donna l'assurance que le fameux tableau de l'usurpateur enchaîné avait été détruit.

Il leur dit combien il redoutait qu'on pût l'accuser d'avoir inspiré ce mouvement contre celui dont il avait eu personnellement à souffrir.

Le maire Brothier et le curé Boudon d'Alauziers, ancien soldat très populaire dans les faubourgs, joignirent leurs instances à celles de Des Planches qui faisait, entre temps, par « l'aubergiste des Trois-Piliers prévenir Salliard ». Ce dernier donnait alors une déclaration écrite constatant que ce tableau avait été jeté au feu par Vaillant qui certifiait, à son tour, la réalité de ces affirmations.

Les esprits s'apaisèrent.

Ce que ne nous dit pas Des Planches, mais ce que nous apprendra son successeur, c'est que « des bandes de

____

(1) Archives de la Vienne, M. 4. *Lettre de Des Planches*, du 24 avril 1815.

paysans armés vinrent l'assaillir (M. Salliard) dans sa maison de Saint-Bonnet, près de Civray, et qu'il ne dut son salut qu'à son courage et à son sang-froid.

« Pendant toutes les circonstances de l'Usurpation, ajoutait le sous-préfet Jahan, il se montra l'un des Français les plus éminemment dévoués aux Bourbons (1). »

Des scènes du même genre éclatèrent sur différents points de l'arrondissement.

A Genouillé, après que le drapeau eut été hissé sur le clocher, « quinze ou seize personnes » se portèrent chez M. de Moneys et lui demandèrent « s'il leur ferait manger de la paille comme il l'avait promis ».

Il fallut la présence du maire et de l'adjoint pour dissiper ces manifestations causées par des propos que le chevalier d'Ordières n'avait certainement pas tenus, mais qui faisaient écho à des imprudences de langage.

A l'issue de la messe de Chaunai, l'émigré Lauvergnat de la Lande, qui passait à cheval, fut invectivé à peu près dans les mêmes termes par des cultivateurs qui le houspillèrent pour savoir s'il voulait les louer pour domestiques afin de récolter les dîmes et les terrages, dans la possession desquels il avait dit qu'il allait rentrer incessamment.

A Saint-Gaudent, sur le plan de l'église, un quidam se précipita sur le chevalier Salliard et voulut lui arracher sa croix de Saint-Louis qu'il continuait à porter (2).

A Saint-Saviol, des manifestations eurent lieu contre de Menou qui se trouvait alors à Poitiers.

Des Planches signale cette effervescence à l'administration et demande contre les meneurs une répression exemplaire. « On colportait le 11 avril au marché que les émigrés avaient établi une liste de proscription... Ce sont, observait le sous-préfet, les premiers mouvements

---

(1) *Certificat délivré par le sous-préfet Jahan.* Archives de la famille Salliard.

(2) Ce trait, de tradition dans la famille, n'est pas noté dans la correspondance de Pressac.

qui dans toute occasion sont un peu dangereux. Le souvenir des propos inconsidérés qu'ont tenus certaines personnes avec un orgueil trop révoltant ont bien pu faire sortir ceux-là mêmes qui en avaient été l'objet des bornes de la circonspection. »

Pour éviter de nouveaux troubles qu'il redoute — et dériver l'opinion publique Brothier fait annoncer, à son de caisse (1), la bénédiction du drapeau.

Deux registres de souscription sont déposés l'un chez Edouard Serph, l'autre chez le menuisier Duclos. Comme les habitants de la ville marquent peu d'empressement à venir s'inscrire sur le livre d'or des fidélités — sait-on jamais ce que sera demain ? — certains passent à domicile, « pressent, menacent et traitent de royalistes ceux qui ne s'inscrivent pas ».

Dans la soirée du 22 avril (2), les cloches sonnent à toute volée, annonçant en même temps qu'une salve de trois coups de canon, la fête du lendemain.

A 9 heures, le dimanche matin, à « l'hôtel de M. le sous-préfet », s'agitent empressés les fonctionnaires et les autorités ainsi que la gendarmerie et la garde nationale reluisante à souhait. Entre les mains du commandant, Des Planches remet le drapeau et prononce « un discours analogue aux circonstances » « où il exhorte à la paix ».

On se rend à l'église ; au moment de la bénédiction du drapeau, les cris de : « Vive l'Empereur ! » retentissent sous les voûtes sacrées ; le curé exhorte, félicite ses paroissiens un peu tumultueux, mais leur rappelle aussi « qu'il vaut mieux que pousser des cris défendre sa patrie et s'unir ».

Nous voici bientôt sous les halles, au banquet, les fonctionnaires n'y assistent pas, libre cours est laissé aux épanchements patriotiques.

(1) Archives de la Vienne, M. 4. *Lettre de Des Planches*, du 7 octobre 1814. « Le maire de Civray, M. Brothier, est licencié en droit, il y a douze ans qu'il est maire et il remplit cette fonction avec toute la dignité, le zèle possible, et d'une manière distinguée. »

(2) Archives de la Vienne. *Lettre de Des Planches*, du 24 avril 1815.

On boit, on chante, le maréchal Lachastre monte sur la table et la parcourt d'une extrémité à l'autre, avec un buste de Napoléon à la main, qu'il offre à baiser à tous les convives.

La farce n'était jusque-là que plaisante, elle devient mauvaise.

Une trentaine de banqueteurs, précédés de deux tambours, parcourent les rues, obligeant ceux qui se montrent à embrasser l'image de l'Empereur.

Devant ces hommes pris de vin, les gens paisibles se renferment chez eux.

La femme d'un professeur est restée, pourtant, à la fenêtre d'une chambre haute. On l'aperçoit ; mille efforts sont faits pour forcer la porte ; la cohorte se rend au collège, dont on sait le personnel très attaché aux Bourbons ; on prend d'assaut l'établissement ; le principal et un de ses collaborateurs s'échappent et viennent réclamer des secours près du maire et du sous-préfet. Le capitaine de la garde nationale intervient et fait cesser le désordre.

Le lendemain, au cabaret Roucher, l'orgie continue, les voix s'enflent de menaces, mais cette fois contre les fonctionnaires publics accusés de protéger les chouans.

Raphaël Serph rédige « un procès-verbal au ministre de la guerre » qu'on fait signer à tout venant. Le sous-préfet est accusé d'être favorable aux Bourbons.

Aux dires de Des Planches, c'étaient les mêmes personnes qui, après l'avoir dénoncé comme napoléoniste, par ces moyens perfides, essayaient de le perdre.

Il nommait Vernial, Jozeau, Pontenier... ne s'égara-t-il pas et ne calomnia-t-il pas ces adversaires en les croyant capables de pareils moyens ?

Il reste qu'il fut dénoncé pendant les Cent jours comme un ennemi de Bonaparte, après l'avoir été quatre fois de suite, sous la Restauration, comme ennemi des Bourbons.

Placards anonymes, affiches injurieuses posées nuitamment jusque sur la maison du sous-préfet, considéré, cette fois-ci, comme favorable à l'Empire, étaient l'objet

des conversations en ville. Sur l'une d'elles on avait pu
lire : « Vive le roy ! Mort aux Napoléonistes ! Palissez
tyrans ! »

A vrai dire, dans ses lettres au baron de Grouard, le
nouveau préfet de la Vienne, Des Planches, n'a pas
grand'peine à se défendre.

On lui reproche, à lui qui s'est adapté si facilement aux
divers régimes, d'avoir toujours été en opposition avec
les gouvernements dont il restait le fonctionnaire : quelle
plaisanterie (1) !

« On me fait faire une volte-face bien prompte, on me
dépeint comme un royaliste, on me prête il faut en conve-
nir un caractère bien bizarre, bien singulier, on se plaît
à supposer que je suis toujours et marche toujours en
sens contraire de celui qui tient les rênes du gouvernement, reste à concevoir comment avec cet esprit de
contradiction j'ai pu me conserver en me maintenant
pendant vingt-quatre ans dans des fonctions assez importantes, comme président de tribunal, membre de l'Assemblée législative en 1792, agent national du district et sous-
préfet depuis 14 ans.

« Oui sans doute j'ai été nommé chevalier de la Légion
d'honneur sous le dernier gouvernement. Mais pourquoi
et à quels titres : pour ancienneté de services dans les
emplois civils. » Si Des Planches se rallia toujours il ne
se livra jamais ; son bonapartisme comme son royalisme
se nuançaient de réserve, de modération, de prudence,
plus encore que de souplesse et d'astuce.

Cette fois-ci encore les dénonciations ne portent pas,
ainsi qu'en témoigne à la date du 23 mai 1815 une lettre
de Carnot (2) au préfet de la Vienne. « Je n'ai vu dans
tout cela, conclut le ministre, en rappelant à son subordonné que le prêteur ne s'occupe point de vétilles —
qu'une de ces petites tracasseries si fréquentes dans les

(1) Archives de la Vienne, M. 4. *Lettre de Des Planches,* du 20 avril 1815.
(2) Ibid., M. 4.

petites villes, qu'il est bien qu'un préfet connaisse, mais qui ne sauraient occuper le gouvernement.

« M. Pressac des Planches peut être sans inquiétude puisqu'il a votre suffrage et celui du commissaire extraordinaire de l'Empereur dans la 12e division militaire (1). »

. . . .

La France que retrouvait Napoléon en 1815 n'était plus celle de 1804.

Un souffle avait passé. La liberté parlementaire notamment s'imposait et le pays entendait avoir une Chambre élue par lui-même.

L'Empereur comprit qu'un retour pur et simple aux lois autoritaires de l'an VIII serait mal accueilli : l'acte additionnel aux Constitutions de l'Empire du 22 avril 1815 consacra ces nouveaux principes.

Le pouvoir législatif se trouvait confié à deux Chambres : la Chambre des pairs, nommée par l'Empereur dont les fonctions, à la surprise de beaucoup, demeuraient héréditaires ; la Chambre des représentants, désignée par les collèges électoraux des départements.

Le 10 mai, à 10 heures du matin, le bureau électoral se constitue dans la salle des audiences du tribunal civil de Civray, sous la présidence d'âge de Pierre Berton, desservant de Ceaux, assisté de Fortuné Serph, René Vaillant, Léveillé, Laubier de Grandfief père (2).

Sur 119 inscrits, 49 votants appellent Théodore Pressac à la présidence définitive.

Le lendemain 11 mai à 6 heures du matin, le scrutin a lieu. Le procureur général Béra (3), originaire de l'ar-

____

(1) Le général Rivaud de la Raffinière occupait ce poste depuis le 14 décembre 1809. (Notice biographique par ses fils.)

(2) Archives de la Vienne.

(3) Joseph-Charles Béra, procureur impérial près la Cour de Poitiers. A la chute de l'Empire, il reprit ses fonctions d'avocat. Magistrat très discuté, Béra fut accusé avec véhémence par un de ses collègues, le conseiller

rondissement et propriétaire à Champagné-Saint-Hilaire, se trouve en présence de Félix Faulcon, ancien président de la Chambre des Députés, tous les deux cousins du sous-préfet.

Par 45 voix, contre 35 à ce dernier, Béra est élu... les collèges de Poitiers et de Montmorillon le choisissaient également pour leur représentant.

Pour le siège de suppléant, Théodore Pressac-Doré se trouvait en présence du comte de Tryon Montalembert, chambellan de l'Empereur, grand propriétaire à Brux. Il l'emporta par 36 suffrages contre 25 attribués à son concurrent.

Doré n'avait réuni sur son nom que le tiers à peine du collège. Ainsi que nous le rappelle le tableau alors publié, il avait 56 ans, était célibataire, anciennement ecclésiastique, avocat et juge suppléant ; il occupait alors les fonctions de procureur impérial à Civray. Sa fortune patrimoniale n'était rien moins que considérable ; on l'évaluait à 800 livres de revenus personnels alors que Barbault de la Mothe, l'un des députés de Poitiers, et le plus riche des élus de la Vienne, en possédait 10.000 et Boncenne, le moins favorisé, après le représentant de Civray, 2.400.

On sait combien la Chambre des Cent jours fut éphémère et combien son rôle stérile. Doré se trouva-t-il le 7 juin au Palais des Représentants quand S. M. l'Empereur, avec son cortège, entouré des princes ses frères, des hauts dignitaires de la Cour, des ministres, des grands aigles de la Légion d'honneur, vint recueillir les serments, tant de fois prêtés déjà par les nouveaux élus? Nous l'ignorons.

Ce que nous savons, c'est qu'il déclina l'invitation du Champ de Mai qui lui était adressée, ainsi qu'à son frère, en leur qualité de membres du collège électoral du département.

Morisson, dans un long mémoire que les archives publiques nous ont conservé. Il était le cousin germain de Des Planches par sa femme ; leurs mères, née Fradin, étaient sœurs.

CHAPITRE VIII

WATERLOO !. — NOUVELLE ATTITUDE DE DES PLANCHES. — SES DIFFICULTÉS AVEC LES ROYALISTES. — UNE LETTRE DU DUC D'OTRANTE. — LE DUC D'ANGOULÊME EXIGE SA RÉVOCATION. — DÉMISSION DU MAIRE BROTHIER. — LE SOUS-PRÉFET JAHAN. — CE QU'IL PENSE DE SON PRÉDÉCESSEUR. — NOUVEAUX MAIRES. — ON DÉSARME LE GARDE-CHAMPÊTRE. — DES PLANCHES FRANC-MAÇON. — A PROPOS DU PREMIER SOUS-PRÉFET DE CIVRAY : LA SOUS-PRÉFECTURE, LES SOUS-PRÉFETS QUI LUI ONT SUCCÉDÉ.

Waterloo ! L'Empereur est abandonné même des siens et jusque des pairs qu'il a choisis ; c'est l'abdication, le deuxième et définitif exil .. Sainte-Hélène et « demain le tombeau ».

On peut aisément concevoir l'affolement de Des Planches ou tout au moins sa perplexité, car il avait une remarquable possession de lui-même qui lui faisait conserver son sang-froid dans les circonstances les plus critiques.

Il aurait dû spontanément — jugeant le coup impossible à tenir — se démettre de ses fonctions ; mais soit par habitude du pouvoir dans un pays où il avait si longtemps fait la loi, soit pour des considérations où l'intérêt pécuniaire avait sa part, il ne fit pas le geste qui l'aurait libéré.

Au contraire, il s'incrusta, bien décidé à remplir son rôle. Après comme avant, ne veillerait il pas à l'ordre, à l'organisation des services publics, au recouvrement des impositions? La sous-préfecture était sa chose; elle était sa maison, et pour un peu il aurait cru sa charge transmissible et héréditaire comme la présidence des traites naguère dans sa famille. Son fils Patrice n'avait-il pas les aptitudes nécessaires pour la continuer?

Il se trouve en face d'un nouveau préfet, le baron de Lascours, venu d'horizons politiques assez semblables aux siens; il en a vu passer, des citoyens et des « barons préfets », avec les Cochon, les Chéron, les Mallarmé, les Grouard, les Bonnaire?

Comme en 1814, comme en Fructidor, comme après l'île d'Elbe, Pressac est appelé à faire connaître à l'administration l'état des esprits dans son ressort. Il le fait le 16 août, avec des réserves où il avoue, en même temps, l'humiliation qu'il éprouve de son autorité méconnue et ses inquiétudes pour l'avenir.

Il se heurte à une opposition ardente de la part de certains royalistes qui refusent de se plier aux ordres de son administration (1).

M. de Chergé, grand fermier à Lizant, a refusé le foin et l'avoine qu'il avait réquisitionnés pour les magasins de Civray... il s'est soustrait constamment aux charrois que d'aucuns acceptent de faire cinq ou six fois de suite, et parce que l'autre jour une de ses charrettes, rencontrée en ville, a été incorporée dans un convoi... il crie à l'arbitraire, et accuse le sous-préfet.

La rentrée des contributions est difficile. Si les impôts sont mal recouvrés, on ne manquera pas de mettre en cause son loyalisme ou son zèle et ce sont précisément les royalistes échauffés qui, peut-être obéissant à des calculs perfides, « sont les plus en retard à se libérer ».

Notre pays a été exceptionnellement molesté sous le rapport des réquisitions, « et cependant on l'accuse d'insouciance, d'inertie et bientôt on traitera les habitants de rebelles ».

« Il est des personnes qui se croient privilégiées et qui ne peuvent pas se soumettre à contribuer aux charges publiques. C'est le plus souvent l'orgueil plutôt que l'intérêt qui les porte à résister et à se plaindre. »

Le sous-préfet compte sur le temps pour remettre chaque chose et chacun à sa place véritable, effacer les impressions trop vives des bouleversements qui se sont succédé. Il traduit sa pensée dans cette sentence à la Montesquieu sur le gouvernement des peuples :

« Dans tous les grands mouvements politiques, tous les esprits, tous les caractères ne se rangent pas tout à coup simultanément et généralement sur la même ligne. Les moyens de douceur, de modération, la force de l'exemple, de l'habitude, suffisent pour tout ramener plutôt que de heurter de front, avec éclat, les partis. »

Les circonstances n'autorisent sans doute ni cette mansuétude, ni cette longanimité. Il importe de prendre des garanties pour que la monarchie, une seconde fois restaurée, ne soit pas à nouveau renversée. Le gouvernement peut-il se reposer sur la loyauté et l'absolu dévouement des transfuges de mars?

Un de ceux-là pourtant, l'ancien ministre de Napoléon — braconnier devenu garde-chasse — et qui, plus que d'autres, devrait être indulgent aux opinions successives qu'il a si incomparablement pratiquées, attire l'attention du baron de Lascours sur le sous-préfet de Civray, devenu suspect à Fouché lui-même (1) :

POLICE ADMINISTRATIVE   *Paris, le 22 août 1815.*
    NORD
      n° 34.575

Monsieur le Préfet, on assure que le sieur Pressac

____

(1) Archives de la Vienne, M. 4.

deplanche, sous-préfet de Civray, n'est point partisan du gouvernement des Bourbons.

On l'accuse de protéger les factieux et de les exciter contre les royalistes. Le maire de Civray est désigné comme partageant les mêmes opinions.

Je vous invite à vérifier ces inculpations et à me faire connaître le résultat de vos recherches.

Agréez

Le Ministre de la Police générale,
Le duc d'Otrante.

M. le Préfet de la Vienne (seul).

De Lascours se sent acculé; il hésite encore à prononcer la révocation au moment du passage à Poitiers du duc d'Angoulême.

Son Altesse royale, comme à son voyage de l'année passée, a été avertie par les royalistes les plus éprouvés et les plus marquants, du discrédit dans lequel le sous-préfet est tenu par eux. Instruit par l'expérience, le prince n'est plus le même qu'en 1814 et la duchesse d'Angoulême, si connue pour sa résolution, l'accompagne ; il se montrera, cette fois, autoritaire, inflexible.

« Lorsque, nous apprend le baron de Lascours (1), S. A. R. est arrivée, ses premières paroles me prouvèrent qu'il était prévenu, car après m'avoir reproché de ne pas avoir usé du pouvoir que me donnait la lettre de S. E. le Ministre de l'intérieur de destituer les fonctionnaires publics qui le méritaient, S. A. R. *m'ordonna de destituer de suite* MM. les sous-préfets de Poitiers et de Civray et les conseillers de préfecture Bourgeois et Boncenne. En annonçant ma soumission à exécuter cet ordre, je crus devoir faire connaître à S. A. R. les raisons qui m'avaient engagé à mettre de la lenteur dans ma conduite. »

Ces raisons, le préfet les expose également dans sa lettre au ministre... il voulait examiner lui-même les

(1) Archives de la Vienne, M. 4.

dénonciations de tout genre « dont il avait été assailli », ne pas céder aux suggestions des violents et désorganiser sans y être contraint l'administration à pareil moment, et il ne constatait que trop « la tendance funeste à s'affranchir de toutes les règles » qu'il rencontrait autour de lui.

« Cette conduite, je le sais, ajoutait-il, n'a pas plu aux exagérés, et j'ai lieu de croire que j'ai été dénoncé à Mgr le duc d'Angoulême comme ne mettant pas assez de fermeté dans ma conduite. Tandis que je pense que Votre Excellence trouvera qu'il y en avait une véritable à agir comme je le faisais... |d'un autre côté je savais que l'esprit public de l'arrondissement de Civray n'était pas bon et je cherchais à en connaître la cause et je commençais à penser que le sous-préfet de cet arrondissement pourrait bien avoir des torts, mais je cherchais une certitude dégagée de tous les accessoires des passions. »

— En quittant Poitiers, le duc veut tenir du préfet l'assurance que la révocation est prononcée. Ce dernier lui apprend que Des Planches est suspendu et que M. Guimard, avocat, « sage, franc, prononcé, mais modéré », vient d'être désigné par lui pour le remplacer.

Quelques jours plus tard, le 10 août, le maire Brothier, voulant éviter d'être frappé à son tour, donnait sa démission, pour raison d'âge et de santé, que le préfet « s'empressait d'accepter ».

« Je n'en aurai pas moins d'attachement pour le gouvernement et de zèle pour la chose publique », déclara-t-il en prenant congé, sous-entendant, dans cette formule enveloppée et courtoise, ses sentiments véritables qu'il n'exprimait pas.

Voilà donc, avec le maire de Civray, le sous-préfet Pressac des Planches rendu aux loisirs de la vie privée, à sa gestion agricole, à ses consultations d'avocat. Connaissant admirablement l'esprit et les mœurs de son petit pays, il sera pour son successeur un voisin et un antagoniste redoutable.

Il restera en fait le sous-préfet et on continuera — pendant dix ans encore — à appeler sa maison de famille la sous-préfecture. Guimard est un fonctionnaire fantôme ; le successeur véritable du premier sous-préfet de Civray est autre. Il s'appelle Armand Jahan ; il est originaire de Richelieu, est marié, père de deux enfants, et jouit de 3.0o0 livres de revenus patrimoniaux. Après avoir fait son droit à Poitiers, il est parti pour Coblentz, est devenu garde du corps du comte d'Artois, puis a été secrétaire particulier du landgrave de Hesse ; il est chevalier de Saint-Louis. La similitude de sa carrière et de celle de J.-B. Salliard, comme lui licencié ès lois, émigré comme lui et attaché comme lui à la cour de Hesse, donne à penser que celui qui fut la cause la plus certaine de la retraite de Des Planches ne resta pas étranger à la nomination de son successeur.

Royaliste ardent, sa fermeté n'exclut ni la prudence ni l'habileté : n'a-t-il pas naguère étudié la diplomatie à la légation de Sardaigne?

Pendant son séjour de moins d'une année parmi nous, il donnera l'impression d'une personnalité distinguée, aux convictions profondes, au sens politique avisé.

Dès qu'il eut eu le temps d'étudier son milieu et d'en déterminer les inspirations, il découvrit bien vite la dualité d'influence que créait, dans son arrondissement, la présence de Pressac des Planches, « l'ancien sous-préfet qui, renfermé dans une prudence parfaitement combinée, est encore pour beaucoup de personnes le centre des déférences et des hommages » (1).

« On voit toujours l'homme, observe-t-il, qui pendant quinze ans dicta, comme sous-préfet et comme avocat, des lois et des décisions dans l'arrondissement pour savoir ce que l'on doit et ce que l'on ne doit pas, et il se repose mollement dans cette espèce d'influence qui le dédommage de la gloire passée. . . . . . Cet homme-là ne

(1) Archives de la Vienne, M. 4. *Lettre de Jahan*, du 20 novembre 1815.

se compromettra jamais, mais il ne doit plus avoir d'influence. Déjà, par le changement des maires (ses créatures), on lui en a ôté beaucoup. Cela ne suffit pas; il faut surtout que la brigade de gendarmerie soit changée en entier ; il faut que son frère (prêtre), le procureur du Roi, cesse d'occuper une place pour laquelle. . . par son état il n'est nullement fait; il faut, de plus, que ce même procureur du roi, homme fin, subtil, soit surveillé et dépaysé peut-être, car il n'est pas bon. »

Jahan (1), pour les exécutions dont il parle, recommande la prudence : la fermeté n'exclut pas la mesure.

« Je sens, déclare-t-il, qu'il ne faut rien heurter; je ramènerai, sauf quelques incorrigibles, tous mes administrés au bien par une pente insensible; j'éviterai seulement, vis-à-vis d'eux, ce qui pourrait avoir l'air de trop de contrainte; ma conquête sera beaucoup plus sûre en leur laissant croire qu'ils arrivent d'eux-mêmes au point vers lequel je les dirige.

« Exiger avec empire autour de moi ne serait pas un moyen d'obtenir. Les habitants de cette sous-préfecture sont pour la plupart fiers et indépendants : je les observe, je les vois venir, ils finiront par aimer sincèrement le Roi, mais ils perdraient à leurs yeux tout le mérite de leur conduite s'ils avaient l'air de céder à la force. Il faut que leur détermination soit ou ait l'air d'être volontaire, et en attendant je répons déjà sous les rapports de l'ordre et de la tranquillité publique d'obtenir d'eux tout ce que je voudrai. »

Le portrait que Jahan nous a laissé de Civray, aux premières heures de 1815, est incontestablement très observé et certainement ressemblant en ce qui concerne la physionomie morale des habitants.

Le voici (2) : « L'arrondissement de Civray a aimé la Révolution : la cause de ce sentiment se trouve surtout

---

(1) **Archives de la Vienne**, M. 4. *Lettre de Jahan,* du 30 octobre 1815.
(2) Ibid., *ibid.,* du 11 janvier 1816.

dans la grande quantité de biens nationaux vendus et divisés à l'infini dans cette partie du département.

« La crainte de perdre ces biens fit regarder avec inquiétude, en 1814, le retour des Bourbons. De là l'espèce d'intérêt avec lequel on a vu, en 1815, celui de l'usurpateur. Aujourd'hui qu'on a calmé toutes les alarmes à cet égard, la confiance dans le gouvernement renaît d'une manière sensible : on avait commencé par craindre le roi, on sent le besoin de l'aimer ; on finira par l'adorer.

« Les habitants de cet arrondissement, notamment ceux de Civray, ont une physionomie morale toute particulière, qui demande à être observée, et qui, après un examen un peu réfléchi, offre toutes les apparences du bien.

« Ils sont naturellement froids, peu communicatifs, mais toujours obéissants, mais point enthousiastes et ne voulant s'attacher que par sentiment et par conviction... ils ne s'immoleraient peut-être pas encore pour la cause des Bourbons, mais ils ne feront rien pour lui nuire. »

Les maires sont changés. Salliard est nommé à Saint-Gaudent ; mais peu de temps après il donne sa démission, « pour pouvoir conserver son commandement de la garde royale ».

Bientôt le zèle de ce royaliste si ardent est dépassé ; on veut l'obliger à se priver des services de certains gardes royaux suspects de modérantisme. Il les défend avec sa loyauté et son énergie coutumières, se refusant, de concert avec Jahan, à les sacrifier (1).

---

(1) Archives de la Vienne, M. 4.

« Je crois avoir quelque droit à juger l'arrondissement de Civray, mais si l'on veut un autre témoignage, certes celui de M. Salliard ne sera pas suspect : c'est un des braves de l'armée de Condé, c'est un franc et loyal ami du Roi ; qu'on le consulte sur la dislocation demandée. » (Lettre de Jahan.)

« M. le chevalier Salliard vient de me communiquer une lettre de M. le maréchal de camp, inspecteur de la garde nationale, par laquelle il le charge de réduire à 50 hommes la compagnie de l'arrondissement de Civray et de prononcer l'élimination des autres.

« Sans oser faire, Monsieur le Comte, aucune observation sur l'extrême

Par contre, le sous-préfet poursuit devant les tribunaux, pour cris séditieux, des individus de Saint-Pierre-d'Excideuil et de Saint-Macoux ; des mesures de police analogues interviennent d'ailleurs dans tout le département.

Toutes précautions sont prises pour assurer le maintien de l'ordre public ; les braconniers sont désarmés ; plaisante et singulière ironie, le garde champêtre de Civray lui-même se voit privé de cet autre glaive de la loi.

Cette mesure ridicule et vexatoire vaut au préfet de la Vienne quelques épigrammes en latin, décochées sous forme de conseil, par un de ses plus modestes subalternes, Albert, le secrétaire de la sous-préfecture.

Ce brave homme, qui n'a pas sans doute grand'chose à redouter, occupe parfois effectivement en l'absence

---

sévérité de cette mesure qui va porter le déshonneur et le désespoir dans bien des familles, je puis vous dire que j'en suis profondément affecté.

« M. Salliard part demain pour Poitiers ; il y va pour avoir l'honneur de vous voir, ainsi que M. l'Inspecteur, et je ne crois pas qu'il se sente jamais le courage d'exécuter la pénible mission dont il se trouve chargé. » (Lettre de Jahan, du 30 avril 1816.)

Sur le rôle de la garde (circulaire du 15 mars 1816) : « Veiller autour de la personne de nos Princes chéris quand ils favoriseront ce département de leur présence et vous réunir de suite à la voix de notre premier Administrateur si la tranquillité du département pouvait être menacée, telles sont vos attributions exclusives. »

« L'uniforme est bleu liseré de rouge ; habit boutonné droit sans revers avec neuf boutons blancs bombés, un peu plus court que l'habit d'infanterie, un peu plus long que l'habit veste de chasseur, pantalon bleu, large à pied sur la botte, avec bande rouge sur la couture, schabraque bleue avec bande rouge d'un pouce et demi ; fleurs de lis en drap blanc, découpées aux coins, sabre de cavalerie avec poignée jaune ou blanche, ceinturon noir. »

Il y avait une compagnie par arrondissement. La compagnie de Civray était commandée par J.-B. Salliard, chevalier de Saint-Louis. L'arrondissement de Montmorillon en avait deux, De Lassat Claude-Gilbert, chevalier de Saint-Louis, maréchal des logis des gardes du corps à Luchapt, commandait l'une avec de La Lande Pierre-Jean-Auguste, chevalier de Saint-Louis, comme lieutenant ; l'autre était commandée par Laurent de Labesge Marie-Joseph, chevalier de Saint-Louis, à Sillard, chef d'escadron, avec comme lieutenant d'Hauboutet Victor-Jérôme, chef d'escadron à Jouhé.

Archives de la Vienne, R. 4. 14. 16.

de son chef et parent, les fonctions de sous-préfet. Il en profitera, avec les formes classiques qui feront accepter ses audaces, pour dire au comte du Hamel toute sa pensée et il écrit : *Animi non sunt visitandi, odia sunt restringinda, favore ampliandi optimo regum amici sunt permulti conciliandi.*

La retraite de Des Planches modifia-t-elle l'esprit public ?

Ce ne sont pas les adresses du régent et des professeurs du collège à S. M. le Roi, où sont racontées tout au long les violences dont leur établissement et leurs personnes furent l'objet, pendant trois nuits, au retour de l'Empereur, qui seraient suffisantes pour nous permettre de le penser.

Jahan venait d'être appelé à d'autres destinées. De Gabriac, qui le remplaçait et qui devait avoir lui-même cinq autres successeurs avant 1830, va nous faire connaître à son tour son opinion sur ses administrés. On ne pourra pas l'accuser de subir les suggestions de Salliard, dont il est l'adversaire déclaré.

« Je n'ai pas trouvé, écrit-il, les habitants de Civray aussi farouches que la renommée me les avait annoncés (1). » On devine que sa pensée se confond avec celle du comte du Hamel, qui dit de son côté :

« L'esprit de cet arrondissement (l'arrondissement de Civray) est sans ressort et essentiellement ami du repos. On s'est étrangement trompé en le supposant très ennemi des Bourbons. On se tromperait plus dangereusement encore en pensant qu'on peut compter activement sur lui pour soutenir cette cause sacrée ; il suivra toujours passivement la voix de l'autorité qui le guidera, mais changera de bannière avec ses chefs. »

Nous retrouverons encore, pour une des dernières fois, le nom de Pressac, à l'occasion d'une réunion extraordinaire de la loge *la Parfaite Harmonie* de Poitiers, à

____

(1) Archives de la Vienne, M. 4. *Lettre de Gabriac*, 1ᵉʳ août 1816.

laquelle il appartenait avec ses deux anciens préfets de Lapparent et Mallarmé, Boncenne, Pontois, Leydet, le général Chemineau, Béra, et exactement cent autres personnalités de la ville (1) et du département.

.   .   .   .

Pressac des Planches avait donc exercé les fonctions de sous-préfet de Civray pendant 14 années. En cette qualité, « il avait servi trois régimes et cinq gouvernements ». Une résidence aussi longue au milieu de pareilles vicissitudes nous semble d'autant plus exceptionnelle que les sous-préfets de Civray ne font d'habitude que passer.

Jahan de Belleville administre pendant une année notre arrondissement ; de Gabriac un an encore ; Duplessis, 18 mois ; Chéron, quelques semaines ; seul Jouilleton, qui devait édifier l'hôtel de la sous-préfecture, reste sept ans à Civray. D'Arguzon reprend la tradition des sous-préfets nomades que continue Barrère, le dernier représentant de la Restauration. Tenet réside quatre ans parmi nous, de 1826 à 1830, et est éconduit plutôt vivement par ses administrés à la chute de Charles X (2).

(1) Archives de la Vienne, Série F., L. 1.

« Liste des maçons invités à se réunir pour célébrer une fête extraordinaire arrêtée par la loge de la parfaite harmonie établie à l'orient de Poitiers et fixée au dimanche 24ᵉ jour du 1ᵉʳ mois de l'année 5819. »

(2)	SOUS-PRÉFETS DE CIVRAY, DE 1800 A 1830		
NOMS	OCCUPATION	DURÉE	DESTINATION
Pressac-Desplanches	An. VIII-fin août 1815	14 ans 1/2	Révoqué
Jahan............	Fin août 1815-juin 1816	10 mois	Verdun
Gabriac (de)...	Juin 1816-avril 1817	10 mois	Jonzac
Duplessis (Le Breton)	Avril 1817-nov. 1818	18 mois	Démission
Chéron	Nov. 1818-février 1819	3 mois	
Jouliéton	Février 1819-déc. 1820	5 ans 11 mois	Boussac
Barrère (de)..... ..	Janvier 1826-mai 1826	5 mois	
Tenet..	Mai 1826-août 1830	3 ans 6 mois	

Jahan de Bellerive Armand, né à Richelieu le 25 mars 1769, marié, 2 enfants, 3.000 francs de revenus personnels. Avait fait son droit à Poitiers en 1791, avait été à Coblentz et garde du corps du Comte d'Artois.

Si nous avions le loisir de reprendre la liste de nos sous-intendants où nous l'avons laissée tout à l'heure, nous constaterions qu'en cinquante ans, de 1815 à 1865, vingt d'entre eux ont tour à tour défilé sur ce théâtre modeste aux acteurs changeants.

C'est Olivier Serph, Ducos, Cambon, Rouil, Hulin, Multedo, Gassot de Sussy, sous la monarchie de Juillet ; Guerguigne, Faure, Albert sous la République de 48 ; de Thezillat, Grésy, de Saint-Exupéry, Clogenson, Malpet, représentent le second Empire ; Cottineau, Champoiseau, Dussolier, de Bernède et Terwagne, la République de Thiers et de Mac-Mahon.

Mais nous ne pouvons guère — sans sortir des limites de notre sujet — esquisser, ici, même à grands traits, une monographie, des administrateurs de cet arrondissement.

Notons toutefois que la tradition mise en honneur avec le premier sous-préfet de Civray de fonctionnaires choisis par le gouvernement au sein même de la cité fut exceptionnellement reprise avec Olivier Serph, ami personnel et politique de la famille Pressac (1).

Campagnes de 1792 et celle de Quiberon 1795, attaché en 1796 à la légation de Sardaigne. Secrétaire particulier du Landgrave de Hesse. Revenu en France en 1800. Chevalier de Saint-Louis.

De Gabriac Joseph, né à Sainte-Croix, arrondissement de Florac (Lozère). Domicile politique à Nîmes. Célibataire, 5.000 francs de revenus.

Duplessis (Le Breton) Charles-Hector-Victor, ancien sous-préfet de Lannion. Né à Neuvy-le-Roi (Indre-et-Loire), le 21 décembre 1762. Revenus, 6.000 livres. Ex-Colonel d'infanterie, marié, 2 enfants. Chevalier de Saint-Louis.

Chéron (Henri-François), né le 17 juin 1796 à Pontoise, 12.000 livres de rentes.

Jouilleton Joseph, médecin, né dans l'arrondissement d'Aubusson, 3.000 livres de rentes. Administrateur du district d'Aubusson. Conseiller de préfecture de la Creuse. Marié, 2 enfants. Ecrivain d'histoire de la Marche.

D'Arguzon ne fait que passer et démissionne.

De Barrère, secrétaire général de la Préfecture de la Haute-Loire.

Tenet Guillaume-Pascal, maire de Grandignan (Gironde).

(1) *Lettre d'Adolphe Chauveau, avocat à la Cour de Cassation, à Doré Pressac,* 2 décembre 1827. « Ce cher Olivier que j'estime et que je vénère au-dessus de toute expression. »

Lettre d'Olivier Serph à Adolphe Chauveau, 6 juin 1833. « J'ai appris avec

Les habitants de Civray qui, pendant si longtemps, avaient conservé leur premier administrateur, se demandaient, surpris et un peu humiliés, les causes de l'instabilité des autres. Aucun n'arrivait à se fixer.

Le temps que met un doigt rose à soulever la mousseline d'un rideau et les voilà partis.

Cependant la société de la ville leur était prévenante, la vie hospitalière et facile, les breuils giboyeux, la rivière poissonneuse.

Mais voilà : s'il y avait des sous-préfets à Civray, il n'y avait pas de sous-préfecture. Desplanches, lui, habitait sa maison de la rue Bourbon et n'était séparé de ses bureaux, installés alors dans l'ancien couvent des Bénédictines, près la caserne de la gendarmerie, que par quelques centaines de mètres.

Mais depuis, et jusqu'en juillet 1824, nos malheureux sous-préfets n'avaient ni feu ni lieu et devaient gîter souvent au hasard dans les auberges de la ville.

Jouilleton a pris soin de nous l'apprendre : en cinq ans, il changea trois fois de logement, malgré les 600 francs de loyer qu'il payait entièrement de ses deniers.

Il fallait construire une sous-préfecture, c'était le plus sûr moyen de s'attacher les sous-préfets. L'idée s'imposait : on y vint lentement, mais on y vint quand même.

Jouilleton, en quête d'un immeuble digne de l'affectation à laquelle on le destinait, jeta son dévolu sur la belle et spacieuse maison de M. de Brette, receveur des domaines, qui se trouvait séparée par la seule rue Royale des bureaux de la sous-préfecture (1).

Ce projet, défendu par les uns, discuté par les autres, fut, en définitive, abandonné, et c'est sur le terrain même des Bénédictines, à proximité immédiate desdits bureaux, contigus eux-mêmes au collège qui venait d'être construit deux années plus tôt, que s'éleva le nouvel édifice.

peine la mort de l'Excellent M. Doré, je l'aimais beaucoup à cause de lui et à cause de l'affection qu'il vous portait. » (Papiers Chauveau.)

(1) Archives de la Vienne, série N., propriété actuelle de Mme de Saignes.

A la fin de 1824, le sous-préfet s'y installe et pourtant les travaux ne sont pas encore achevés.

On prévoit un devis total de 46 à 48.000 francs, bien que la ville ait concédé gracieusement le terrain à l'administration.

Et déjà l'hôte de céans apprécie l'aménagement de son installation nouvelle. « Ce bâtiment, écrit-il, lorsqu'il sera achevé, sera assez joli. Il ouvre sur la rue Bourbon ; il sera composé de 4 pièces au rez-de-chaussée, de 5 chambres à coucher au premier et de 4 pièces régnant dans l'attique pouvant servir de logement aux domestiques. Il a deux petites cours, une écurie pouvant contenir deux chevaux, un porche servant de remise et un jardin à faire d'une grandeur moyenne. »

Les Civraisiens s'étaient trompés .. ils avaient eu beau se mettre en frais, remplir de verdure et de fleurs le jardin des Bénédictines, y planter à profusion acacias et tilleuls qui, eux, ont continué à étendre leurs ombrages parfumés du côté de la prison ou de la vieille maison Louis XIII... les bicornes laurés et les culottes à bandes d'argent ne feront que passer.

On dirait que les sous-préfets ne les aiment pas.

A y regarder de plus près, la cause de cette désaffection n'est pas celle qu'ils pensent.

Poste d'attente, relai, point d'appui, Civray devait rester, jusqu'à ce que les sous-préfectures aillent rejoindre les vieilles lunes — ce dont on les a d'ailleurs menacées bien souvent — un lieu de passage pour de jeunes fonctionnaires chamarrés, venus de minuscules cités de la Savoie et des Pyrénées, et s'orientant vers de plus confortables destinées.

ÉPILOGUE

LA VIEILLESSE ET LA MORT

CHAPITRE Ier

Norbert paralysé. — Les difficultés avec l'autorité ecclésiastique. — Ses maximes. — Son épitaphe. — Son testament. — Sa mort. — Des Planches survit. — Les dernières
années. — Sa mort. — Le cimetière de Civray. — Son
éloge. — Sa succession. — Ses descendants.

Les destinées des trois frères devaient sombrer à la fois.

Des Planches perdit sa sous-préfecture, Doré son siège de procureur, et Norbert sa cure, officiellement du moins.

Le 8 août 1812, le curé de Saint-Gaudent, déjà perclus de goutte, était frappé d'hémiplégie du côté gauche (1).

Le malade n'avait confiance que dans ses médications ; mais lavements et vésicatoires n'apportèrent pas la guérison espérée, non plus que le chariot sur lequel il se faisait rouler et qui devait, par ses cahots, aider « à l'expectoration de sa faible poitrine ».

Les mois, les années, passaient. Norbert restait impotent. Il ne pouvait même plus dire sa messe qu'assis dans un fauteuil.

(1) *Remèdes du Curé de Saint-Gaudent.*

Malgré les objurgations de ses supérieurs, il se refusait à résigner ses fonctions. Son obstination naturelle s'était accrue avec la sénilité, et l'amour de l'argent, auquel il n'avait jamais été insensible, tenait plus que jamais de place dans son esprit.

Il faut reconnaître, d'ailleurs, que notre curé n'était pas riche.

Son traitement, joint aux revenus de la borderie du presbytère et à ceux bien maigres de son patrimoine, suffisait, bien juste, à la conduite de sa maison.

L'autorité ecclésiastique en vint à exiger qu'il cessât ses fonctions curiales « sous peine d'être rayé du tableau des desservants, et de ne plus en toucher les revenus ». Sommations auxquelles notre vieil entêté, « malgré l'affaiblissement de ses facultés physiques et morales », comme disait l'Evêché, se refusait à obéir (1).

Les vicaires capitulaires, MM. de Moussac, Soyer, de Beauregard, qui administraient le diocèse pendant l'interminable veuvage de l'Église de Poitiers — de 1808 à 1819 — se décidèrent à interdire le curé « en raison de l'indécence avec laquelle ses infirmités le mettaient dans le cas de paraître à l'autel » (2).

Ce dernier paraît d'ailleurs n'avoir pas autrement tenu compte des sanctions prises contre lui.

En raison de son âge et de ses infirmités, les administrateurs du diocèse ne se montrèrent pas rigoureux et continuèrent à faire figurer le nom du vieux prêtre sur le tableau des desservants, bien qu'il ne fût pas, prenaient-ils soin d'observer, « de ces ecclésiastiques qui doivent inspirer le plus d'intérêt ».

Par contre, ils refusèrent de l'admettre au bénéfice de la pension qu'il réclamait sans se lasser.

Vainement il avait sollicité cette faveur de son ordi-

---

(1) Archives de la Vienne. *Lettre de l'abbé Soyer, vicaire général,* 27 mai 1816.

(2) Ibid., *Lettre de l'abbé de Moussac, vicaire général,* du 27 août 1816.

naire ; vainement il en avait appelé au pouvoir civil, comme en 1807, adressant requêtes sur requêtes au préfet, qui se terminaient toutes par le rappel de son loyalisme et des services rendus. « Depuis 37 ans, je n'ai jamais quitté mes paroissiens. Excepté que en 1793, je fus mis en Détention. Et je manquez y perdre la vie. »

Doléances inutiles, les capitulaires restaient sourds et se contentaient de répondre au comte du Hamel que le crédit de 90.000 francs, qui avait été mis à la disposition des diocèses de France par M. le Grand Aumônier, n'était pas assez important pour donner satisfaction à tous les prêtres âgés et infirmes qui en réclamaient le bénéfice.

Ils ajoutaient qu'ils avaient « des candidats plus intéressants » que Norbert. « Pourquoi ne retrocédait-il pas, d'ailleurs, à la commune », sa maison, s'il voulait s'assurer d'autres ressources ?

La pension ne venait toujours pas... C'est alors que le curé, une dernière fois, reprit sa plume, celle avec laquelle il avait écrit naguère à de Lessart, à Grégoire, à Bigot de Préameneu, à combien d'hommes politiques et de savants de son temps, pour adresser à Lainé cette lettre qui résume et rappelle toute l'affaire (1) :

> « Norbert Pressac, curé de Saint-Gaudent
> près Civray département de la Vienne,
> desservant la succursale de Lizant près Civray
> de la Vienne.
> à
> Monseigneur le ministre de l'intérieur,
> En son hôtel, à paris.

« Monseigneur le Ministre,

« Je suis paralytique et infirme, je suis frère aîné de trois frères et de trois sœurs, je suis oncle d'un grand nombre de neveux.

(1) Archives de la Vienne. *Lettre du 16 août 1816.*

« Dans ce mois d'aoust 1816 : je présentez une pétition à notre préfet du département de la Vienne, à poitiers, je Luy demanday une pension ecclésiastique, ce préfet très honnêtement m'a répondu qu'il a remis ma pétition à messieurs les vicaires généraux de Poitiers, aujourd'hui j'ai l'honneur de demander votre protection, je suis un vieux curé de ce département de la Vienne, j'ay rendu de grands services à ma parroisse, dont je n'ay pas abandonné l'autel. Excepté en 1793, ou je fus Mis en détention, Et je Manquez y perdre la vie.

« Je suis avec le plus grand respect
Votre très humble et très obéissant serviteur

Norbert Pressac
Curé de Saint-Gaudent
Civray département de la Vienne. »

C'est le crépuscule. Le curé de Saint-Gaudent achève de vivre. Nous l'apercevons dans une attitude qui nous rappelle le portrait du patriarche d'Ermenonville — son inspirateur et son évangéliste — vieilli, affaissé entre sa servante et son chat. Dans ce vieux presbytère qui porte sur les portes des chambres et les poutres du grenier les maximes (1) que le curé-philosophe a gravées de la pointe de son couteau. La mort va venir. Elle va fermer les livres encore ouverts à portée de sa main : *le Contrat Social* et *le Vicaire Savoyard*, *le Caléchisme du diocèse* et le *Dictionnaire d'Agriculture* de Rozier.

Il ne déambule plus sur son chariot sans ressort dans les chemins plantés de buis de Cornac ou de Lizant. Déjà il a choisi l'emplacement de sa sépulture et rédigé son épitaphe, illisible aujourd'hui, mais qu'on pouvait reconstituer encore, il y a moins de dix ans (2) :

---

(1) En voici une au hasard qu'on y lit encore : « Icy mes désirs sont dictés par la raison en cette cour et en ce jardin. »
(2) *Les Amis du pays civraisien*, bulletin n° 2, séance du 22 septembre 1910.

Tombe du Curé de Saint-Gaudent.
Attendre sans crainte le malheur de la mort
C'est mon plus doux et meilleur sort.
Icy. je vois ma tombe sans peur
Et j'attends la mort sans frayeur.
Lecteur, je prie Dieu pour toy.
Ainsi prie donc Dieu pour moy.

Norbert Pressac, curé,
depuis le 1er 1780.

Le 15 septembre, la cloche de Saint-Gaudent sonne plus longuement que de coutume. Le curé Norbert vient de mourir et le maire Poupart enregistre presque aussi-tôt le décès que vient certifier le sacristain et un autre habitant du bourg.

« Aujourd'hui le 15 septembre mil huit cent vingt deux par devant nous maire et officier public de l'Etat-civil de la commune de Saint-Gaudent canton de Civray, département de la Vienne, sont comparus Louis Bobe, sacristain âgé de cinquante six ans et Jacque Montagne, cultivateur âgé de soixante-quatre ans, voisains du décédé Les quels nous ont déclaré que le 15 du présent=mois à une heure après midy que le sieur Louis-François-Domi-que-Norbert Pressac, curé de Lizant et de Saint-Gaudant est décédé en sa maison au Bourc du dit Saint-Gau-dent... »

Il a pris ses dispositions testamentaires en faveur d'une famille qui toujours lui avait été très attachée.

Voici, au surplus, le document dans son texte.

« Je soussigné Louis-François-Dominique Pressac, demeurant à ma cure de Saint Gaudant Je donne Et je Lègue par mon présent Testament olographe à Norbert Trillaud Et à sa femme née Marie Rogeon, sa femme La pleine propriété de tous mes Meubles Et tous Effets Mobi-liers de cette nature Le tout sans exception ni réserve qui se trouveront m'appartenir à mon décès Et a ma Mort Et c'est aussy ma volonté Dernière que j'ay écrit de ma main toutte Entière le Deux octobre mil huit cent dix sept.

« Fait à Saint-Gaudant le Deux octobre mil huit cent dix sept.

(Signé) : Norbert PRESSAC, curé de Saint-Gaudant
Enregistré à Civray, le 19 9bre 1821, fo 88,
Ro, Ce 9, reçu 5 fr. 5o (Signé) BRETTE. »

Le prêtre n'apparaît pas, dans ce temps où les codicilles traduisaient encore en formules pieuses la foi des mourants (1).

Des onze enfants de M. de la Chagnaye, il ne reste plus que deux fils, Jean-Jacques Louis (Des Planches) et Théodore (Doré) et trois filles, Suzanne (Suzet), Sophie, Monique (Mme Bourcy).

Ils tomberont, chacun à leur tour, parfois bien près les uns des autres, sur la route du temps, et leur génération toutefois ne s'éteindra qu'en 1853, à la mort de Sophie.

A part Mme Bourcy, qui résidait à Melle, la famille vivait en commun dans la vieille demeure de la rue Bourbon — la sous-préfecture, comme on continuait à l'appeler. — Il paraît bien pourtant que Suzet ait habité une autre maison, qui lui appartenait, rue du Temple ou plus exactement rue Patta.

Des Planches partageait l'existence de ses trois sœurs

---

(1) A rapprocher le testament du curé Norbert, de celui d'une homonyme, sans doute une parente, que le hasard de nos recherches a fait tomber sous notre main.

En 1744, une habitante de la ville et chatellenie d'Availles, au ressort de la sénéchaussée de la Basse-Marche, *Marie Pressat*, prenait ses dispositions dernières, « après avoir recommandé... son âme à Dieu le père, fils et Saint-Esprit, à la Sainte Vierge Marie et à tous les saints et saintes du Paradis, qu'elle supplie afin que son âme séparée de son corps ils veuillent bien la recevoir dans le saint Paradis au rang des bienheureux ». Elle léguait à la paroisse sa terre dite *Le Bouquereau* en raison de sa sépulture dans l'église. Elle demandait en outre des services de septaine, quatorzaine, et de bout de l'an. En présence du notaire Dardillac, et de Pierre Vallée, maître perruquier, et de Jacques Moreau Sergier, ses témoins.

et de son frère Doré — *Doret* comme on prononçait alors, à la charentaise, en insistant sur la dernière lettre, orthographiquement superflue, du nom, alors que par une bizarrerie singulière ou masculinisait Suzette en *Suzé*.

Son fils Théodore-Patrice avait été nommé juge à Niort (1) où, nous l'avons dit, il avait épousé sa cousine Alexandrine Le Blois.

En l'absence de l'aîné, il retrouvait avec Francillet, un cadet un peu disgrâcié, il est vrai, mais aussi sa chère Adélaïde — Mme Dousset qui lui avait donné six petits enfants à gâter, trois garçons, trois filles, dont l'aînée était déjà réputée pour sa beauté (2).

En 1827, Mme Dousset mourut : elle n'avait que 48 ans.

Le coup fut rude pour Des Planches ; on le vit chanceler. Il se produisit, chez ce vieillard, « un changement total du caractère, de l'humeur et des manières de faire », qui attristait et inquiétait à la fois son entourage.

Un événement vint justifier bien vite ses pressentiments.

Le jour des Cendres, Doré (3) trouva étendu sur le parquet de sa chambre son frère « froid comme de la glace ».

Il était alors 9 heures du matin, et on reconnut que la congestion qui l'avait frappé remontait au commencement de la nuit.

Des Planches cependant n'était pas mort; on lui prodigua sans plus attendre les médicaments d'usage, les mêmes sans doute, qu'avait réclamé l'état identique du

(1) 28 juillet 1819, nommé juge à Niort.

(2) « Cette foire (la mi-carême) n'a pas été sans quelque plaisir pour moi. Il m'a été permis de contempler à loisir la figure fraîche et rosée de Mlle Doucet. Il me semble qu'elle est encore embellie depuis que je ne l'avais vue placée au spectacle; la figure ne jurait pas du tout ; au risque de déplaire à mes concitoyennes, j'ajouterai qu'elle était même la plus jolie. (*Lettre de l'étudiant Decemme à Justin Laubier de Grandfief, 17 mars 1825.* Papiers du Roc.

(3) Papiers de Mazières. *Lettre de Doré, du 6 mai 1828, à M. Adolphe Chauveau.*

curé de Saint-Gaudent ; peu à peu il revint à la vie.

L'avertissement était solennel et c'était à l'anniversaire où l'Eglise rappelle aux hommes qu'ils retourneront en poussière que le spectre de la mort se dressait, pour la première fois, peut-être devant lui.

Observons que Théodore, au lieu du quantième du mois, date du jour des Cendres l'accident survenu à son frère. Se souvient-il donc encore de sa jeunesse lévitique, de la religion qu'il a délaissée, ou bien est-ce seulement la force de la tradition qui le pousse à écrire comme on parle autour de lui !

La guérison du malade, après plusieurs semaines de soins, — on le veilla quinze nuits durant — est en assez bonne voie pour que Patrice, accouru au chevet de son père, puisse rejoindre son poste à Niort.

Des Planches, s'il reste encore à la maison, a néanmoins repris la plupart de ses habitudes ; il fume sa pipe et « prend son caffé ».

Un an plus tard, presque jour pour jour, une seconde attaque le terrassait ; Patrice, cette fois, n'arrivait pas à temps. Francillet et Doré signent la déclaration d'état civil dont voici la teneur :

« L'an mil huit cent vingt neuf, le treize avril, cinq heures du soir, par devant nous maire officier public d'état civil de la commune de Civray, département de la Vienne, sont comparus M. Théodore Pressac, propriétaire, âgé de soixante... ans, et Louis-François Pressac, sans profession, âgé de quarante-sept ans, et le second fils aîné du défunt ; les quels nous ont déclaré que M. Jean-Jacques-Louis Pressac-Desplanches, jurisconsulte, membre de la Légion d'honneur et sous-préfet de cet arrondissement, âgé de soixante-quinze ans, natif de cette ville et y demeurant, veuf de dame Jeanne Drouhault, est décédé à midi et demi en sa maison sise en cette ville rue Bourbon.

« PRESSAC Théodore, BROTHIER, François PRESSAC. »

Cet homme, qui depuis un demi-siècle avait tenu tant de place dans la région, venait de disparaître.

Mais si sa carrière était achevée, sa mémoire devait lui survivre.

Près de cent années après sa mort, nous avons retrouvé le souvenir de « Monsieur des Planches » qui subsiste encore dans quelques rares familles de la campagne civraisienne, sans que nul sache, avec quelque précision, quel rôle il a joué et quels liens l'unissaient au curé de Saint-Gaudent, dont le nom reste plus et mieux connu (1).

Une tombe rappelle, dans le cimetière de la ville, la mémoire du député sous-préfet.

C'est une dalle érigée surmontée d'une croix, dépourvue de toute architecture et dont l'épitaphe est d'une sobriété qui contraste avec le style pompeux de l'époque.

Fut-elle dictée par Des Planches lui-même? On pourrait le croire ; nul doute que si ses enfants et ses sœurs en avaient inspiré le texte, ils ne l'eussent accompagnée des formules coutumières de regrets pieux.

ICI REPOSE LE CORPS DE M. JEAN

JACQUES-LOUIS PRESSAC

DESPLANCHES

CHEVALIER DE L'ORDRE ROYAL DE

LA LÉGION D'HONNEUR

ANCIEN DÉPUTÉ ET SOUS-PRÉFET

DE L'ARRONDISSEMENT DE CIVRAY

DÉCÉDÉ LE 13 AVRIL 1829

A L'AGE DE 75 ANS

A une date indéterminée, mais vraisemblablement peu éloignée de sa mort, un manuscrit signé d'Urgeange (2), et portant en marge cette mention : « Notice vue par le

______

(1) M. Brunet, propriétaire aux Hommes-Guillaumes, commune de Saint-Saviol, aujourd'hui âgé de 75 ans, a entendu les siens parler souvent de M. des Planches, et des pétitions qu'on avait fait circuler au moment de l'incarcération des deux frères

(2) Papiers de Mazlères.

rédacteur en chef de la *Revue* : Pascallet », nous donne sur Jean-Jacques-Louis Pressac Des Planches l'opinion de ses contemporains, au milieu d'éloges quelconques qui tendraient à prouver que l'auteur de l'article a peu connu son modèle. Il le classe dans un milieu, qui, certes, était le sien, mais où il ne se serait pas situé lui-même. « Il naquit, écrit-il, d'une famille noble et ancienne et reçut une éducation et une instruction dignes du rang qu'elle occupait dans la société. »

Après ce coup d'œil rapide sur les origines, l'écrivain recherche les causes qui avaient porté Des Planches à adhérer au mouvement de la Révolution.

Et là il semble bien que sa psychologie ne soit pas en défaut.

L'état d'esprit de Pressac était celui de tant d'autres hommes de sa génération ! S'il n'a pas découvert tous les mobiles qui l'avaient amené à rompre avec les traditions, il signale « les vexations des différentes administrations, les dilapidations du gouvernement, le pillage des intendants, le despotisme des cours souveraines et l'empire fanatique des prêtres. »

Avocat, il lui reconnaît « le caractère le plus pur », « une science profonde » et « des talents oratoires ».

Magistrat, « un esprit de justice et d'impartialité et du zèle pour la prompte expédition des affaires » (1).

Législateur, il vante « sa fermeté, son indépendance, son amour du bien public ». Agriculteur, il nous le montre introduisant des méthodes nouvelles.

Appelé à l'administration de son arrondissement par un gouvernement « désireux d'associer à ses vues et à ses travaux tous ceux qui pendant nos longs orages étaient restés fidèles à la cause de la justice et de la morale », le sous-préfet de Civray fait « les plus nobles efforts pour guérir les plaies que la guerre civile y avait

---

(1) Cette appréciation est opposée à celle que nous avons recueillie sur lui et consignée précédemment.

faites », en même temps qu'il favorise l'agriculture et s'occupe d'améliorer les voies de communication.

Tant de mérites lui avaient acquis « des titres à la reconnaissance de ses concitoyens qui éprouvèrent la plus pénible surprise lorsqu'à la seconde Restauration un gouvernement inintelligent lui enleva des fonctions qu'il remplissait avec une si grande distinction ».

CHAPITRE II

LE DERNIER DES TROIS FRÈRES. — SA CORRESPONDANCE AVEC SES NEVEUX. — SA VIGNE DE PUITS-CARRÉ — LA MORT DE DORÉ. — ÉLOGES ET ORAISONS FUNÈBRES. — ÉPITAPHE DIFFICILE. — SA SUCCESSION. — DIFFICULTÉS ENTRE SES HÉRITIERS. — LA MORT DE SUZANNE — LE TOUR DE SOPHIE.

Avec beaucoup d'obligeance et d'empressement, le tonton Doré sert de mandataire à ses neveux dans l'administration de leurs biens ou la vente des lots qui leur sont échus à la mort de Mme Dousset (1).

Mais ses relations avec les siens, tout particulièrement avec M. Bourcy (le fils de sa sœur Monique) et M. Chauveau, ses futurs héritiers, ne se bornent pas à ce rôle d'intermédiaire officieux et obligeant.

Dans la liasse de lettres que nous avons sous les yeux, on trouverait mille détails intéressants pour le milieu et l'époque (2).

On nous y parle de l'état et du prix des récoltes, du

(1) a) Adelphine (épouse de M. Lemaître, Directeur des Contributions indirectes) avait hérité de la propriété de la Maisonneuve;

b) Ernest (officier de marine, marié à Mlle Charlot) de la maison de Civray, de la terre de Saint-Gaudent et de la borderie de la Chize;

c) Céline (épouse de M. Thiaudière, médecin à Gençay) de l'Emarière ;

d) Elphège (employé des droits réunis) de la Gilberterie ;

e) Gustave (percepteur), du moulin de Rochemeaux ;

f) Adèle (épouse de M. Prieur Chauveau-Lafuie, avocat à la Cour de cassation) de la Remigère, des prés de l'Erable et de la Font-Giraud.

(2) Papiers de famille que nous devons à l'obligeance de M. le conseiller Georges Chauveau.

procès de M. Dousset, des frasques de Francillet. Nous
apprenons que l'épidémie de choléra (nous sommes en
1832) fait des victimes à Civray ; que Moreau, le notaire,
vient d'en être atteint, mais que grâce aux lavements et
aux sangsues, il est hors de danger. Il meurt beaucoup
de monde dans la ville et l'état de M. de Labraudière
ne laisse plus d'espoir.

Le bon oncle nous donne aussi, à d'autres époques,
des nouvelles de Des Planches et de plusieurs membres
de la famille, y compris la vieille et fidèle Gonde. « Elle
voudrait nous quitter, écrit Doré, mais je l'Engage à
Rester et L'Exhorte à la patience. »

Chemin faisant, l'ancien procureur décoche à certains
des siens des épigrammes acérées comme l'écriture
dont il couvre ses longues lettres. X... va bientôt être en
famille pour la troisième fois et c'est en latin que Doré
apporte à Chauveau l'écho d'une rumeur qui circule et
qui traduit l'aveu d'une paternité résignée : *hos non feci
sed tuli nomen.*

Ce ne sont pas seulement des nouvelles du pays et des
souhaits affectueux que l'oncle adresse aux siens ; il
leur fait, en même temps, parvenir des produits savou-
reux du pays, ce dont il est remercié comme il mérite
de l'être. « Vous songez donc toujours à nous, mon bon
oncle ; soyez persuadé qu'Adèle et moi, nous avons été
bien sensibles à votre agréable souvenir, écrit Adolphe
Chauveau. Hier nous avons reçu la boîte précieuse; tout
était dans le meilleur état. Les châteignes étaient parfaitement sèches grâces au foin, le céléri-rave se mangera
demain avec le canard et j'ai savouré aujourd'hui la
Becace.

« Nous avons mangé des châteignes hier et aujourd'hui,
elles sont délicieuses, en les mangeant, au coin de notre
feu, après dîner, nous nous rappelons *cette année de miel,*
pendant laquelle vous et moi nous terminions nos repas
par de si agréables conversations en vidant des assiettes
de marrons.

« Pourquoi le destin jaloux de mon repos m'a-t-il chassé comme un nuage léger, loin du pays où il m'eut été si doux de finir ma carrière : *sic facta voluere !* »

Entre l'oncle et le neveu il existe d'autres affinités que celles du sang ; ils appartiennent, l'un et l'autre, aux mêmes traditions politiques. L'avocat à la Cour de cassation et l'ancien magistrat de l'an VIII sont des adversaires prudents encore que passionnés de la monarchie carliste et c'est du même enthousiasme qu'ils salueront, bientôt, l'avènement de Louis-Philippe.

« Les journaux, écrit Chauveau à Doré, au moment des ordonnances de 1827, vous tiennent bien au courant de tout ce qui s'est passé à Paris ; il serait inutile de vous raconter les faits en détail, mais ce qu'ils n'ont pas voulu dire, c'est que les canons étaient Braqués sur la place du Châtelet et la porte Saint-Denys, au palais royal, sur le carrousel la mêche allumée... la stupeur a régné dans paris et il s'élève de toutes parts un cri d'indignation contre le ministère et l'infâme politique. M. Seguier notre premier président montre dans cette affaire un très beau caractère. Je n'ai pas voulu signer la consultation sur la censure déposée à notre Chambre, Parceque je trouve cette orientation ridicule. L'avocat ne doit pas prévoir et Blamer d'avance ce que fera le pouvoir, il Doit donner son avis après l'événement et surtout quand il est consulté, sans cela il ressemble beaucoup au Charlatan. »

Loin de toutes ces agitations, s'écoulait la vieillesse de Théodore, entre la maison de la rue Bourbon (1), qu'il louait à prix d'argent à son neveu Ernest Dousset, et sa

____

(1) La maison des Pressac, la sous-préfecture devait être vendue peu après la mort de l'oncle Doré. « Théodore Pressac juge au Tribunal civil de Niort demeurant en la ditte ville rue Trianon vend à M. Joseph-Michel-Justin Laubier de Grandfief propriétaire et avocat, demeurant à Civray, rue du Commerce une maison située Grand'Rue avec ses appartenances et dépendances. Pour 17.000 francs ; entrée en jouissance fixée au 29 septembre 1836.

L'objet ci-dessus n'appartient pas à M. Théodore Pressac vendeur mais à M. Ernest Dousset, son neveu mineur, pour lequel il se porte fort. »

vigne du Puits-Carré qu'il avait fait planter « de treilles de bordeaux, de poiriers et de cerisiers ».

L'administration de sa propriété de Jesson, ses relations d'amitié et de famille, prenaient, avec ses livres, le reste de son temps.

La vieillesse de Doré fut-elle sereine comme un beau soir d'automne ?

Sa conscience s'était-elle complètement, entièrement libérée du passé ?

Son existence, dégagée de préjugés aussi bien que de remords, fut-elle seulement remplie de mérites et de vertus ?

Il ne nous appartient pas de nous poser cette question ni de résoudre ce problème.

Théodore Pressac aimait sa famille, voilà qui est certain, et il en était aimé.

Par un testament de 1812, cependant, il avait légué sa fortune à une certaine demoiselle Joubert, qui dans ses dernières dispositions ne reçoit plus qu'un legs de peu d'importance.

Qu'était cette étrangère ? Quelle part eut-elle dans ses affections et dans sa vie ?

Théodore Pressac avait 74 ans, quand le dimanche matin 2 juin 1833, après six jours de maladie, la mort vint le chercher à son tour (1).

Une lettre d'Elphège Dousset nous apprend l'événement et aussitôt s'élève, dans toute la famille, un concert de regrets.

____

(1) L'an 1833, le 6 juin, sur les onze heures du matin, par devant nous Alexandre-Eugène Brothier, maire, officier public de l'Etat-Civil de la commune de Civray, département de la Vienne, sont comparus Pierre Brothier, ancien maire de cette ville, âgé de 73 ans et Louis-Philippe Bailly, propriétaire, âgé de 45 ans, tous les deux domiciliés en cette ville, les quels nous ont déclaré que M. Théodore Pressac, ancien magistrat et ancien député, natif de cette commune, y demeurant, fils de M. François Pressac de la Chagnée, président des Traites, et de feue dame Barbier, est décédé ce jour, à neuf heures du matin, en la maison qu'il occupait en cette dite ville, rue Bourbon.

« Que j'ai perdu un bon frère, nous déclare Sophie, d'autant plus sans doute attachée à Doré, depuis plusieurs années, que ses relations avec Des Planches avaient cessé d'être affectueuses. »

Les neveux qui sont en même temps les héritiers : MM. Chauveau, avocat à la Cour de cassation, et Bourcy, Président du tribunal de Civray, ne sont pas les seuls à vanter les qualités du défunt. « Arrivé hier soir, ici, écrit Olivier Serph, l'ancien sous-préfet, j'ai appris la mort de l'excellent M. Doré que j'affectionnais si vivement. » Le représentant Félix Faulcon adresse à Mlle Pressac de la Chaignaie des condoléances de la sincérité desquelles il est difficile de douter. « J'avais appris avec peine, mande-t-il. ma chère Sophie, le vol qui vous avait été fait et à l'instant même j'apprends, par vous, avec une véritable douleur, la mort de ce pauvre Doré que j'affectionnais si vivement. Il fut de mes parents civraisiens, le premier auquel dès mon jeune âge, je formai à Cornac quelque liaison que j'ai toujours conservées et à qui je ne cessais jamais d'attacher du prix. »

Les regrets prennent parfois une forme assez inattendue, où se cache, sans doute, quelque persiflage à l'endroit des héritiers.

« Dimanche, écrit X... à son cousin Chauveau, nous boirons avec grand plaisir au repos éternel de l'âme de celui qui sut si bien apprécier nos deux amis et qui leur en a laissé une preuve si touchante ; nous comptons pour cela sur la divine bouteille de Lunel. »

Une bouteille de Lunel pour le repos d'une âme, de l'âme d'un prêtre ! Il y a des sujets où la plaisanterie offense. Il fallait être en 1833 pour parler de la sorte !

Voici le texte même du testament :

« Je soussigné par mon présent testament, pour cause de mort, donne et lègue à Madame Monique Pressac ma sœur, veuve Bourci, demeurant à Melle, la moitié de ma succession tant immobiliaire que mobiliaire et effets mobiliers pour en jouir en pleine et entière propriété après mon décès ; et en cas de prédécès de la dite dame Bourcy, je veux que ses enfants Pierre, Lubin, Monique et Zoé Bourcy, profitent de tout l'effet de mon présent testament, je donne également à Madame Adelle Dousset, épouse de Monsieur Adolphe Chauveau, avocat demeurant à Paris, l'autre moitié de tous mes biens immeubles, meubles et effets mobiliers pour en jouir en pleine et entière propriété après ma mort, dans le cas aussi de prédécès de la ditte dame Dousset épouse Chauveau, je veux que ses enfants Paul, Jules, Marie Chauveau profitent de tout l'effet de mon présent testament. Seront tenus mes dits donataires de mes dettes, s'il y en a et donner annuellement, pendant sa vie seulement, à Marguerite Joubert, la somme de cinquante francs ; chacun au total cent francs. Telle est ma dernière volonté qui je l'espère sera exécutée.

« Fait écrit, datté et signé par moi à Civray, le dix-neuf novembre mil huit cent trente deux. Pressac Théodore. »

Gonde... la pauvre Gonde est oubliée. Sophie, en écrivant à sa sœur Adèle, en exprime dans une lettre dont les sentiments valent mieux que la syntaxe, sa surprise et ses regrets.

— Les registres paroissiaux de Civray ne contiennent aucune trace de la disparition de Théodore. Nous l'avons dit.

Si les héritiers ne nous ont pas fait connaître les embarras que leur causa la fin de l'oncle Doré, au regard de la discipline catholique, ils ne nous ont pas caché, par contre, la peine qu'ils avaient eue à rédiger son épitaphe.

« Adèle et moi, écrit Adolphe Chauveau, nous désirons qu'une portion de terrain soit achetée dans le cimetière et qu'on place une pierre sur la tombe de mon bon

---

(1) Mgr de Quelen refusa la sépulture chrétienne à Grégoire.

Cette dernière mesure fut sans doute générale pour les prêtres non réhabilités.

oncle Doré, ces vacances Bourcy et moi, nous nous entendrons pour l'inscription.

« J'ai beaucoup réfléchi, écrit le même à l'avoué Malapert, à l'inscription à placer sur la tombe de mon bon oncle, elle m'a embarassé sous quelques rapports et voici ce que j'ai trouvé de plus convenable : « Ci git : Théodore Pressac, né le   et décédé le.   .   . député à la Chambre de 1815, ancien procureur impérial de Civray. Législateur consciencieux et magistrat intègre ses héritiers lui ont élevé cette tombe de leur amitié et de leur reconnaissance ». « Faites mieux Bourcy et vous, et je ratifie d'avance tout ce que vous ferez. » On fit, en effet, mieux et plus court et la pierre surmontée d'une croix, identique à celle du sous-préfet porte cette laconique mention sans plus : Théodore Pressac des Planches (1).

La succession de l'oncle Doré fût la cause de deux procès. L'un que la demoiselle Joubert intenta, forte de son testament de 1812, à MM. Chauveau et Bourcy, l'autre qui mit aux prises ces derniers au sujet d'une somme de cinq mille francs donnée par contrat de mariage à M. Bourcy, et dont M. Chauveau voulait faire rappel dans la succession. Président de tribunal et avocat à la Cour de cassation ne purent se mettre d'accord sur cette question qui, à tout autre moins qualifié, eut sans doute paru simple à trancher. Mais toujours la discussion resta courtoise et presque amicale entre eux, tant ces hommes éminents par les qualités de l'esprit l'étaient aussi par les sentiments et l'éducation ! « Mon cher Bourcy, écrivait Chauveau, je gémis de la faillibilité humaine dont notre différent offre l'exemple le plus frappant, à Melle vous avez mille fois raison, à poitiers tout le monde vous donne tort. M. Bujaud soutient que mes conseils et moi nous avons perdu de vue les principes les plus élémen-

---

(1) C'est pour la première fois que le nom de son frère est donné à Doré, et cependant c'est bien sa tombe, à moins que nous n'admettions que ce soit celle de Patrice qui mourut à Niort, de nombreuses années plus tard.

taires, M. Boncenne soutient ici que votre sistème n'a même pas l'apparence de la raison . . . . j'espère que l'année prochaine notre procès sera jugé en l'instance et en appel. vous allez le mener rondement, et nous pourrons chasser ensemble sans parler chicane. Mes respects à Mme Bourcy et mille amitiés de la part d'Adèle tout à vous. »

Le procès ne se fit pas ; les parties s'en tinrent à l'arbitrage de MM. Guillemot, professeur à la faculté de droit, et Guerry-Champneuf, qui donnèrent au président Bourcy gain de cause.

— Sept années après la mort de Doré, la tante Suzet disparaissait à son tour, mais combien sa mort est différente de celle de ses frères?

« Mon cher Adolphe,

« Je viens vous apprendre, écrit M. Bourcy, une nouvelle qui vous fera de la peine, ainsi qu'à Adèle et à vos enfants. Notre tante si bonne, si vertueuse, vient de terminer sa carrière à sa 83e année.

« La veille de cet événement, elle chanta et se prépara à faire ses dévotions, se confessa et quelques heures après, elle perdit connaissance et s'éteignit après quelques heures d'agonie. »

Suzanne laissait une fortune estimée 8.000 francs.

Et voici que va disparaître avec Mme Bourcy, décédée en 1842, toute la lignée des onze enfants de M. de la Chagnaie et de Suzanne Barbier. Je me trompe : Sophie vit encore ; elle vivra même longtemps encore et mourra, à Civray, le 14 avril 1853, à 11 heures du matin, âgée de 88 ans 7 mois et 29 jours.

CHAPITRE III

. . . .

Comment vivaient des filles de famille, dénuées de fortune, au commencement du siècle passé? Nous avons quelque peine à nous représenter même, dans une toute petite ville, deux vieilles personnes vivant ensemble — nous savons, de Faulcon, que Suzet vint demeurer avec Sophie à la mort de Doré — avec moins de mille livres de revenus à elles deux.

Pour résoudre ce point d'histoire économique et ménagère, il faudrait ne point oublier la simplicité des mœurs d'alors en même temps que la valeur de l'argent.

Un livre de dépenses journalières du début du XIXᵉ siècle nous est tombé entre les mains qui nous a permis de nous rendre compte du prix des denrées, à Civray, au début du XIXᵉ siècle (1).

En 1806, les œufs valaient 7 sols en avril, 6 sols en 1814 ; le beurre ne dépassait guère 15 sols ; un poulet se payait 10 sols ; pour 1 livre on s'offrait une oie ; le bœuf, dans les bons morceaux, se maintenait à 6 et 8 sols, le veau à 8 et 10 ; à 30 sols, les bouchers de la ville vous vendaient un bon gigot de 4 livres.

Les gages d'une servante (ceux de Gonde étaient-ils aussi élevés ?) variaient de 30 à 50 livres par an, non compris quelques menus avantages, tels qu'une paire de sabots et un mouchoir de tête.

(1) Journal de Jean-Baptiste de Belcastel, commencé le 16 juillet 1802, depuis son départ de Schweidnitz, en Silésie.

Est-ce que 1.000 francs de ces temps n'en valaient pas 8 des nôtres, même en réduisant la majoration tout à fait exceptionnelle des moments que nous traversons?

D'après un daguerréotype (1) qui nous est resté de la tante Sophie, nous pouvons, par la mise de la bonne vieille demoiselle de la Chagnaie, alors âgée de 85 ans, entrevoir la simplicité d'une femme de qualité née trente ans avant la Révolution et morte au milieu du siècle dernier.

On dirait une de ces bonnes vieilles de la campagne que nous avons connues nous-mêmes, qui n'auraient pas souffert qu'on les appelât Madame et auxquelles on donnait, par respect, le nom de *maîtresse*.

Un bonnet serre-tête en lingerie, de forme haute et évasée, avec deux brides courtes retombant flottantes sur le cou, encadrent une physionomie longue, aux traits masculins et volontaires, qu'éclairent deux petits yeux et qu'accompagne une grande bouche dont le pli des lèvres semble indiquer les ravages.

Mlle de la Chagnaie est assise ; on ne voit guère de son costume que le grand châle à ramages de couleur claire, aux franges tirées de l'étoffe et l'amorce d'un tablier de soie de même style. De ses mains larges et osseuses elle tient une tabatière.....

.   .   .   .

Aux dernières lignes de cette étude, nous serions tenté, si la formule n'était vraiment trop banale, de parler de l'intérêt que nous avons eu à l'écrire et d'espérer que d'autres en trouveront peut-être à la lire.

Rencontrer, j'allais presque dire découvrir, dans le même coin de pays, dans la même famille, trois petits personnages à ce point représentatifs des idées et des entraînements d'une époque troublée, passionnante,

(1) Nous devons ce daguerréotype du 14 juillet 1850, dont la photographie fut faite par M. Chenagon, de Melle, en juillet 1870, à l'extrême obligeance de Mme Dubrac, petite-fille de Monique Pressac.

diverse entre toutes... pouvoir les situer dans leur cadre, à la lumière de documents de première valeur, empruntés à des liasses d'archives publiques dont les brides n'avaient jamais été déliées, à des papiers de famille mis, sans réserve, à votre discrétion... quelle exceptionnelle fortune pour celui qui cherche à faire revivre l'histoire locale, à l'animer, à lui rendre sa couleur !

Cette fortune fut la nôtre, et notre pièce aurait dû se jouer toute seule. Nous n'avions qu'à laisser parler nos acteurs, les trois frères : le député, sous-préfet, le curé précurseur, le prêtre intrus devenu procureur, pour être certain de piquer la curiosité de tout Poitevin attentif à ce qui lui rappelle son histoire et son passé. Notre seul mérite aurait dû être de sauver nos personnages de l'oubli où ils allaient disparaître pour toujours.

Mais pour cette tâche de metteur en scène, il fallait posséder une technique qui faisait ici particulièrement besoin.

Comment dans cette action sans trame, sans affabulation, faire passer à tour de rôle nos acteurs sur la scène, assez mêlés pour qu'on ne les isole pas, assez distincts pour qu'on ne les puisse confondre ?

Comment aussi — et c'était l'autre danger — étayer notre sujet de citations et de références nombreuses et, ici, indispensables sans rendre compactes les trois cents pages de son texte et soutenir l'intérêt de lecture, sans faire la moindre part à l'imagination et à la fantaisie ?

Telles quelles, et malgré les écueils que nous ne nous flattons pas d'avoir évités, nous livrons ces pages à nos concitoyens.

A cette monographie de famille, limitée à une seule génération, des conclusions sembleraient hors de propos. En dégager des leçons de philosophie sociale, ne serait-ce pas ici — tout en apportant un jugement personnel qu'on pourrait estimer sans valeur ou sans impartialité, en tout cas superflu — priver ceux qui nous liront de la satisfaction de conclure eux-mêmes ?

Le lecteur veut qu'on l'intéresse ; il accepte qu'à l'occasion on l'instruise ; il lui déplaît, à moins de titres qui nous manquent totalement, qu'on l'enseigne.

Libre à lui de remonter aux causes des événements qu'il verra se dérouler et de chercher à ces pages les conclusions que nous n'avons pas voulu leur donner.

Libre à lui de philosopher sur la part d'hérédité qu'il retrouvera dans nos Pressac ; de voir dans ces administrateurs et ces magistrats les héritiers des Traites foraines, et chez ces prêtres les continuateurs des grands-oncles curés ou bénéficiaires ; de reconnaître dans le tempérament des fils le legs des ancêtres.

Libre à lui aussi de se demander si dans ces âmes où se rencontraient, comme dans toute âme humaine, deux courants, celui de l'atavisme et celui du milieu, ce dernier, « le sens de la Révolution », comme on disait alors, n'avait pas complètement débordé l'autre. Il pourra, s'il le veut, rapprocher le livre de raison de M. de la Chagnaie et le testament d'Availles de la vie et de la fin des trois frères et se demander, aussi — en constatant combien différemment meurent les frères et les sœurs — si les philosophes, plus encore que les milieux, n'ont pas transformé les âmes.

C'est là une tâche dont nous entendons lui laisser la curiosité et l'intérêt.

PIÈCES JUSTIFICATIVES

Maison de Pressac

Armoiries : d'argent à un lion de sable lampassé armé de gueules, 8 losanges en pal, 4 à droite, 4 à gauche.

I. — Guillaume-Loup DE PRESSAC, épouse vers 1030 Bénédicte Gallin, d'où son fils :

II. — Loup-Guillaume-Astanove-Bernard DE PRESSAC, dit *Contrario*, épouse en 1050 Stéphanie de Briquemont, d'où son fils :

III. — Odhom DE PRESSAC épouse Géralde de Montgaillard d'où son fils :

IV. — Gaubert-Odhom DE PRESSAC épouse Honorée de la Tour, d'où son fils :

V. — Raymond-Arnaud DE PRESSAC épouse Harpadelhase d'Argombot, d'où son fils :

VI. — Vital DE PREISSAC épouse en 1298 Angleze d'Arros, d'où son fils :

VII. — Vital DE PREISSAC DE MONTGAILLARD épouse Longue de Pressac, d'où son fils :

VIII. — Emeric-Aymard DE PRESSAC épouse en 1ʳᵉˢ noces Jeanne de Cramaud ; en 2ᵉˢ noces Hunode de Pouy, d'où son fils :

IX. — Aymard, seigneur DE PRESSAC, seigneur des Egaulx, épouse en 1373 Charlotte de la Tour-Landry, d'où son fils :

X. — Aymard DE PRESSAC, seigneur de la Chèze et des Egaulx, épouse en 1390 Jeanne de Roques de Peuquigny, d'où son fils :

XI. — Guyot DE PRESSAC, seigneur du lieu et de la Chèze, épouse en 1439 Marie Jourdain de Tiffon, d'où son fils :

XII. — Aymard DE PRESSAC, seigneur de Pressac et de la Chèze, baron des Egaulx, épouse en 1460 Marguerite de Breuil, d'où son fils :

XIII. — Guyot DE PRESSAC, escuyer, seigneur de la Chèze, des Egaux, etc., épouse Ysabeau de Polignac, d'où son fils :

XIV. — Odet DE PRESSAC, escuyer, seigneur de la Chèze, des Egaux, etc., épouse :

1° Françoise d'Aygrepeau ;

2° Anne de Montoirac, d'où son fils :

XV. — Jacques DE PRESSAC, escuyer, seigneur de la Chèze et des Egaux, épouse en 1520 Marguerite de Gaing, d'où son fils :

XVI. — Michel DE PRESSAC, escuyer, seigneur de la Chèze et des Egaux, épouse en 1561 Isabeau de Guyton, d'où son fils :

XVII. — Gédéon DE PRESSAC, escuyer, seigneur de Pressac, de la Chèze, de Lisle-en-Périgord, de Romanet en Provence, épouse le 7 septembre 1591 Gabrielle de Lioncelle, d'où son fils :

XVIII. — Daniel DE PRESSAC, chevalier, seigneur de Chenard et d'Aubeterre, épouse en 1res noces Marie de Puyrigaud ; en 2es noces Esther d'Espaignes, d'où son fils :

XIX. — André DE PRESSAC de Lioncel, escuyer, seigneur de Lioncel, des Egaux, de Lisle, demeurant aux Egaut, paroisse d'Emparé, près Villefagnan, épouse le 26 septembre 1658 Léonard Martin de la Feuilletrie, d'où son fils :

XX. — Jean-Jacob DE PRESSAC, écuyer, seigneur de Lioncel des Egaux, etc., épouse en 1702 Marie-

Catherine Posson (habitait sa maison noble des Egaux), paroisse d'Empuré, d'où son fils :

XXI. — Joseph-Jacques ou Jacob DE PRESSAC, chevalier, comte de Pressac, baron des Egaux, etc., épouse le 3 mars 1763 Angélique-Joseph d'Ath, d'où son fils :

XXII. — Alexis-Joseph DE PRESSAC de Lioncel, comte de Pressac, adopté par son cousin François-Hector, marquis de Lisle, épouse le 2 février 1790 Marie-Gabrielle-Clémentine de Mallevault et en 2es noces : Marthe Marteau, d'où son fils :

XXIII. — Pierre-Marie-Jules-Edouard, comte DE PRESSAC de Lioncel, épouse le 25 juin 1855 Marie Cruzel.

XXIV. — Gabriel, comte DE PRESSAC de Lioncel, épouse en 1res noces : Jehanne Parcint ; 2es noces : Jehanne Goudenove,

Rameau Civraisien des Pressac de Lisle

André (XIXe degré de la précédente généalogie) eut comme enfant, avec Jean-Jacob sus-mentionné, Madeleine, mariée à Jean Chein de Bérain ; Marc-Alphège, marié à N. Filleau du Chesne, veuve de Touzalin-Lussabeau, et Charles-André, qui suit, tous fixés dans le pays de Civray et apparentés à la famille des trois frères Pressac. Voici la généalogie de ce rameau :

1° Charles-André de Pressac de Lisle épouse le 12 janvier 1699 Marie du Noyer, d'où son fils :

2° Jean de Pressac, seigneur de Lisle, habitant la paroisse de Genouillé, épouse Marie Barbier, fille d'Aimé Barbier et de Marie Dupont, d'où ses fils :

1° Gabriel-Charles de Pressac, curé de la Forêt-de-Tessé, possessionné à Saint-Pierre-d'Excideuil ;

2° Marie-Jeanne de Pressac, qui épouse le 21 septembre 1738 Simon de Vasselot, puis en 2⁰ˢ noces Pierre Boisseau de la Borderie, d'où Catherine-Agnès de Vasselot, épouse de De Regnaud, fils de N. de Regnaud et de Catherine de Pindray.

Généalogie de la famille Pressac (de Civray)

I. — **André Pressac**, sʳ de Ressat, avocat au Parlement, marié en 1690 à Françoise Cartier. Mort le 23 janvier 1729, à Savigné, âgé de 73 ans, d'où : 1° FRANÇOIS, qui suit ; 2° Madeleine, morte le 12 février 1708 à Savigné ; 3° Jeanne, mariée le 11 août 1716 à Jean Boiceau, âgé de 17 ans, fils de messire Pierre Boiceau, écuyer, seigneur de la Borderie, et de Suzanne de Goret, de la paroisse de Benet, qui ont comme fils Jean-Pierre Boiceau, écuyer, seigneur de la Borderie et de la Frenicardière, marié à Marguerite Ferré de Péroux.

II. — **François Pressac**, écuyer, sʳ de la Forgerie, conseiller du roi, président aux traites foraines de Civray, assesseur de la maréchaussée générale du Poitou. Né en 1694 ; marié à : 1° Suzanne-Françoise-Albert de Combourg, le 3 décembre 1722, à Savigné ; 2° Jeanne-Françoise-Albert de Bellevue, le 5 février 1731. Mort le 11 janvier 1743.

François Pressac avait eu de son premier mariage :

1° LOUIS-FRANÇOIS, qui suit : 2° Jean-Marie, sʳ de la Guillonière ; 3° Jean-François, sʳ de la Broue, marié à Marie Chaboisseau, d'où Marie-Véronique, mariée à Hastron ; 4° Jean-Alexis, sʳ de la Motte, né le 23 octobre 1728. Marié à Anne Nebout, directeur de la poste aux lettres de Civray. Ce dernier eut comme enfants : Anne-Julie, mariée à Le Blois, accusateur public ; Antoine-Alexis, marié à Rosalie Deschamps ; Louise-Clotilde, dite *Chère Ame*. (Les descendants d'Anne-Julie se sont alliés aux de Neuilly, Lecreps, Durant de la Pâtelière, de Rivière, de Bourdeil, de Serre, de la Rochefoucauld. Antoine-Alexis eut 7 filles ; une seule, Rosalie, fit souche de son mariage avec M. de Tourgon-Montbars, officier de cavalerie, dont la fille Noémie a épousé N. Juzaud.)

— François Pressac avait eu de son second mariage : Jean-Clément ; André-Augustin, colon à Saint-Domingue ; Jacques épouse N. Baudin dont : Jeanne-Marie, mariée en 1ʳᵉˢ noces à Lomdé, « ex-prêtre », mariée en 2ᵉˢ noces à N. Leclerc ; François, célibataire ;

Claude-Augustin; Jeanne; Joseph-Bonaventure, colon à Saint-Domingue; César, mort en naissant.

III. — **Louis-François Pressac**, s^r de la Chagnaye, conseiller du roi, président aux traites de Civray et de Ruffec, né le 23 avril 1724, épouse le 16 février 1746 Suzanne Barbier. Mort le 20 mai 1782.

D'où naissent :

1° JEAN-JACQUES-LOUIS qui suit ;

2° Jean-François, né le 14 septembre 1746, mort sans postérité ;

3° Marie-Modeste, née le 24 juillet 1748, morte sans postérité ;

4° Suzanne-Louise-Claire, née le 16 février 1750, morte sans postérité ;

5° Louis-François-Dominique-Norbert Pressac de la Chagnaye, curé de Saint-Gaudent, né le 6 juin 1751, mort le 15 septembre 1822, à Saint-Gaudent ;

6° Julie-Suzanne, baptisée le 3 novembre 1757, morte avril 1840, épouse N. Pautrot, de Romagne ;

7° Théodore-Jacques Pressac, dit Doré, ecclésiastique, avocat, procureur, représentant aux Cent Jours, sans postérité; né à Civray le 4 janvier 1759, mort à Civray le 2 juin 1833 ;

8° Jeanne-Monique, née le 18 septembre 1760, mariée à Mandé Bourcy, morte en 1842, d'où : Pierre, Monique, Lubin et Zoé, mariée à N. Delord, qui eurent comme enfants : Isaure, épouse Ferdinand Dubrac, d'où : 1° Albans et 2° Elodie ;

9° Jeanne-Sophie, née le 11 septembre 1764, morte le 14 avril 1853, célibataire ;

10° Louise-Rose, née le 10 septembre 1766, morte en bas âge ;

11° François-Fabien, né le 20 janvier 1771, mort le 5 octobre 1778.

IV. — **Jean-Jacques-Louis Pressac des Planches**, avocat au Parlement, député à l'Assemblée législative, sous-préfet de Civray, né le 8 octobre 1753, épouse le 15 juillet 1778 Jeanne Drouhault, mort à Civray le 13 avril 1829, d'où :

1° THÉODORE-PATRICE qui suit ;

2° Suzanne-Adélaïde, mariée à Jean-François Dousset, receveur des Finances, morte le 17 octobre 1729. (Laisse comme enfants : Louise-Adèle épouse Prieur-Chauveau, jurisconsulte, d'où Georges Chauveau, conseiller à la cour de Bordeaux, marié à N. Daviaud, qui eurent comme enfants : Paul, Jules, Marie, Blanche.)

Adolphe-Gaston Dousset, percepteur, mort sans postérité; Suzanne-Oléa Dousset épouse Lemaitre, sans postérité; Alphège Dousset, célibataire; Céline Dousset épouse Thiaudière, médecin, dont la Thiaudière, mariée à N. Favre, dont la fille épouse Amédée Trouillard.

Ernest Dousset, officier d'artillerie, épouse Isabelle Charlot, d'où

Charles-Léonce Dousset, marié à Jeanne Martin, d'où Isabelle et Guy, et Louise Dousset, mariée à N. Harpedanne de Belleville, dont Robert, Yvonne, Jacques, Modeste, Judith épouse Largeau, médecin, Lucette épouse Rouget de Tournay, d'où Léopold ;

3° Jean-François, né le 7 mars 1781, mort le 8 octobre 1782 ;

4° Louis-François (dit Francillet), né le 16 août 1783, marié à Hélène Imbert, d'où Louise et Marie, décédées célibataires.

V. — **Théodore-Patrice Pressac**, juge à Niort, né le 23 septembre 1785, à Civray, marié le 7 octobre 1813 à Alexandrine Le Blois, sa cousine, veuve d'Antoine Macepi, officier de cavalerie, mort le 18 février 1856, à Niort, d'où Joséphine, mariée à Etienne-Henri Giraud, qui eurent comme enfant Charles Giraud, premier président à la cour d'Aix, marié à N. Herbaud, d'où André et X. épouse Caillemer ; Alexandrine épouse Bourcy, d'où Joseph ; Gabriel épouse N. Lansier, d'où Etienne.

Notice explicative des généalogies

Un cadet de la maison de Fezensac : Guillaume-Loup — auquel sa femme Bénédict Gallin, vers l'an 1030, apporte la terre de *Préxac*, près d'Oloron, dans le Béarn — est l'auteur commun de la maison féodale dont le nom va s'orthographier suivant les temps et les contrées : *Préxac, Préchacq, Présag, Preychat, Preyssac, Preissac, Pressat*, et enfin, sous la forme la plus habituelle : *Pressac*.

Cette famille possédera plusieurs terres appelées de même, et auxquelles vraisemblablement elle aura donné son nom, la seigneurie de Pressac, près Chabanais, entre autres, et le Petit-Pressac, près Saint-Maurice de Confolens.

Les Preissac, duc d'Esclignac et de Firmagon, les Préchac de Marestaing, les Préchat de Cardeilhan, vont continuer cette illustre maison d'où se détachent successivement des branches qui nous intéressent plus particulièrement.

1. — La branche des *Pressac du Repaire* (dans le Confolentais) qui s'est étendue jusqu'à nos jours.

Les Pressac du Repaire, qui ont possédé le château de Pressac, près Chabanais, se sont détachés du tronc, dès le xi° siècle, avec Bertrand, deuxième fils de Guillaume-Loup (I° degré de la généalogie). Ils étaient encore représentés dans ce siècle.

2. — La branche dite des *Soudans de Latran* apparaît avec Arnaud-Bernard de Pressac, qualifié baron et soudan de Latran, deuxième fils de Raymond-Arnaud de Pressac de d'Harpadelhale (?) d'Argombat au xiii° siècle (V° degré de la généalogie).

3. — La branche des Pressac qui nous occupent apparaît avec les de *Pressac, seigneur de la Cheze, de Lioncel, marquis et comtes de Lisle* (en Périgord), *baron de Chenaud et des Egaux*, paroisse d'Empuré, près Villefagnan (Charente), où ils sont restés depuis le xiii° siècle jusqu'à la Révolution), de Fresnes, de Brettes et sortirent du tronc avec Aymar de Pressac, damoiseau, seigneur des *Egaux*, qui épousa au

xive siècle Charlotte de Latour-Landry. Il était fils d'Emeric-Aymard de Preissac 'et d'Hunode de Pouy (VIIIe degré de la généalogie). Cette branche est représentée par Gabriel-Martial-Octave-Marius, comte de Pressac de Lioncel.

4. — La branche des *Pressat de la Grelière* se détache avec Jacques de Pressac, fils d'Aymar de Pressac et de Marguerite de Breuil au xve siècle (XIIe degré de la généalogie). Elle est encore représentée dans le Limousin.

Un rameau des *Pressac de Lisle* se trouve au xviiie siècle à Genouillé, près Civray, venant des *Egaux*, à la suite du mariage de Jean de Pressac de Lisle avec Elisabeth Barbier, fille de Barbier de Cornac et tante (sœur de son père) de Suzanne Barbier : Mme de la Chagnaye, mère des trois frères Pressac.

Nos Pressac, j'entends les *ascendants connus des trois frères :* Pressac de Ressat, bisaïeul, Pressac de la Forgerie, aïeul, Pressac de la Chagnaye, père, n'arrivent pas, eux, en ligne directe des *Egaux :* la souche de la famille. Ils habitent la paroisse de Lessac, près de Confolens, le bourg de Sainte-Radegonde et la terre de la Forgerie. Ils ne paraissent pas vivre alors noblement et si Pressac de la Forgerie, aïeul, est qualifié d'écuyer, c'est sans doute à cause de sa qualité d'assesseur à la maréchaussée générale du Poitou.

Ces Pressac foisonnent et huit Pierre Pressac font souche du milieu du xviie au milieu du xviiie siècle dans cette paroisse, occupant toutes sortes de situations, même les plus modes-tes (1), et principalement celle de procureur fiscal à la seigneurie de Saint-Germain.

Ils s'allient pourtant aux familles anciennes du pays, aux de Laage, aux Boisseau de la Borderie, aux de Goret.

A quelle époque nos Pressac modifièrent-ils la forme de leur patronyme qui n'est jamais précédé, comme celui des

(1) Nous trouvons un « maître tuaneur » et aussi un Pressac de la Forgerie qualifié de *journalier* et *maître-chirurgien.*

Cette double qualité, si différente l'une de l'autre, pourrait nous étonner si nous ne savions que dans l'ancienne France les singularités de ce genre n'étaient fréquentes, non moins que la différence des situations sociales dans la même famille.

Dans « les Assemblées générales des habitants de Thénezay » de M. Paul Vigué, nous voyons figurer également dans la liste des syndics un certain Jean Royer, *journalier et maître-chirurgien.*

autres Pressac, de la particule, dont l'importance était d'ailleurs inexistante alors ? Nous l'ignorons.

De même nous n'avons pu arriver à découvrir le rattachement pourtant certain avec les autres Pressac.

A ceux qui seraient désireux d'élucider cette question, nous pourrions soumettre la généalogie générale des Pressac tellement étendue, avec ses lignes collatérales, que nous n'avons pas cru devoir la donner ici, parce qu'elle dépasse notre sujet et que, matériellement, elle était très difficile à présenter. Voici au surplus ce que nous pouvons dire :

L'auteur de la famille de nos trois frères André Pressac de Ressat (?) (c'est probablement « de Pressat » qu'il faut lire, avait épousé Françoise Cartier, de la paroisse de Savigné, près Civray ; il meurt dans cette même paroisse, à 73 ans, le 13 janvier 1729, disent les registres d'état civil, ce qui nous autorise à conclure qu'il était né aux alentours de 1657.

Or, cette même année, venaient au monde dans la paroisse de Lessac plusieurs enfants du nom de Pressac dont l'un paraît être André Pressac de Ressat lui-même.

Le 17 avril 1657, était baptisé François de la Forgerie, fils d'André de la Forgerie et de (nom illisible).

Le 2 septembre 1657, était baptisé André Pressac, fils de Joseph Pressac et de N. Nebout.

Le 20 septembre 1657, était baptisé André Pressac, fils de Joseph Pressac et de Jehanne Perrault ou Peyrault (1), dont un autre fils, procureur fiscal de la seigneurie de Saint-Germain, portait déjà le nom de Pressac de la Forgerie.

Les de Pressac (de Genouillé) étaient les cousins de nos Pressac, par suite du mariage de Jean de Pressac avec Elisabeth Barbier. Ajoutons qu'il avait fallu déjà pour ce mariage obtenir une dispense, les conjoints étant parents au 4° degré (1).

M. Léonce Dousset, le descendant et le généalogiste des Pressac de Civray, leur attribue, et avec lui Beauchet-Filleau

---

(1) A rapprocher de cette indication qu'un René de Pressac (branche de la Grelière) avait épousé en secondes noces Marguerite *Perrault* ou *Peyrault.*

(2) Notes de Norbert Pressac et Papiers Dousset, le mari fils de Marie Dupont et la femme petite-fille d'une autre Marie Dupont.

(Dictionnaire des Familles du Poitou), les armes suivantes :
« De gueules à la croix ancrée d'argent. » Or les armoiries des
autres Pressac sont très différentes de celles-là, et si elles se
distinguent entre elles par quelques détails, elles conservent
toutes jalousement la pièce principale, le lion, qui est Fezensac.

Les Lioncel portent « d'azur au lion d'argent accosté de
8 losanges de même (1) ».

Les La Grelière, « d'azur au lion d'argent cantonné de
4 losanges ».

Les Du Repaire, « d'argent au lion de sable compassé et armé
de gueules ».

Le blason attribué par M. Dousset à la famille Pressac de
Civray est celui des de la Faye, marié souvent avec les mêmes
familles qu'elle : les Boiceau de la Borderie, les Garnier, les
de Vasselot, les d'Orfeuille, les de Ferré.

Gabriel de la Faye épousa au milieu du xvii⁰ siècle une
fille de Marthe de Pressac, fille, elle-même, de Jean de la Chau-
mette (*Dictionnaire des Familles du Poitou*).

(1) Lors de la restauration du château de Pressac, près Chabanais, la
famille de la Bastide fit graver en évidence les armes des Pressac de
Lioncel. C'étaient celles des Pressac du Repaire qui eussent dû figurer à
cette place d'honneur.

Lettre de Des Planches aux Electeurs à la Convention

A MES CONCITOYENS

Comment ce peut-il que celui à qui vous avez donné autant de preuves d'estimes et d'attachement soit aujourd'hui calomnié d'une manière aussi étrange ? D'où peut venir ce changement d'opinion ? Il ne s'est point opéré chez moi, tel vous m'avez vu et connu, tel vous me verrez et connaîtrez toujours ; animé du même patriotisme, aussi plein d'amour pour la liberté et l'égalité, mais peut-être plus réservé ou tout au moins n'ayant pu se livrer à la fureur des moyens dont on se sert pour les établir.

J'ai désiré, depuis longtemps, vous rendre compte de ma conduite. Cet épanchement qui n'eut été que spontané est devenu aujoud'hui un besoin ; il fallait cependant attendre ce moment : plutôt l'envie m'en eut fait un crime ; il est pourtant bien vrai que toute mon ambition est de m'enfoncer et de vivre dans une heureuse obscurité.

Plein de confiance dans votre justice, et fort de la pureté de mes intentions, je vais vous retracer, avec franchise, mes principes, mes sentiments, mes opinions, jusqu'à mes erreurs.

J'ai vu et suivi, de très près sans doute, la révolution, j'étais ici, lorsqu'en 1789, le Peuple français, par une de ces explosions terribles, commença à secouer ses chaînes, j'en rapportai cet horreur pour le despotisme et cet amour ardent pour la liberté, qui loin de s'affaiblir chez moi, s'est au contraire fortifié d'avantage, et ne s'éteindra jamais de mon âme.

C'est bien par une inclination naturelle que j'ai préconisé, avec autant de chaleur, et dans toutes les occasions, le nouvel ordre de choses qui s'est établi alors.

Quant à mes opinions politiques, je pris pour base la Constitution. Mes principes à ce sujet ont été peut-être trop inflexibles, trop invariables, et c'est là sans doute tout mon crime. Lorsque appellé à la législature, et que la main posée sur le livre de la Constitution, je jurai de la défendre jusqu'à la mort, je promis solennellement de ne rien proposer ni consentir qui put y porter atteinte, je mis la fidélité à ce serment au rang de mes plus sacrés devoirs, et c'est selon toute l'apparence, cet engagement que j'ai voulu remplir trop sévèrement. qui m'a rendu coupable envers quelques personnes.

Lorsque je suis arrivé à Paris, étranger aux affaires et surtout aux intrigues, voulant fortement remplir ma mission, craignant de devenir le jouet des passions des autres, je cherchai à m'éloigner de toute espèce de partis. Je conviendrai cependant avoir été aux jacobins et aux feuillants, et pas plus de trois fois à l'une comme à l'autre société, ce fut moins par goût que par curiosité, et nul autre motif ne m'en a fait retirer, que l'idée où je suis qu'il est impossible de s'associer sans aliéner une partie de sa liberté. C'est un précepte politique et moral que Jean-Jacques Rousseau a sagement consacré dans son contrat social.

Je ne m'attachai donc qu'à la Constitution. Je m'y liai si étroitement que j'en ai senti plus vivement tous les coups qui lui ont été portés ; plus ses ennemis se multipliaient, plus on l'attaquait, plus je me suis serré près d'elle pour la défendre. Je n'ai pu me familiariser à l'idée de ceux qui regardant la religion du serment comme un jeu employé pour tromper l'homme faible et confiant, pouvaient se déterminer à un parjure à la face de toutes les nations.

Je n'ai pu voir sans un profond dépit tous les efforts que l'on a fait pour renverser cette même Constitution regardée malgré ses défauts, par tout le monde, comme un chef-d'œuvre de l'esprit humain, recommandée comme un dépôt inviolable à la piété des pères et mères de famille.

Je n'ai pu voir sans être vivement affecté cette versatilité, cette inconstance, sur la forme de notre gouvernement qui avec tous les symptômes d'une désorganisation sociale dont nous étions ménacés d'ailleurs, pouvaient nous précipiter dans une anarchie complette? Si ces craintes sans doute sont criminelles je suis coupable. Si paraître affligé des malheurs publics n'est pas d'un bon citoyen, j'en conviendrai, ce sentiment de douleur m'a bien peu quitté.

Je ne tairai pas combien j'ai été profondément indigné contre celui qui, à la faveur d'un tableau le plus perfide de nos moyens et de nos ressources, est venu nous proposer et nous faire décréter la guerre, qui après nous avoir engagé dans des mesures offensives, nous a ensuite rendu un compte le plus désespérant sur l'état de nos armées, et sur leur insuffisance, on ne pouvait pas ainsi se jouer plus ouvertement du sort de l'état ; je n'aurais pas voulu d'ailleurs la guerre ; j'ai toujours pensé qu'elle ne nous convenait sous aucun rapports.

Si j'ai voté pour la Fayette, ce tort, qui n'en était pas un alors, je le partage sur six cent votants, avec plus de 400 membres parmi les quels je puis compter un très grand nombre de ces patriotes les plus ardents, qui, comme moi, ne purent trouver un seul fait de nature à le mettre en état d'accusation.

Il y avait de remarquable qu'on faisait un crime à cet ex-général d'avoir quitté son armée pendant que l'ennemi était en présence ; tandis qu'on ne se permettait pas le plus petit reproche envers le maréchal de Luckner et M. de Montesquiou, qui avaient tenus la même conduite. Je ne connaissais de M. La Fayette que la réputation dont il a joui, et si je me suis déterminé en sa faveur, c'est bien moins à cause de son personnel, que par crainte de voir désorganiser son armée, dans un moment où l'ennemi allait nous attaquer, et les événemens qui ont suivis n'ont peut-être que trop justifié mes appréhensions.

La journée du 10 août a déchiré ce grand voile, et mis à découvert des trahisons, des perfidies qui m'ont fait frémir. C'est pour celui là surtout qui s'est tenu éloigné de ces affreuses intrigues, qu'est réservée toute l'indignation qu'inspirent de pareilles horreurs ; autant d'atrocités ne sont pas concevables pour qui n'avait jamais connu que les douceurs d'une société paisible.

Je n'étais point dans une position à connaître la Cour des Tuileries, ni avoir aucunes relations avec elle ; j'ai toujours ignoré ses sentiments comme ses projets. Puisque je dois tout dire, je ne dissimulerai pas que les larmes que je vis verser au roi, la vive émotion qu'il manifesta lorsqu'une députation de l'assemblée dont je faisais partie, fut lui annoncer la réunion qui venait de s'opérer dans le corps législatif, m'inspirèrent quelque confiance en lui.

L'homme franc et honnête peut croire sans doute à de tels témoignages ; mais ce sentiment qui n'a eu aucune suite a été effacé par des traits bien cruels. Je n'ai jamais vu d'ailleurs le roi que dans la Constitution ; je n'ai jamais su s'il exerçait une influence particulière dans l'assemblée. Quelques-uns ont voulu vous persuader que la liste civile m'avait enrichi ; je m'en retournerai, je crois, moins fortuné que je suis venu, et si cette source de corruption a dû s'ouvrir, ce n'aurait pu être qu'en faveur de ceux qui, par leurs talents et leurs grands moyens ont dominé l'assemblée ; mais pour moi dont le nom est resté inconnu et ignoré et qui n'ai jamais disposé que de ma propre opinion que pouvait-on m'offrir?

Mais tous les états de la liste civile ont été imprimés et sont dans les mains de tout le monde ; combien cette publicité a confondu d'impostures. Qu'il est pénible en outre d'avoir à repousser des calomnies aussi absurdes et aussi outrageantes !

Dans ce grand mouvement qui vient d'être imprimé à l'état, je ne sais si on en a prévu tous les effets. Je ne chercherai point à employer dans les combinaisons du présent tous les élémens qui entrent dans le calcul de l'avenir, j'ai cru appercevoir que ce n'est plus une constitution monarchique que veulent les novateurs.

Que la dernière révolution n'a été, à bien dire, faite que pour nous amener à un gouvernement républicain : c'est le plus doux. Je désire bien sincèrement qu'on puisse le rendre propre à la grandeur de l'Etat ; je promets bien de défendre avec le même zèle la nouvelle constitution que la France se donnera, j'ai été un des premiers à jurer la liberté et l'égalité, je me suis rendu à mon poste quand le peuple était levé : j'y suis arrivé au travers les plus grands périls ; et serait-ce à l'époque où je viens de faire ce serment que l'on voudrait me faire un crime de mes précédentes opinions ; serait il donc un bienfait inappréciable pour les autres, et pour moi de nouvelles chaînes et quand la Convention nationale changerait toute la constitution en entier, pourrait-il être qu'on se permit de faire des recherches sur l'opinion de ceux qui y étaient vraiment attachés ?

Oui, sans doute, j'ai juré cette liberté ; mais cette liberté décente, soumise à l'empire des loix qui dans ses rapports mutuels et réciproques, faisant marcher en même ligne ceux du citoyen, forme le bonheur de tous.

J'ai juré l'égalité, mais cette égalité douce, bienfaisante, qui en rapprochant les hommes, les unit d'avantage, qui ne méconnaissant pas les distinctions sociales et docile au contraire aux organes de la loi, refuse seulement de se soumettre à toutes ces vains titres que l'orgueil seul décernait.

Si la liberté doit principalement se maintenir, c'est chez ceux dont la raison est plus ferme que l'imagination ardente, ou le sentiment tient plus à la fierté du caractère qu'à l'exaltation d'esprit, où toujours d'accord avec les loix, on n'offre pas ce bizarre contraste de la raison qui commande et de la passion qui désobeit, où enfin on parle peu de la liberté et où on fait tout pour elle. Et il suffit, dans ce moment ci au contraire, de se montrer calme et réfléchi pour être suspect.

Je désire bien sincèrement que tous les passions qui nous agitent puissent prendre une direction ferme et contante propre à affermir la mobilité de notre caractère, et que dans les grands intérêts qui vont occuper la Convention Nationale, elle puisse être toute à elle-même, ne tenir à aucun parti, déjouer toutes les intrigues, contenir toutes les factions, vaincre tous les obstacles et que le gouvernement qu'elle nous donnera soit durable et procure à l'état le repos dont il a tant besoin.

Voici la profession de foi que j'ai cru devoir faire à ceux qui ont connu la droiture de mon cœur et ma franchise, car pour les méchans le langage de la raison, de la justice et de la vérité est inutile.

PRESSAC-DESPLANCHES.

ARRESTATION
DU Sʳ DES PLANCHES SUR LA DÉNONCIATION D'INCIVISME

29 mars 1793.

Les citoyens presle et Dupit vice président composants L'administration du directoire du district de Civrai assemblés en permanence en lieu ordinaire de nos séances après avoir statué sur le procès verbal d'arrestation de la personne de Pressac Desplanches, fait par les gardes nationales de Saint Saviol et de Saint Macoux en date de ce jour, il avoit été arrêté qu'il serait Elargi, n'ayant pas trouvé suffisamment de preuves en son contenu, en effet il a été Elargi jusqu'à ce qu'il fut prouvé et donné des preuves de son incivisme. En se rendant chez lui il a été de nouveau arrêté par l'affluance du peuple et notament par les citoyens volontaires du détachement du département de la Corrèze, sur plusieurs réquisitions verbales que leurs ont fait plusieurs citoyens de cette ville en disant qu'il s'échapoit un détenu et invitation de prêter main forte, et cela sur les huées que lui ont fait les citoyens Surreau, perruquier et Trillaud cordonnier, après avoir interpellé et requis le citoyen Trillaud, il a dit qu'il entendoit dénoncer Pressac des planches, puisque Pendant sa députation à l'assemblée législative, il avoit tenu une conduite tout à fait irrégulière En ce qu'il avait trahi sa patrie et son pays, et que ne Pouvant le regarder d'un bon œuil, il lui a dit une fois seulement au moment de son retour chez lui qu'il ne seroit jamais possible que les citoyens de Civrai puissent souffrir un traître pareil dans Leur sein, et qu'il ne crois et avoir aucun tort en lui disant qu'il étoit proscrit d'après la liste civile, que d'ailleur ce mauvais citoyen L'avoit fait menacer d'un coup de pistolet par la femme du citoyen fradin avoué qui lui est absolument dévouée, que même il en offroit la preuve par plusieurs personnes, que depuis cette époque il s'était toujours défié de ce scelerat, puisqu'il menaçait un bon citoyen, ce qui prouvoit qu'il seroit absolument toujours traître à sa Patrie, qu'en conséquence il opinait de nouveau pour qu'il fut détenu et puni conformément a L'article quatre suivant le décret du dix neuf de ce mois, que cela devenait d'autant intéressant qu'il étoit journellement armé ainsi qu'il est prouvé par le dépôt d'un Pistolet qui lui a été oté par les gardes nationales de Saint Saviole et Saint Macoux et a signé, ainsi signé en la minute, Antoine Trillaud.

Le citoyen Surreau d'hument requis et interpellé de s'expliquer sur la cause de l'arrestation de Deplanche a dit que de tous les temps, il a connu le traître Desplanches Pour un mauvais sujet, puisqu'il a calomnié des gens honêtes et plus de probité cent mille fois que lui, qu'il a connoissance qu'il a fait nommer Lorsquil était Président du Tribunal de Civrai, le citoyen Delange Pour Greffier, que ce n'étoit point préccisement à ses interets qu'il songeoit, Mais au contraire à ceux du citoyen fradin avoué et de son épouse, ils étoient Convenu que le citoyen Delange le mettroit de part pour une question dans ledit Greffe, ou pour mieux dire, qu'il lui donneroit cinquante louis payable a deux fois, voyez, citoyens, si c'est de la Bravoure d'un président; qu'il a connoissance qu'on a envoié une lettre au club de cette ville par laquelle on le démontroit comme un traître à l'assemblée Législative; la preuve en résulte qu'il est compris dans la liste civile, qu'à toutes les fois qu'il a falu voter pour le bien public, il y a toujours été contraire d'après cela qu'il doit être détenu et conduit au tribunal du département pour être jugé suivant ses crimes, que cependant l'humanité L'avait toujours empêché de le désigner comme un traitre ajoute qu'il avoit eu tort de lui dire vous triomphez Messieurs de Civrai, puisqu'il est vrai qu'il n'a jamais voulu passer pour son dénonciateur qu'à ce moment il lui a dit tais toi f. salos si tu avois de l'âme tu paroitrois jamais ici notre envie n'est point de t'arreter aujourd'hui à cause qu'il pouroit te. més ariver de tout quoi il a persisté et Déclaré ne savoir signer après lecture faitte, de sa déposition.

Sur quoi nous administrateurs susdits oui le subtitut du procureur sindic après avoir entré en Déliberation avons arreté que la personne De pressac Des planches seroit envoyée et conduitte le 29 de ce mois à la maison de justice du tribunal Criminel du Departement de la Vienne pour être statué ce qu'il appartiendra avec copie Des Dénonciations des Citoyens Trillaud et Surreau ensemble celle du présent arreté avec le procès verbal de capture faites par les gardes nationales de Saint Macoux et Saint Saviol par un détachement de gardes nationales de ce district commendé Et roqui à ces fins, et qu'au surplus expédition Du présent arreté sera délivrée au Citoyen rivierre Commissaire d'un détachement du Departement de la Corèze pour sa tranquilité

Signé : Dupit, v^{co} p^t.

pour copie conforme à la minute.

Signé : Chevallon, jré.

Pour expédition conforme à celle Deposée au Greffe du tribunal Criminel du Departement de la Vienne.

Couturier, C. Greffier.

LES LARMES D'UN FRÈRE
OU PRESSAC DES PLANCHES INNOCENT
Présenté au Département de la Vienne

J'écris dans la nuit du jeudy au vendredy S^t 1793. je fonds En Larmes, je vois d'un côté la patrie En danger, Et De Lautre La vie d'un frère qui mercredi manqua être Massacré, sans le courage du commandant Et commissaire des volontaires Duzerche Departement de la Corrèze... Ces deux Braves citoyens peuvent sentir comme Scipion Lafricain qui Disait qu'il Etait plus glorieux d'avoir sauvé un Bon citoyen, que Davoir tué des Milliers DEnnemis.

Si la vie d'un frere que jadore pouvait sauver la chose publique, au premier de La Croix, je ferais comme cette femme de sparthe, qui après avoir perdu ses cinq fils qui avaient sauvé la patrie, alla remercier les Dieux... mais hélas, ma douleur Extrême, me tourmente, il peut Etre la victime d'un complot qui a Manqué faire périr avec trois parroisses trois frères dont Lunion est applaudie par Leurs Ennemis même...

Dans cet ouvrage que le Danger presse, Et que la vérité me dicte, je ne dénonce personne, Lavenir fera le reste, mais avant d'Entrer dans Le fait je dois observer préliminairement.

1° Le canton de Civray a fourny Beaucoup plus que son contingent. Les parroisses de St Gaudant, Et St Saviol dont les Deux frères de pressac Desplanches sont curés, ont satisfait Les premiers et quatre jours avant et plus que la ville, Et autres communes. Donc Pressac Desplanche ne put Etre suspec davoir Empesché Les Enrollemens...

2° Pressac Desplanche a fait des dons patriotiques, plus que ses forces ne le permettaient, il a habillé un volontaire Et payé pour aller aux frontieres, j'offre des preuves de toutes ces allégations.

3° nos Ennemis assurent que mon frère est imprimé sur La liste civille, si cela était vray, il serait pourry à présent, comme ceux qui s'y sont trouvés... D'ailleurs cette liste imprimée Est entre les mains de tous les imprimeurs, je défie qu'on prouve une pareille inscription.

4° Mercredy Dernier Pressac Desplanche a Ete conduit au Directoire par plusieurs citoyens armés, Les administrateurs ont reconnu son innocence, applaudi à son patriotisme, il a été libre et Elargi... Comment Desplanches Blanchy Est-il venu Noir, dans une Minutte, quel crime a-t-il fait depuis le Directoire, jusqu'à la Maison de sa mère ?

Ce préliminaire seul, avec offres des preuves autentiques, parle mieux que tous ses discours oratoires, mais hélas! Souvent La vie d'un honnête homme Est sur les lèvres de deux scélérats, il est tres facile de calomnier, mais il Est très Difficile de prouver, Enfin on va voir si l'Enfer peut Exécuter un complot Mieux ajusté pour faire détruire trois frères, Et trois paroisses...

Complot contre trois frères.

Dans la nuit du Mardy au Mercredi S^t comme premier Notable je passay la ditte nuit au corps de garde... a une heure arrivèrent les curés de St Macoux et de St Saviol à la maison commune.

Le premier, mon voisin, me dit que l'huissier à onze heures avait requis la municipalité et les citoyens armés pour trouver Mr Fayolle Emigré, Mais qu'après bien des recherches il ne s'était rien trouvé...

Le curé de St Saviol mon frère me dit que pressac Desplanche avait Encore couché chez Luy, pour Laisser

son lit aux volontaires qui passent à Civray, mais qu'à
une heure précises, plusieurs citoyens armés avaient
escaladés les murs de sa maison, Etant allés faire Lever
Desplanche auquel ils ont demandé Fayolle Emigré, Desplanche Ex deputé répondit, me voilà, je suis prêt à le
chercher avec vous et ainsi que le curé qui se lève...

En Effet toutes les visites domiciliaires se firent ensemble ainsi que le premier instrumént du complot.

Après que La parroisse de St Macoux, et de St Saviol
eurent été bien visitées, on vint à St Gaudant, Et on
environna Les premiers villages de la Bourliaudrie et
St Bonnet... je courus avec une force armée Et un officier
municipal En Echarpes, arrivé je demanday le commissaire du District que avait requis les municipalités de
St Saviol et de St Macoux. On ne me répondit rien... je
garday le silence, mais si j'avais été Malin, je serais allé
a Civray requerrir l'administration de faire mettre a
exécution La Loy qui enjoint sous grosses peines aux
Municipalités de se renfermer dans leurs limites et leur
territoire... au point du jour, plusieurs centaines dé
citoyens projettaient de se retirer. Mais un Municipal de
St Macoux secrie, non, non, Lhuissier a ordre de conduire
pressac Desplanche ex deputé dans les prisons de
Civray... Ce propos Metonna d'autant plus que cet Ex
deputé avait Ete posté en Sentinelle comme nous... Mon
frère obeit heureusement, En demandant lorde... mais
Lhuissier Et Le Municipal ne voulait point Entendre Ni
parler... je pris La parolle Et dis à ces deux sourds, qu'ils
s'exposaient a aller aux galères, qu'il Etait trop impru-
dent d'Enfreindre trois loix dans un jour... La première
requerant dés Municipalités, La seconde en faisant des
visites domiciliaires et nocturnes... La seconde en manquant de respect à un Ex deputé qui a la Liberté dans ses
opinions, Ses écrits et ses parolles... j'Enténdis quelqu'un qui me conseillait de My opposer... je sentis le
Danger du Conseil, Et je dis à mon frère Allons allons je
suis en Exercice, je te meneray En prison... on partit...

Arrivé au Directoire, je fis mon rapport, Et sommay Lhuissier Et les Municipaux présens de Montrer Lordre, le premier jura qu'il n'avait ni arresté ni conseillé d'arrester Pressac Desplanche Député... Les administrateurs déclarèrent qu'ils étaient surpris d'une pareille infraction aux trois loix... j'Entendis plusieurs voix qui dirent qu'il fallait tuer l'huissier. Le citoyen Presle Descendit appaiser la juste colère des citoyens armés, Leurs ordonna de se retirer en leur territoire. Et de suitte Les municipaux et Lhuissier furent sommés de Dresser leur procès-verbal... Un municipal de St Macoux dit qu'il fallait aller dejeuner, Et faire le proces verbal après avoir bu bouteille...

La garde du Directoire Eut ordre de ne pas laisser sortir Lhuissier ni pressac Desplanche Ex député... pour moy je me rendis, Et en mon chemin je trouvay un inconnu qui me donna un Billet portant ces mots :

Vous êtes bien heureux d'Etre libre, on s'attendait que si vous vous étiez opposé à l'Enlevement de votre frère, on aurait excité la parroisse de votre cadet, Et la votre contre celle de St Macoux... gardez silence Et tremblez, cela n'est pas finy... Ce Billet manqua me faire Evanouir... je me dis que je me félicitais de ce que nos parroisses Bien loin de sopposer aux Enrolemens, auraient fourny plus que leur contingent, hélas, je n'aurais pas cru que Les puissances infernalles Eussent pu Enfanter un pareil complot.

De Suitte je me rends, Et Envoyes, Notre capitaine, Et un fuzillier, pour venir Mapprendre ce que mon frère deviendra, après avoir mouillé mon lit de mes larmes, je vois mes deux Envoyés dont l'un me dit : votre frère Doit la vie aux deux commandans des volontaires En séjour à Civray... après qu'il a Ete Blanchy et reconnu ynnocent, Deux scelerats furieux d'avoir Manqué Leur premier coup, Luy ont dit de dire son confiteor... Ensuitte on crié aux volontaires arreste, arreste, tue, tue, l'aristocrate Emigré qui Èst sorti des prisons... ces citoyens séduits courent sabre nud, notre frère fuit, se sauve eu la maison de sa mère qui est menacée... Enfin votre frère caché voyant Menacer votre mère, se livre Et offre de prouver par les administrateurs qu'il est patriote... comme les sabres sont levés, Les deux commandans L'ont couvert de leur corps

Ah me suis je Ecrié, les lasches avaient manqué Leur premier coup Les scélerats en trouvent toujours un second... de la fureur, je passe aux Larmes, de la à la reconnaissance qui Est la sources des vertus... je prends la plume que j'arrose de mes larmes, Et je remercie les deux braves Scipions qui tandis qu'on détruit ces milliers dhommes, sentaient le doux plaisir davoir sauvé un Bon citoyen.

O cruels Ennemis de mon frère, Et de ma famille Si vous aviez lame de Scipion, vous n'auriez pas Enfanté un second complot, que les puissances Infernalles seulles peuvent faire Naître...

Jay découvert par ma sensible et active sœur, que les citoyens Rivière et Dardan sont les sauveurs de mon frère Et qu'ils sont d'Uzerche Departement de la Corrèze, Le premier est souvent venu consoler ma tendre mère fatiguée par Lage, Et le grand nombre d'Enfans qu'elle a Eu.

J'ay parlé à cet honnête homme, il m'a donné tout le fil du second complot les deux commandans ne peuvent être suspectes En témoignage...

Sorti d'avec mon Bienfaitteur je cours au Directoire et à la Municipalité, dont les membres m'ont beaucoup consolé Et sont plus prudens que moy, mais comme je regarde la crainte comme la plus stupide des passions, comme je voudrais que les accusateurs fussent jugés avant les accusation, j'ay Ete Etonné qu'on m'ait refusé Le doux plaisir de voir un frère qui Bien loin d'être coupable Est reconnu ynnocent une minute avant une arrestation qu'il a demandée... Ce refus illégal, Et contraire à La nature me rappelle ce grand principe de

J. J. Rousseau qui dit : « dans un Etat libre, qui dit une Loy, dit une choze devant laquelle tout citoyen doit trembler... Souffrez tout, dit cet auteur, plutôt que de laisser uzer le ressort des Loix, car si ce ressort souffre, La Republique est perdue sans ressource....on acquiert la Liberte ; on ne la Recouvre jamais... L'abus est l'hydre de la fable, qui quand on en coupe une tete, il en renaît des milliers... Si un magistrat armé du bouclier de la loy, montre de la crainte, c'est un monstre Destructeur de la république. » Ces vérités rapportés par les Montesquieu, Rousseau, Thomas payne et Autres auteurs prouvent que si on craint les faiseurs de complots, la republique Est perdue, la liberté ne se recouvrera jamais, Et que tous les magistrats qui laissent enfreindre cinq loix, son plus que des monstres destructeurs de la république.

Nimitons pas dit Voltaire les payeurs Lasches qui craygnent de faire connaître les devoirs que la nature Et la Societé exige et imposent. Si la volonté arbitraire l'emporte sur la volonté généralle... Si le meme repos et la tiedeur qui on Detruit les Loix et les vertus socialles de Rome Existent en France, tout est perdu. Si un Magistrat se laisse pétrifiez par la vue d'un scélerat, Lanarchie va amener à grands pas le Despotisme.

Si je rapporte ces grandes vérités je n'entends pas blâmer ceux qui illégalement m'ont refusé la lecture des procès-verbaux et la vue de mon frère, ils sont plus prudens que moy... mais hélas ! Qu'un cœur sensible et patriote, comme le mien, souffre quand on lui refuse ce que la nature exige et ce que la loi accorde... Ah ! Citoyens, La liberté est comme ce Beau soleil qui sans nuage vivifie tout ce qu'il éclaire. Mais si La loy qui Est un de ses premiers rayons n'est pas observée Le feu electrique de la liberté parceque nous....tres mal.

Hier à dix heures du soir, ma Sophie me demande mon cheval pour suivre notre frère jusqu'au tombeau, je m'arreste et fonds en larmes. Plusieurs auteurs pretendent que Lhomme Est le seul Element du genre humain

qui ne veut opprimer ni être opprimé... Et moy je dis que
si mon frère Est criminel cest qu'il aime la paix. Et qu'il
a fait vœu de ne parler ni Ecrire que dans la Nécessité,
car dans le moment actuel tout Est Empoisonné Et mal
ynterprêté par les mauvais Esprits...

Dailleurs penser que du Capitolle à la Roche Tar-
péienne il n'y a qu'un pas, qui est ce qui ne cherche pas
la solitude, un heureux oubli, Et une douce obscurité?...

Dans le moment ou je viens lire l'histoire de judas, Et
du courage héroïque du rédempteur du genre humain,
j'apprends que pressac Desplanche dont on m'a fait
l'éloge au Directoire, et à la Municipalité, Est confondu
avec des Barabbas, va à pied, Et na pas seulement un
ane de cette Ecurie où il reçoit tant de coups de pieds...
Magistrats, je n'en crois rien, Mercredy vous l'avez Blanchi Et comblé d'Eloges, seriez-vous des gens des rameaux,
Et du vendredy saint tout Ensemble. ou Dieu seriez vous
des pierres qu'une servante a ébranlés.

Non, non je n'en crois rien, Pressac Desplanche a Eté
Blanchi Mercredy à dix heures, je vous rends justice, Il
est impossible aux peintres les plus adroits de le Noircir
dans une Minutte, On m'assure encore qu'un ane a
donner un coup de Pied à la cocarde d'un honnête
homme, Et la faitte tomber... hélas si lane touche à ce
signe de la Liberté, si le Lion n'est pas à Labri des peccata,
quel est l'homme qui peut être à couvert de la calomnie ?

Enfin qu'ont prouve donc ce que des planche a fait
dans une Minutte. Je Passeray condamnation. Bien loin
d'être coupable il n'y a ni accusateurs, ni accusations
contre Luy, je vois que au contraire on a blessé la souveraineté nationalle En offensant un Ex deputé. On a
offensé les Municipalités En les faisant souiller Le territoire, Et les propriétés Etrangers à leur competence, on
a offensé des gardes nationalles en abusant de leur
Bonne foy, on s'est moqué Enfin du Directoire de Civray
En se moquant de ses Décisions, Et en Menaçant la vie
de Pressac Desplanche.

Grand Dieu que ne diray-pas puisque j'ay cinq Loix En ma faveur, Et qui me font demander une punition sévère pour l'interest public... Mais que Dis-je, Non, Non, ô toi qui Sondas les cœurs, tu connais ma sensibilité et ma douleur, La plume me tombe des mains — tu sais, grand dieu, que jamais la moindre Pensée qui put lezer les droits de Lhumanité n'eut jamais d'accès dans mon âme Et m'ont fait toujours demander graces grâces, à l'huissier.

<table>
<tr><td>Ce vendredy Saint le 29 mars
1793 à deux heures du soir
L'an 2 de la Répub.</td><td>Norbert Pressac,
citoyen curé à St Gaudant
De la Societe nationalle
D'agriculture de paris.</td></tr>
</table>

Aux Citoyens Composants Les administrateurs Du Directoire Du Département de la Vienne (1).

Vous Expoze Jean Jacques Louis Pressac Desplanches que Par l'effet D'une de ces calomnies autant atroce qu'insensée Et qui aurait Due Etre Repoussée avec Mépris Par Les Membres du Directoire du District de Civray, j'ay Eté arraché du sein de Ma famille, ou je vivois tranquillement ; Conduit Lié et garotté comme un grand criminel à la Vizittation, Maison d'arrêt de Cette ville, Expozé pendant ce voyage de douze lieues à des huées, Des outrages des humiliations, sans nombre, j'ay Ete acuzé traduit devant le tribunal criminel comme un scélérat, un traître à la Patrie, comme inscrit sur la liste civille.

(1). *Ce document est accompagné en marge dans l'original de la mention suivante :*

J'envoie au district de Civray avec les pièces y jointes pour donner son avis dans le plus bref délay ; fait en Conseil général du Dep* de la Vienne a poitiers le 17 avril mil sept cent quatre vingt treize l'an 2 de la république. Oui le Présid* Sindic.

TEXIER, vice président.
DELAVERGNE, pour le S^{aire} général.

Les Citoyens fradin president, presle, Dupit, Daloue membres du directoire, Dardillac, Vallée, Baillot, membres du Conseil Et fradin p* Sindic En séance des 28 et 29 de ce mois Le p* sindic entendu L'administration arrete que son avis sur la descision relative à l'arrestation de pressac des planches sera consigné sur ses registres.

Expédition en sera adressée dans Les meilleures formes à l'administration du dep* de la Vienne avec toutes les pieces y relatives par les expres autre que celui qui a été chargé de les apporter de poitiers. Ce dernier ayant paru suspect par l'empressement affecté qu'a mis Norbert pressac frère du détenu à presser la déscision d'une affaire aussi serieuse pour la Remettre a ce confident qui n'a Eut d'autre domicile que chez les proches du dit pressac ou ses confidents les plus intimes.

Pour Les administrateurs Et conseil général En séance publique. Le 18 avril 1793 l'an 2 de la Republique.

DALHOUE, V. préd*.
CHEVALLON, Secret.

On croiroit Peut etre qu'on a caractérisé l'Espèce de trahison Dont on Me dit coupable, Et qu'on a indiqué ou Rapporté la pièce de la liste civile qui Me compromettait. Mais que pouvoit on attendre de mes Dénonciateurs qui sont un cordonnier Et un Perruquier de ma ville, de Deux êtres aussy profondément Méchants qu'ignorants, De Deux frénétiques furieux qui N'Existent que Dans le trouble Et le Dezordre qui ne Prêchent que Le Meurtre Et le pillage, Et qui attendent peut etre avec impatience qu'on Renouvelle les scenes de septembre Et de fevrier pour s'y signaler.

Deja le tribunal criminel a prononcé sur la Dénonciation Portée contre moy qu'il a regardée à juste titre comme vague, insignifiante, injurieuse Et même attentatoire à la Reprézentation nationalle il n'a pu trouver dans ces dénonciations aucuns des délits mentionnés En la loy du 19° mars, il a Encore moins Considéré mon arrestation comme une Mezure de police Et de Sureté généralle c'est pourquoy citoyens il vous a... à prononcer sur l'illégalité de cette arrestation comme Etant les seuls compétents de Corriger les injustices des administrations inférieures. La Çause qui Est l'accusation Etant détruitte, il Est à croire que vous ne laisserez pas subsister plus longtemps l'effet qui Est ma détention Et que vous vous Empresserez De Me sortir De l'oppression D'une telle captivité j'ay Prézenté Ma justification au tribunal criminel, j'ay démontré toute l'Extravagance des accusations portées contre moy, j'ay surtout Retracé les traits horribles De la fureur De Mes Dénonciateurs qui Depuis six mois que je suis de Retour de ma Mission de Deputé, ce sont avec un acharnement incroyable attachés à me faire Egorger, jay Rappellé l'Evenement du 4ᵉ 8ʳᵉ Epoque de Mon arrivée chez moy, ou Trillaud Et Surreau assistés de sept ou huit autres sujets de leur même trempe, s'étoient Réunis dans une auberge située sur le chemin ou je devois arriver, Et ou apres avoir planté à quelques distances une potence se Disposèrent par Beaucoup de vin Et d'Eau de vie a laffreuse Expédition qu'ils avoient projettés, j'ay dit un détail de ce qui Mest arrivé Egallement le 27° mars dernier ou par l'Effet dés huées Et des cris séditieux de mes accusateurs, Ma Maison fut Remplie Dans un instant D'Etrangers Egarés qui M'arrachèrent d'Entre les Bras de Mes enfans, Déchirèrent mes vêtements ; M'accablèrent de coups, Me traînèrent à la place pour Me couper la tête, Ce qui se seroit sans doute Exécuté, si les officiers Municipaux Et la garden ationalle de ma ville ne fussent venus promptement à mon secours : j'ay Rendu compte Egallement des Démarches faittes par Mes deux Ennemis auprès du citoyen Mabarreau Sillonard commissaire commandant de gardes nationalles de Tulle qui se Rendoient Dans le Departement de la Vendée qu'ils invitèrent à se Défaire de Moy Et a piller Ma Maizon En cherchant à les exciter par des calomnies, les plus abominables, j'ay aussy parlé de quatre [gardes nationalles du Departement de la Correze qui après les avoir fait copieusement Boire vinrent à Mon domicile sous le prétexte de Mapporter une lettre pour M'outrager, etc ..

Si dans cette pozition je n'obtiens pas une justice Eclatante Du département qui puisse En impozez a ces Deux Ennemis, que Nauray je pas à redouter De leur fureur et De leur Rage.

Je ne puis croire sans Doute que lon puisse considerer Mon arrestation comme une Mezure de haute police, aucuns Des Délits dénoncés ne peuvent la justifier, ni la fonder, Et remarquez que sur la première arrestation faite par les gardes nationales de Saint Macoul, les administrateurs du District de Civray ordonnèrent mon Elargissement *jusqu'à ce qu'il fut prouvé et donné dés preuves de mon incivisme.* Ce sont la les propres termes du proces verbal Des administrateurs, Et il s'en faut sans Doute que Dans les extravagantes et Ridicules dénonciations Et depositions de Trillaud Et Surreau on puisse y trouver Des preuves D'incivisme : Si on Eut pu M'En reprocher ils n'auroient pas Echappés à leur surveillance et à leur Méchanceté.

On conçoit aizément que ce n'Est Particulierement qu'a Cauze de Ma Mission de Député que j'Eprouve autant de Persécutions ; Bien loin sans Doute de m'envelopper de L'inviolabilité Légalle qui ne permet pas qu'on Puisse Rechercher un Ex deputé sur ce qu'il a l'u dire Et Ecrire pendant ses fonctions ; j'appelleray au contraire le plus severe Examen Sur Ma conduite Et Le seul Reproche qui puisse M'etre fait, Est peut etre d'avoir mis trop de confiance Dans le serment qu'on nous fit faire la Main sur la Constitution De la maintenir Dans tous ses points, Dans le décret du 7e janvier De l'année dernière qui Déclare infâmes et traîtres à la patrie, tous ceux qui proposeraient quelques changements ou modifications a la Constitution.

Enfin dans cette séance Mémorable ou les deux partis de l'assemblée Par un mouvement spontané abjurants Et le sisteme Des Deux Chambres Et le sisteme de la République, se jurèrent union éternelle pour soutenir et protéger contre tous ses ennemis La Constitution. Mais si (je) Me montray attaché à la forme du Gouvernement Etably alors, je sens céder Et Me conformer aussy promptement au vœu De la Nation, lorsqu'elle adopta le gouvernement Républicain, Et je Defit Même Mes Ennemis quoiqu'ils soient Evidemment des calomniateurs de Me Rapporter jusqu'a un trait de Conservation qui puisse me faire soupçonner D'un sentiment contraire à celuy D'un veritable Republicain.

Alors Et a l'Epoque du 10 aout, je Me trouvay à Mon Poste ; je prêtay le serment de la Liberté Et de l'Egalité suivant le certificat qui Ma été Délivré et qui vous sera Mis sous les yeux. Je crois pouvoir Rappeller Encore que Depuis jay Prezenté à Ma Section un homme complétement habillé à Mes frais pour aller sur les frontières, suivant Extrait Du proces-verbal de Cette Même section qui M'En a été dellivré par les commissaires Et qui Egalle-

ment vous sera Mis sous les yeux, avec une liste imprimée des Députés qui ont contribuez aux frais dé la
guerre. Et Dans laquelle je me trouve Employé pour
450 fr. qui ont Etez Retenus Et déduits sur Le Montant
Du dernier mandat qui Ma Eté Dellivré.

Si on peut ainsy humilier Et Maltraiter les Députés
après Leur Mission, Si la Malveillance Et la Calomnie
qui s'Epuisent contre Eux, sont ainsi soutenues Et auto-
rizées, si toutes ces fureurs restent impunies, ou En
sommes nous hélas, Et En quelles Mains Dorénavant
serait remis les intherests De la Republique car quel sera
le citoyen qui avec le sentiment de sa liberté, ozera
devenir Mandataire Du peuple ; je ne crains pas De le
Dire, l'intherest de La chose publique Est attachée à Ma
Cause, c'est celle de la Reprezentation nationale.

Mais je puis abandonner sans Doute cette considera-
tion toute importante quElle soit, puisque mon arrestation
Est Evidemment illégale, soit qu'on la considere relativement à la loy du 19e mars soit sous le Rapport de la
haute Police de sureté attribuée par Les Loix aux corps
administratifs ; puisque dans l'un et l'autre cas il n'existe
dans les Dénonciations aucuns faits ni aucuns délits
D'Espece a avoir provoqué cette Mezure de la part du
Directoire Du District de Civray, je demande donc à ces
cause que vous Prononciez L'illégalité de ma Detention,
Et que vous ordonniez Ma Mize En Liberté.

Il Existe des Lois séveres contre les Perturbateurs Du
Repos Public il vient encore d'en etre Rendu une contre
ceux qui seront convaincus d'avoir provoqué ou Etez les
auteurs de violences Contre les Personnes Et les pro-
prietes ; il Est Constant Par les procez verbaux Mêmes
que Surreau et Trillaud ont Etez les chefs instigateurs Et
ont Seuls occasionnez par leurs huées et cris séditieux
l'Emeute qui manqua me Ravir la vie le 27e du mois
Dernier, je demande qu'ils soient poursuivis et qu'ils
subissent la peine par Eux Encourue.

Paris ne Doit le Calme et la tranquillité dont il jouit

Maintenant qu'à la sage précaution qu'ont Pris les autorités constituées de faire Enlever et Renfermer ces ardents Prédicateurs de lanarchie Du Massacre Et du pillage. Cet Exemple ne sera-t-il pas suivy Par les Departemens.

j : j : L : PRESSAC DESPLANCHE.

Vous Expose Jean Jacques Louis Pressac Desplanches
que quoy que Dans les Momens Malheureux De trouble
Et De Dézordre D'agitations Et D'inquiétudes, La Malveillance Et la calomnie ayent Le plus grand crédit, Le
langage De la Raizon Et De la verité sera Entendu De la
justice, Et on ne pourra pas s'Empêcher De Reconnoître
que l'accuzation Portée contre l'Expozant Et qui luy a
Ravi sa liberté, Est une de ces Méchancetés atroces qui
En faizant gémir l'homme de Bien, Doit Penetrer De la
plus profonde indignation.

il Est pourtant singulier que je sois traduit et accuzé
Devant vous comme un coupable De Delits mentionnez
En la loi du 19° Mars, je les ay cherché mais En vain
Dans les Dénonciations portées contre moy. Et si cette
Loy Doit frapper quelques uns c'est sans contredit mes
Dénonciateurs qui par les procés verbaux Même sont
convaincus Etre les seuls auteurs chefs et instigateurs de
l'Emeute arrivée le 27° du mois dernier Et Dont l'unique
objet était de me faire Egorger.

je Dois sans Doute les faire connoitre Mes Deux Dénonciateurs ce sont Deux Etres dans la Mizère, furieux frénétiques toujours en haleine pour Exciter le trouble Et
le dézordre, ardents colporteurs de la calomnie Et de la
Malveillance, ne Préchant que le Meurthe Et le pillage Et
impatients d'Etre Employé Dans des occazions comme
celles Du 2 et 3 7bre Et 25 et 26 f^{er}.

Depuis six mois je suis en but à leur persécution Et à
leur fureur je dois en rapporter quelques traits qui les
caractérizeront.

A la fin de Ma Mission De Député je M'Empressay De

Me Rendre au Sein de Ma famille. Le 4ᵉ 8ᵇʳᵉ fut l'Epoque de mon Retour.

Le 3ᵉ la veille Surreau et Trillaud obtinrent de la complaizance du commandant de la garde Nationalle de Civray, De faire passer la caisse par la ville pour faire assembler les habitans. L'objet de cette assemblée Etoit d'Engager les gardes nationalles à prendre les armes pour venir le Lendemain à ma rencontre Et me faire un mauvais Party. Cette propozition affreuse révolta toute l'assemblée qui se sépara.

Mes Dénonciateurs ne perdirent pas pour cela courage, ils scurent s'associer sept à huit autres sujets De leur trempe, ils se Réunirent a une auberge qui a sa pozition sur le chemin où je devois arriver plantèrent à quelque Distance une Potence, Et scurent se Dispozer par Beaucoup de vin à l'Execution De leur affreux projet.

Je fus heureusement Prévenu Et sçus Eviter ce malheur En prenant un chemin Détourné.

Je fus Réduit à ne plus sortir de chez Moy Etant constamment insulté Et Menacé par le nommé Trillaud qui Demeurait Precizément a peu De Distance De mon Domicile. Je Reçus l'avertissement qu'il vouloit attenter à Mes jours Et par Extraordinaire, je portay un pistolet de poche que Le curé de Sᵗ Gaudent mon frère me prêta pour ma Défense.

Les grands troubles arrivés Dans le Département de la Vendée ont fait Passer à Civray Pendant près de quinze jours une quantité de gardes nationalles, venants des Departements de la Correze et de la Haute-Vienne, Surreau et Trillaud crurent qu'il leur serait plus facile d'Egarer ces Etrangers, Et De les soulever par les plus abominables calomnies contre Moy, trillaud Porta l'audace jusqu'a aller chez un commandant d'un détachement pour Luy proposer de se défaire De Moy Et de piller ma Maizon, sa propozition fut rejettée avec horreur Et ce commandant Eut l'honnêteté de me faire prévenir De ce qu'on tramoit Contre Mes jours.

Le lendemain Trillaud Et Surreau Emmenèrent trois de ces Etrangers Boire dans un cabaret qui vinrent Dans mon Domicile sous prétexte de m'y apporter une lettre, Mais dont les imprécations ne laissèrent pas douter d'un moment du Motif qui les y amenoit. Par le plus grand Bonheur, j'Echappay à leurs Recherches.

Etant ainsy Menacé chaque jour je crus Prudent de quitter la ville; je fus me Réfugier a une lieue de là chez mon frere curé constitutionel de la P^{sse} de St Saviol.

Mes Ennemis En furent instruits De suitte. Desesperez de voir ainsy Echapper Leur victime, il scurent bien m'arracher de Mon azile pour me ramener sous leurs coups, ils Envoyèrent un Emissaire dans la P^{sse} de St Macoul voizine de celle ou je Demeurois qui sous Le pretexte de faire la Recherche de M^e fayolle Emigré, Mit sur pied toute la garde nationalle de cette même p^{sse}, Et vint à une heure après minuit avec toute son Escorte dans la maison où j'Etois qui n'Etoit pas il s'en faut suspecte. Je fus donc saisy Et conduit au Milieu De 80 gardes nationalles au Directoire du District de ma ville : ces administrateurs tout à fait étonnés de me voir ainsy s'informèrent Des Délits Dont je pouvois Etre accusé. Cette demande jetta dabord Beaucoup DEmbarras Dans lEsprit De la troupe qui Mavoit ammené : Cependant quelques uns se réunirent et rédigerent un proces verbal portant que je Devois rendre compte De la manière Dont je m'étois conduit à l'Assemblée nationalle, ils rapportèrent En outre que s'etant annoncé pour chercher un Emigré j'avois Répondu Me voila; Ce proces verbal parut comme de Raizon contenir Des faits faux invraisemblables, Et toujours insignifiants aussy les administrateurs n'y Eurent ils aucun égard et M'Engagerent à me Retirer.

Trillaud Et Surreau qui attendoient avec impatience Le Rézultat de mon arrestation ne purent contenir leur rage De me voir libre et rentrer tranquillement chez moy; Civray étoit alors Remply de gardes nationales du departement de la Creuse, Et qui avaient déja donné Des Preuves De leur grande Effervescence : Trillaud et Surreau Me suivirent avec des huées affreuses. Pleins de fureur ils se mirent à crier que j'Etois un traitre un scelerat qui m'Echappois Des prizons il n'en fallut pas tant pour ameuter tous ces Etrangers qui se porterent en foule chez moy où je m'Etois Retiré, Marracherent de mon Domicile, m'accablerent de coups, Déchirèrent mes vêtements, Me trainèrent à la Place Publique ou ils M'auroient fait Périr, Si la municipalité et la garde nationale ne fussent venus Promptement à mon secours. Cet Evénement est arrivé le 27 du mois dernier.

Je fus conduit au Directoire Du District, les administrateurs annoncèrent qu'il n'y avoit aucune ordonnance contre moy que je Devois jouir de Ma Liberté, Et cependant pour Ma sureté personnelle seulement on MEmmena à la Maizon d'arret Et on plaça une Sentinelle à la Porte.

La tranquillité Rétablie, je Devois sans Doute Espérer jouir de quelque Repos ; Mais la Rage Et la fureur de Trillaud Et Surreau n'étoient pas encore assouvies, ils se sont Rendus mes Dénonciateurs, Et on provoqués toute la rigueur De la loy du 19 mars contre Moy, tout comme si j'Etois coupable de quelqu'uns Des Délits y Mentionnez. Cette Loy Punit de mort les chefs, auteurs, Et instigateurs Des Emeutes Et Surreau et Trillaud sont Pleinement convaincus de ce crime par le proces verbal Du Directoire Du district de Civray.

Toüttes Extravagantes Et Ridiculles que soient ces Dénonciations Elles n'en ont pas Moins produit l'Effet de me faire conduire lié et garotté à pied a Douze lieues de mon Domicille, Exposé à des huées Et à des humiliations sans Nombre et Même à de grands Risques.

il semble que ces Démonstrations n'Etoient pas d'Espece a Devoir Etre Portées Et Encore Moins accueillies par les administrateurs du district de Civray Et mon arrestation Est même Dés plus illégalles ; Mais je suis Bien Eloigné de faire uzage de ces Moyens de forme.

Celuy qui n'a Rien à Redouter veut bien Etre Examiné sous tous les Rapports.

C'est particulierement à Cause de Ma Mission de Député que je Me trouve Persecuté avec tant Dacharnements ; Si Encore Mes Ennemis Dans leur fureur insensée, MEurrent opposez quelques faits positifs, sans uzer comme ils l'ont fait jusqu'icy. De Déclamations les plus vagues ; il ne falloit pas croire que j'Eusse cherché à MEnvelopper de Linviolabilité Portée En faveur des Membres Du Corps Legislatif qui ne permet pas qu'on Puisse les Rechercher pour ce qu'ils ont Dit Et Ecrit Dans le Cours De leur Session je puis Même Braver avec assurance tous Mes Detracteurs, je Me suis Expliqué à Mes concitoyens par une addresse que j'ay fait imprimer Et Distribuer ; Et il Est Bien Malheureux Sans Doute De se voir assassiner par Des mots.

Je suis Dénoncé comme un traître à la Patrie, Et comme me trouvant inscrit Sur la liste civille, qu'on caracterize Donc l'Espece de trahizon Dont je me suis Rendu Coupable, qu'on Produise donc la piece qui prouve que je suis inscrit sur la liste civille, on peut abuser sans doute pendant quelque temps une ignorance crédule, Mais il faut des preuves à la justice.

Si je Me trouve inscrit sur la liste civille, la preuve n'est pas sans doute difficile, tous les papiers De la liste civille ont étez imprimez Et meme Distribuez avec une profuzion Etonnante ; on peut par conséquent Rapporter aizément La piece qui me compromet.

Si il Est sans Doute un Evenement auquel je Dus Moins M'attendre c'est d'Etre accuzé D'un pareil Crime, par un cordonnier Et un perruquier De La ville, tandis que tant de commissaires Employez à lExamen De tous les papiers De la liste civille Et qui ont Etez vus avec soin nont rien trouvez qui put me compromettre.

Il faut Retraçer icy ce qu'a Dit Le citoyen Goyer Mon ancien Collègue, Et Ministre de la justice Maintenant voici Dans le Bulletin imprimé Par ordre de Lassemblée

Nationalle le 17 7ᵇʳᵉ Dᵉʳ voici comment L'article 7 Est Rendu.

« Après le Rapport de M. Goyer sur les pieces trouvées chez le Roy, et L'Intendant de la liste civile, un membre observant que l'inviolabilité Legalle qui Environne les Représentans de la nation ne les Dispensoit Pas de l'Estime du peuple, Et de Celle de leurs propres collegues, Rappelant la vivacite Des Dissentiments, Mais la pureté Des intentions, qui s'etoient Manifestées Dans des Débats anterieurs à la Révolution du 10ᵉ aout. Et ces soupçons que ces Differences d'opinion avoient pu quelque fois exciter, voulant enfin dévouez à l'opprobe ceux Des Députés qui auroient trahi leurs devoirs, Mais Rendre une eclattante justice à tous ceux que Des préventions injustes pourroient poursuivre, a Prié M. le president D'interpeller les commissaires à la vérification des pieces trouvées, soit chez Louis XVI, soit chez l'intendant de la Liste civile, pour scavoir Deux s'ils avoient découvert dans le cours de leurs Recherches la plus légère trace de la connivence de quelques députés avec la Cour ou ses agents, il a Demandé qu'ils fussent Dans ce Cas sommés de le Déclarer Et que le corps Legislatif Rejettant hors de son sein avant la fin de sa session ces membres indignes de luy, put se retirer pur et sans tache Et Emporter en abandonnants ses fonctions L'Estime toute Entière des Bons citoyens.

« M. Goyer Rapporteur s'élançant à la tribune sur cette interpellation a déclaré au nom de la commission des Procès que si Elle eut trouvé la moindre indice de trahizon De la part D'un Député, Elle n'auroit pas attendu pour la dévoiler cette loyalle sommation, il a ajouté que la commission aidée de pluzieurs Membres de la municipalité, n'ayant après les Perquisitions Les Plus scrupuleuses Et les plus authentiques, trouvé aucun motif de suspicion Contre la Pureté Des Membres Du Corps Législatif, Elle auroit crû faire injure a l'assemblée en luy prézentant sa propre apologie. Un Seul a ajouté

M. Goyer avoit Eté Reconnu traître et D'intelligence avec les Ennemis de la liberté, vous l'avez mis En Etat d'acuzation c'est Blanc Gilly. »

Une Déclaration aussy formelle Et aussy positive n'a pas Bezoin De commentaire n'y de Reflexions; Mes Dénonciateurs n'ont rien prouvé Et je prouve Evidemment la calomnie de leur accusation.

Je suis accusé de M'Etre trouvé armé D'un pistolet Et Den avoir fait Menaçer Trillaud, hélas oui j'en Portois un pour ma Defense personnelle il faut scavoir que Mes jours sont Menaçés Depuis six mois que j'ay Ete averty que Trillaud vouloit attenter à ma vie. Et seroit ce un crime de s'être armé pour la Défendre, il Est faux que j'aye Menaçé Trillaud D'un coup de pistolet. Mais je luy ay bien fait Dire que je ne sortois pas sans être armé.

Reste Donc l'imputation que l'on Ma fait Relativement au greffe de Civray, Cette imputation fut elle vraye, Elle ne serait jamais un Délit de Nature a Etre l'objet D'une poursuitte Criminelle. Si je suis coupable à cet égard tout le tribunal l'Est comme Moy car tous les Membres qui le composaient Recommandèrent à Delange nommé greffier de prendre pour commis le citoyen fradin, Et il pouvoit si peu Etre que j'usse fait nommer Delange. Dans les vues de favorizer le citoyen fradin que De Lange n'Eut pas Mon suffrage pour Etre greffier ayant nommé au contraire Le citoyen Vaillant Le j^e où Est donc mon crime ?

Il est Douloureux sans Doute de se traîner sur des Details aussy Minutieux Et aussy pueriles, il Est Malheureux pour mes dénonciateurs qu'ils n'ayent Eu aucun Reproche à Me faire Du coté de la conduite Et de la probité, ils ne m'en Eussent pas fait grâce, de l'acharnement dont je les connois ; ils s'en tiennent sur tout à l'incivisme, à quels traits l'ont-ils Reconnus, Mon incivisme, aurois-je passé donc par toutes les Places générallement qui se trouvent à la Nomination des citoyens Si je ne me fusse pas Montré attaché à la Révolution. Et qui plus que moi a fait spontanément Plus defforts pour venir aux secours De la patrie, Si on calculle sur Les proportions De la fortune je ne me suis pas contenté d'habiller complètement un volontaire, il y a cinq Mois jay Encore contribué pour les frais de la Guerre et ay Donné 450 fr. on eut peut être preferé des vociferations de patriotisme, Elle auroient peut être Etez toujours Mieux distinguéé.

Quoy qu'aucuns des faits Portés Dans les Dénonciations ne tombent sous La Loy du 19ᵉ mars Dᵉʳ quoyque ces dénonciations ayent Etez irrégulièrement presentées, Et mon arrestation illégalement ordonnée je Dois Espérer cytoyens juges que vous voudrez bien Me Sortir Daffaire De Suitte ; Mon innocence vous est connue ; vous Devez Vanger la Representation nationalle qui se trouve avoir été violée Dans les Procedez Dont on a uzé a mon Egard, j'en auroïs Referé à la Convention nationalle Si cela n'Eut traîne En longueur Ma Detention, Mais je ne veux d'autre faveur qu'une prompte justice Et Ma liberté ; c'est ce que j'attendray de votre Part En déclarant sous tous les Rapports Nulles calomnieuses Et attentatoires à la liberté individuelle le Proces-verbal Depositions Et Dénonciations contenues en iceluy Et l'ordonnance Darrestation, Ensuitte Delivré par les administrateurs Du District de Civray Et qui se trouvé meme sans Datte qu'il soit fait defenses de Recevoir ainsy De pareilles dépozitions Et Denonciations sur Des faits absolument hors de la Loy Du 19ᵉ mars qu'En outre je seray mis En Liberté sauf a moy toutes Reserves pour poursuivre Et faire punir Mes Denonciateurs suivant l'Exigence Du cas.

j : j : L : PRESSAC DESPLANCHES,
Ex Député.

A PROPOS DE LA BIBLIOTHÈQUE DE CIVRAY

Extrait de *Hist. de la Bibl. de Poitiers,*
par M. Pressac (1)
Membre de là Société des Antiq. de l'Ouest
Dupré, 1848

A Civray, par exemple, un manuscrit superbe, et de la plus haute importance pour l'histoire ecclésiastique du diocèse de Poitiers, avait disparu. Nous en donnons le titre, afin que, dans le cas où il ne serait pas anéanti, ceux qui connaîtraient son existence voulussent bien nous indiquer le lieu où il se trouve. Nous prierions alors son possesseur de nous permettre de l'examiner avec soin, pour pouvoir ensuite en donner une notice aussi détaillée que le comporterait le mérite de ce monument liturgique. Voici son titre : *Proprium B. Mariæ de Regali* (vulgairement la Reau). C'est un volume très grand in-fol., sur parchemin et avec figures enluminées.

Nous avons recueilli sur ce manuscrit, nous ne savons plus où, une note fort intéressante que nous regrettons de n'avoir pu retrouver dans nos papiers. Elle faisait connaître l'époque de sa confection (fin du xviie où commencement du xviiie), la somme qu'il avait coûté aux moines, et vantait surtout là beauté des figures dont il était orné. Ce sont là les seuls souvenirs qui nous soient restés du contenu de cette note : ils sont peu précis, mais on peut les considérer comme certains.

Un second manuscrit également avait été soustrait ou

(1) Le chercheur érudit que fut M. Pressac était originaire des environs de Ruffec et descendait certainement d'une des nombreuses branches de la famille qui nous occupe.

égaré : c'était un volume in-4°, relié en maroquin rouge, sur l'*Art de la Guerre*, dédié à l'impératrice de Russie. Le catalogue n'en dit plus rien. Le *Caeremoniale episcoporum*, Parisiis, 1663, in-fol., eut le même sort. Moins précieux sans doute que les précédents, puisque ce n'était qu'un livre imprimé, la rareté de cette édition, les remarquables figures dont elle est ornée et la beauté de l'exemplaire qui était revêtu d'une somptueuse reliure en maroquin rouge, doivent cependant faire regretter sa perte. Les livres saisis dans la circonscription de ce district furent transportés au chef-lieu et déposés (à l'exception d'un grand nombre qui furent soustraits avant) dans un appartement qui faisait partie du couvent des religieuses bénédictines de la ville. Ce fut là que, après la suppression du district, D. Mazet alla faire le choix dont nous parlons. Plus tard, d'après le document que nous suivons, furent enlevés quelques ouvrages de jurisprudence, de théologie et des Pères de l'Eglise. Il n'est pas dit au profit de qui, ni par quel ordre. Le reste, qui était peu de chose, à ce qu'on rapporte, fut pillé en grande partie par des individus qui s'introduisirent dans l'appartement au moyen du mauvais état du plancher. Tout ne disparut cependant pas ; car, en 1816, le 9 août, le sous-préfet de Civray écrivit au préfet de Poitiers que, dans un local de la commune existaient quelques vieux livres provenant d'anciennes maisons religieuses et qui étaient dévorés par des rats ; que si on les vendait, on pourrait en retirer de 100 à 120 fr. qui s'emploieraient utilement à l'achat de quelques meubles nécessaires à l'usage de la sous-préfecture. M. le sous-préfet demandait donc à être autorisé à faire la vente de ces livres pour se mettre dans ses meubles. Son supérieur ne goûta pas ses raisons ; il refusa. Mais le 13 octobre de l'année suivante, un nouveau sous-préfet revint à la charge. Il n'avait pas vu les choses des mêmes yeux que son prédécesseur, car les quelques vieux livres de celui-ci se trouvaient changés en une assez grande quantité. C'étaient bien encore de vieux livres rongés par les rats et, qui plus est, pourris par l'humidité.

Pour cette fois cependant il ne s'agissait plus de meubles à acheter, mais de réparations à faire au bâtiment où ils étaient déposés.

Le préfet, en homme éclairé, en sage administrateur, répondit quatre jours après, que, pour pouvoir se prononcer avec connaissance de cause, on eut à lui envoyer un catalogue de ces livres. On n'en fit rien. Enfin le maire de la ville étant venu à Poitiers cinq mois après, dans les premiers jours d'avril de 1818, il exposa au préfet que faire un catalogue ce serait bien long, que les livres n'en valaient pas la peine, etc.

Ces divers témoignages décidèrent le préfet à donner l'autorisation qu'on sollicitait, non toutefois sans demander de nouveaux renseignements au membre du conseil d'arrondissement qui faisait alors les fonctions de sous-préfet. C'est de cette lettre, en date du 7 avril, que nous avons tiré ce que nous venons de dire quelques lignes plus haut, sur ce dépôt de livres si fâcheusement gaspillé. Celui qui l'a écrite assurait que ce qu'il en restait alors devait être considéré comme bouquins.

Nous avons connu personnellement ce fonctionnaire : c'était un honorable vieillard plein de probité et de droiture, mais peu lettré ; et il est permis de ne pas adopter aveuglément un jugement porté par lui sur l'importance ou la valeur des livres qu'il condamnait par ce mot bouquins.

(Consulter archives de la préfecture, lettres des s.-préfets du 9 août 1816, 13 octobre 1817 ; du préfet, 17 octobre 1817, 3 avril 1818.)

Il en vint 285 de Civray (*volumes venus de Civray*, in-fol. : *Dictionnaire de la Bible*, par D. Calmet, 4 vol. — *Inauguratio Basilicæ sanctæ Genovefæ*, 1 vol. — *Histoire universelle*, par d'Aubigné, Maillé, 1616, 3 vol. — *Mémoires de Sully*, 3 vol. — *Médailles sur les principaux événements du règne de Louis Legrand*, gr. in-fol. — *His-*

toire des *connétables chancelliers de France*, par Den. Godefroy, 1 vol. — *Histoire générale de la maison royale*, par Anselme de Sainte-Marie, 9 vol. — *Histoire d'Alsace*, par Laguille, 2 vol. — *Athanasi Kircherii China illustrata*, 1 vol.

Volumes in-4°. — *Instruction pour les jardins*, par La Quintinie, 2 vol. — *Traité des Etudes*, par Rollin, 2 vol. — *Histoire ancienne*, par le même, 6 vol. — *Le Sancluaire de Bourges*, par Catherinot, opuscule fort rare. — *Histoire de la ville de Blois*, par Bernier, 1 vol. très bel exemplaire, mar. rouge. — *Histoire des chevaliers de Malte*, par Vertot, 4 vol.

INDEX

Les noms de personnes sont composés en caractères romains, les noms de lieux et autres en italiques. Les noms figurant dans les tableaux généalogiques ne sont pas indiqués ici.

BIBLIOTHÈQUE NATIONALE R. F.

A

Abbaye (d') (notaire), 22.
Abbaye (L') (maison), 103.
Alauzier (Boudon d'), 148.
Albert (divers), 122.
Albert (curé), 133.
Albert (secrétaire), 145, 216.
Albert de Bellevue, 5, 12, 35.
Albert de Combourg, 5, 12.
Albert de Vouillé, 71.
Allard, 80.
Amiens, 155.
Ancelin, 75.
Anché, 200.
Angleterre, 67, 155.
Angoulême, 19, 167.
Angoulême (duc d'), VII, 178, 183, 185, 208, 211, 212.
Angoulême (duchesse d'), 211.
Angoumois, 6, 10.
Argence (d'), 124, 125, 161.
Arguzon (d'), 218, 219.
Artois (comte d'), 213, 218.
Asnois, 96.
Aubusson, 219.
Audebert, 62.
Augry, 63, 64, 112, 113, 116, 117, 143, 148, 151.
Availles, 132, 133, 228, 243.

B

Bachelier, 157.
Badonnière (de la), 48, 75.
Baert, 88.
Bailliot, 64, 74, 273.
Bailly (Mgr), 147, 150, 152, 153.
Baraton (Mme), x, 9.
Barbault (de la Mothe), 207.
Barbier (Aimé) (capitaine-major), 4.
Barbier (Aimé) (curé de Melle), 18, 20, 21, 22, 24, 25, 41, 151, 155, 176.
Barbier (chirurgien), 18.
Barbier (François), 27.
Barbier (Isaac), 22, 25, 71, 74, 77, 78, 174, 176, 177.
Barbier (Jeanne), 4.
Barbier (Marie), 27.
Barbier (Suzanne), 15, 16, 18, 241.
Barbier (Thomas) (du Gazeau), 15, 16, 21, 207.
Barrère (de), 218, 219.
Basire, 81.
Bastide (Comte René de la), x.
Baudiffier, 76.
Baudon, 130.
Bavay (camp de), 88.
Beaulieu de Saint-Hilaire (curé), 24.
Beaulieu de Saint-Hilaire (général), 24, 25, 157.
Beauregard (Brumauld de), 161, 224.
Beauregard, v.
Becquez, 88.
Belleroche.
Belleville (Mme de), 7, 13.
Bellevue, 18, 35.
Bénédictines (prison), 112, 116, 123, 220, 221.
Benest, 70.
Benoist (maréchal), 74.
Béra, 76, 206, 209.
Bergame, 86.
Bergeon, 206.
Bernard, 113.
Bernède (de), 219.

Bernier, 292.
Bertrand, 70.
Besge (de la), 216.
Bessac (de), 112, 124.
Bigot de Préameneu, 81, 152, 159, 160, 165, 225.
Billaud-Varenne, 103.
Binet, 20.
Blais, 112, 113, 116, 117.
Blanc-Gilly. 285.
Blanchet, 75.
Blanzac, VII.
Blanzay, 64, 75.
Blondet-Desbordes (Henri), X.
Blossac (comte de), 44.
Bobe, X, 30, 63 112, 118, 227.
Bobin, 116, 118, 130.
Bonaparte, 144, 155, 180, 189, 196, 197, 204.
Bonardelière (La), 43.
Boncenne, 207, 211, 218.
Bonnaire, 209, 241.
Bonnefont, 130, 133.
Bonnin, 74.
Bordeaux, 10, 85.
Borderie (Boisseau de la), 70, 124.
Bossuet, 58.
Boula (de Nanteuil), 15.
Boullenger, 81.
Boupère (Le), 14.
Bourcy, 21, 22, 228, 234, 238, 239, 240, 241.
Bourdier (de la Maillerie), 79.
Bourges, 110, 290.
Bourgoin, 64.
Bourliauderie (La), 25, 30, 97, 100, 267.
Boussac, 218.
Boutonne (La), 15.
Brémontier, 13.
Bricault de Verneuil, 13.
Broglie (maréchal de), 43.
Broquisse, 19, 167.
Brothier, 9, 74, 143, 189, 201.
Brette (de), 220, 228,

Brival, 111, 113.
Brousseau, 75.
Brun, 25.
Brunet, 231.
Brux, 64.
Bryand, 240.

C

Calvin, 58.
Cambacérès, 141.
Cambon, 219.
Camus, 58.
Cante, 116
Capucins (Les), 58.
Carmélites (Les) (prison), 113.
Carnot, 205.
Cars (comte des), 184.
Cartereau, 119.
Cartier, 5, 18, 25, 70.
Catherinot, 290.
Ceaux, 206.
Cent jours, 204.
Cerzé (Maron de), 74, 136.
Chabannes, 177.
Chabot, 81.
Chaffaud, 75.
Chagnaye (La), 13.
Chamaillard, 133.
Champagné-Saint-Hilaire, 77.
Champdeniers, 170.
Champoiseau, 219.
Champniers, 188.
Champs (hôpital des), 142.
Charente, 9, 11, 12, 15, 16, 35, 45.
Chargelègue, 75.
Charles X, 218.
Charmettes (Les), 59.
Charpentier, 96, 103.
Charrier, 148, 149.
Charroux, 21, 34, 79, 96, 109, 112, 125, 147, 188.

Chasseneuil, 130.
Châteauvieux, 89.
Châtellerault, 92.
Châtre (La), 204.
Châtre (vicomte de la), 29, 33.
Chaudrié, 88.
Chaumillon (Dupas de), 41, 48, 75, 100.
Chaunay, 10, 11. 178, 184, 195, 202.
Chauveau (Adolphe), 219, 220, 229, 234, 235, 236, 239.
Chauveau (Georges), 1, 234.
Chauveau (Enfants), 239, 240, 241.
Chauvet, x.
Chauvin, 117, 122, 123.
Chemineau, 219.
Chenagon, 243.
Chenevière, 115.
Chergé (de), 64, 109, 125.
Chéron (de la Bruyère), 83, 209, 210.
Chevallon, 264.
Chevrier, 170.
Chez-Perrochon, 175.
Chez-Quessot, 109.
Chize (La), 234.
Choudieu, 110.
Clogenson, 219.
Cobourg (prince de), 126.
Cochon (de Lapparent), 10, 141, 142, 145, 209, 218.
Colbert (de Croissy), 10.
Coblentz, 213, 218.
Combes, 41.
Commerce (rue du), 236.
Condé (de) vii.
Consulat, 141.
Convention, 108, 110, 111, 130, 141.
Coquillaud, 75.
Cornac, 1, 16, 25, 97, 226.
Corrèze, 94, 104, 105, 262, 280.
Coudraies (Les), 30.
Couhé, 10, 29.
Couthon, 85.
Couturier, 264.

Cressac (vicomte de), x.
Croutelle, 10.

D

Daliveaux, 74.
Daloue. 273.
Dardillac. 273.
Damas (comte de), 183, 184.
Dangeau (marquis de), 10.
Dantin, 113.
Dardan. 104.
Dardillac, 223.
Daubenton, 19, 45.
Debroue, 132, 133.
Decemme, 229.
Delabarre, 63, 64,
Delange, 106, 263, 286.
Delattre, 112, 117, 122,
Delessert (Mme), 45.
Delfour, 15.
Demay, 120.
Denesle, 44, 45, 48.
Denis, 120.
Descats, 116, 117.
Desmiers (de Chenon du Roc de la Remigère), v 25, 27, 28, 43, 63, 75, 128, 181.
Didiez, 64.
Dindinaud, 22, 144.
Dinet, 75.
Directoire (Le), 129.
Doit, 53.
Doucet (Roger), 96, 102, 137, 153.
Dousset (Ernest), 234, 235, 236.
Dousset (Léonce), 4.
Dousset (famille), 234, 235, 236, 237.
Dousset (Mme), 1, 13, 147, 149.
Drouhault, 71, 230.
Dubois, x. 36.
Dubourgvieux, 25.
Dubrac (Mme), 1, 7, 243.

Duclos (menuisier), 203.
Ducos, 209.
Dufresne, 125.
Dugast-Matifeu, 10.
Dumouriez, 126.
Dupit, 262, 264, 273.
Dupont, 4.
Dupuis, 138.
Dupuy, 120.
Durfort (maison de), 3.
Dusseldorf, 43.
Dussolier, 217.

E

Egypte, 40.
Elbe (île d'), 7, 196, 198, 200, 209.
Emarière (L'), 234.
Embermesnil, 53.
Empire, 204, 207.
Empuré.
Erable (L'), 234.
Ermenonville, 226.
Esclignac (duc d'), 3.
Espagne, 30.
Evêché (prison), 113, 114, 115, 116, 119, 123.

F

Fayolle (marquis de), 29, 39, 40, 100.
Favre, 116, 120, 157.
Faulcon (Félix), 4, 11, 51, 180, 207, 238, 242.
Faure, 219.
Fayolle (marquis de), 266 267.
Feuilleterie (de la), 43.
Fezensac (duc de), 3.
Florac, 219.
Fleury (de), v, vi, ix, 181, 186.
Folie (La), 79.
Fontenay, 10.
Fonteneau (dom), 3.

Fontgiraud, 234.
Fontmervault (prison de), 107.
Force (La), 103.
Forêt (La) Saint-Gaudent, 30, 128.
Forêt (La) de Tessé, 27, 114.
Forge (de la), 70, 71.
Fouché (duc d'Otrante), 141, 210, 211.
Fouquier-Tinville, 149.
Fradin (avoué), 106, 285.
Fradin (médecin), 115.
Fradin (de Bellabre), 5, 64, 67, 71, 74, 107, 109, 122, 124, 126, 207, 273.
François-Saint-Maur, 82.
Frenicardière (La), 18.
Fricon (de), 71, 143.
Frottier de la Messelière (marquis), 77.
Funck-Brentano, ix.

G

Gabriac (de) (sous-préfet) 217, 218, 219.
Gallebois, 25.
Galopaud (notaire), x, 4, 6, 35, 176.
Garnier (Jeanne), 4.
Gascogne (duc de), 3, 53.
Gassot de Sussy (sous-préfet), 219.
Gençay, 55, 117, 234.
Genouillé, 25, 61, 175, 188, 189, 194, 202.
Gentil, 88.
Géraud, 185, 186.
Gilberterie (La), 234.
Ginot, x.
Giraud, 1.
Giraud, 123.
Gironde, 15.
Girondins (Les), 110.
Gison, 153.
Godefroid, 290.
Gonde, 235, 239, 243.
Gontaut (maison de), 1.

Gorce (de la), 87.

Goyer, 284, 285.

Grand-Rue, 114.

Grandfief (Laubier de), 27, 71, 110, 111, 113, 116, 117, 133, 143, 190 206, 229, 236.

Gratolle, 75.

Grégoire 40, 41, 50, 51, 53, 118, 141, 225.

Grésy, 219.

Grollier, 64.

Grouard (baron de), 205, 209.

Guénilleau, 75.

Guëny (de la Braudière), 74, 113, 135, 138, 235.

Guéret, 134.

Guerguigne, 219.

Guérin, 133.

Guiche (duc de), 184.

Guillemot, 241.

Guillori, 80.

Guimard (sous-préfet), 212, 213.

Gusteau, 53.

Guyot, 5, 74, 192.

Guyot (curé), 132, 133.

Guyot de la Lande, 123.

H

Hamel (comte du), 29, 217, 225.

Hauboutet (d'), 216.

Hervault (d'), 125.

Hesse (landgrave de), 213, 219.

Hommes-Guillaume (Les), 231.

Houdart, 86, 190, 195, 196.

Houssaye (H.), 178.

Hua, 82, 88.

Huctin, 219.

I

Imbert, 5, 25, 71, 116, 157.

Ingrand, 66, 67, 75, 80, 110, 111, 113, 121, 122, 141, 142.

J

Jacquiaud, 116.
Jahan de Belleville, 202, 208, 213, 214, 215, 217, 218.
Jallet, 50.
Jamin, 133.
Jaucourt, 81, 88.
Jay, 191.
Jesson, 237.
Jolly, 64.
Jonzac, 218.
Joubert, 237, 239, 240.
Jouhet, 216.
Jouilleton, 218, 219, 220.
Jourdan, 96.
Jousserand (de), 120, 125, 145.
Jozeau, 5, 13, 124, 186, 204.
Joyaux (Mlle), x.
Joyeux de la Fuye, 64.
Juan (golfe), 198.
Juchaume, 75.
Juillet (monarchie de), 219.
Jussieu (de), 45.

L

La Fayette (marquis de), 86, 88, 90, 141.
Laguille, 290.
Lainé, 225.
Lalande (de), 116.
Lamarque, 83.
Lambertie (marquis de), 129.
Lameth (de), 88.
Lamourette, 83.
Lannion, 219.
Lapresle, 120.
Lascours (de), 209, 210, 211.
Lassat (de), 216.
La Tour Landry (maison de), 3.
Laurents (Les), 16.

Lauvergnat de la Lande, 202.
Le Blois, 149, 229.
Le Camus (comte), x.
Lecointe-Puyraveau, 84.
Lecointre, 81.
Législative (Assemblée), 98, 108.
Lejeune, 108.
Lelong, 124.
Lemage, 157.
Lepeultre, 78.
Lessac, 12.
Lessart (de), 225.
Léveillé, 22, 116, 157, 177, 200.
Leydet, 218.
Lhéritier, 116.
Liborlière (de la), 170.
Liffault, 22.
Lille (comte de), 198, 199.
Lizant, 20, 74, 157, 161, 176, 226, 227.
Lomdé, 133.
Lortat (de), 194.
Loudun, 130.
Louis XVI, *passim*.
Louis XVIII, 5, 7, 58, 144, 178, 181, 184, 186, 187, 195, 198,
VII, VIII.
Louis-Philippe, 236.
Louis XIII (maison), 221.
Lozère, 219.
Loyseau, 61.
Lussac, 170.
Lyon, 111, 196.
Lys (ordre du), 185.

M

Mabarreau-Sillonnard, 95, 275.
Machet, 75.
Macips, officier, 149.
Mac-Mahon, 219.
Macoux-la-Vallée, 100.

Magdeleine (chapelle de la), 61.
Magnen (curé), 15, 25.
Maisons-Blanches, 10.
Maison-Neuve (La), 16, 175.
Malapert, 157.
Malines, 153.
Mallarmé (préfet), 92, 145, 154, 178, 187, 192, 209, 218.
Malpet (sous-préfet), 219.
Mancier (de), 199.
Mandon, 75.
Marat, 109.
Marche (Basse-), 4.
Marigné, 71.
Marseille, 111.
Martineau, 80.
Martron, 75.
Massonnet, 75.
Massonière, 77.
Maupeou d'Albeiges, 101.
Mathieu-Dumas, 81, 88.
Mazet (dom), 191, 288.
Mazières, 1, 7, 9, 11, 13, 15, 16, 18, 21, 22, 23, 24, 46, 48, 71, 72, 73, 92, 93, 99, 108, 122, 129, 142, 166, 229, 231.
Médecine (champ de la), 128, 173.
Melle, 21, 175, 228, 238.
Ménardière (de la), x.
Menou (de), 124, 125, 181, 186, 187, 188, 189, 199, 202.
Mennerville (La), 79.
Mervache, 169, 170.
Michelet, 88.
Minières (Les), 10.
Mirabeau, 64.
Moissac (Hillaire de), 73.
Monéys d'Ordières, 188, 189, 202.
Montfreboeuf (de), v, vi.
Montagne, 75, 157, 227.
Montalembert (comte de Tryon), 207.
Montault des Isles, 79, 80, 115.
Montbrun, 78.
Montet (Le), 25, 128.
Montesquieu, 55, 210, 270.

Montmorillon, 207, 216.
Montpellier, 124.
Moreau, 228.
Morisset, 58, 98.
Morisson (magistrat), 207.
Monjoye, 125.

N

Nantes (édit de), 4.
Napoléon, 58, 154, 157, 196, 201. 204, 206, 210.
Nîmes, 219.
Niort, 95, 149, 229, 23o.
Nouveau Monde, 46.

O

Ogier, 18.
Oise, 142.
Oléron (île). VI.
Opoix-Villeneuve, 142,
Orléans. VI.

P

Pain, 199.
Paizay-le-Tort, 132.
Parfaite-Harmonie (loge), 217.
Pascallet, 132.
Pascault des Barres, 106, 107, 124, 126.
Patta (rue), 228.
Peignevesce (île de), 184.
Perigord (colonel de), x.
Perlat, 77.
Perpétuelle, 125, 127.
Perrain, 100.
Petit-Guéritault, 142.
Picard, 61.
Picault, 129.
Pie VI, 63.

Pie VII, 161.

Pierre-Levée (cimetière), 143.

Pignonneau, 115.

Pilori (place du), 107, 127.

Pindray (de), 25, 27, 62, 124, 125, 126, 127, 157.

Pinier (de), 128.

Piniou, 75.

Piorry (conventionnel), 57, 77, 80, 103, 108, 109, 111, 113, 122.

Piorry (médecin), 48, 67, 96, 98.

Planier, 122.

Pleuville, 133.

Poisdebon (de), 124.

Pontenier, 71, 204.

Pontois, 72, 218.

Pontoise, 219.

Pradel (de), 115, 161.

Pradt (de), 148, 150, 153, 154, 161.

Presles, 67, 69, 103, 104, 107, 112, 122, 123, 124, 126, 262, 273.

Pressac, 118.

Pressac (de) (divers).

Pressac de la Chagnaye (Norbert), *passim*.

Pressac-Doré, *passim*.

Pressac des Planches, *passim*.

Pressac de la Chagnaie (François), 237.

Pressac de la Forgerie.

Pressac (Adélaïde), 7, 3, 80, 131, 147.

Pressac (Gabriel de).

Pressac (Charles de), 27.

Pressac (Jacques), 27.

Pressac (Jean), 75.

Pressac (Francillet), 80, 131, 235.

Pressac (Mme), 104, 105.

Pressac (Patrice), 73, 80, 131, 149, 209, 229, 230.

Pressac (comtesse de Lioncel de) x, 3, 4.

Pressat (Marie), 228.

Prevost, 75.

Puits-Carré (Le), 196, 237.

Pyrmont, 43.

Q

Quarante-huit (République de), 219.
Quélen (Mgr de), 239.
Quiberon, 219.
Quinet, 141.
Quintinie (de la), x, 290.

R

Rambaud, x, 44, 69.
Rambouillet, 3o.
Rampillon, 115.
Réau (la), 287.
Regnaud (de), 125.
Remigère (La), 234.
Renaud (dit La Jeunesse), 132, 133, 134.
Restauration (La), 136, 204, 233.
Reyguier, 41.
Richard, 110.
Richelieu, 213, 218.
Rivaud (contrôleur), 71.
Rivaud (geôlier), 123.
Rivaud (famille), 5.
Rivaud (maire), 143.
Rivaud (général comte) (de la Raffinière), 143. 157, 166, 180, 187, 190, 206.
Rivière, 75, 105.
Robespierre, 79, 112, 116.
Robin, 75.
Roc (Le), 25, 43, 71, 72, 229.
Rochefoucauld (de la), 153.
Rochelle (La), 190.
Rochemeaux, 234.
Roche d'Orillac, 25, 125.
Rohan (rue de), 88.
Rogeon, 227.
Rogier, 3.
Rollin, 290.
Romagne, 233.
Rome, 67, 263.

Roucher, 74, 204.
Rougier-Labergerie, 83.
Rouil, 219.
Rousseau (J.-J.), 39, 44, 45, 55, 58, 67, 68, 82, 270.
Roux (marquis de), 29, 42, 65, 77.
Ruffec, 15, 24.

S

Sableau, 63, 75, 112.
Sabourault, 75.
Saintonge, 3, 10, 15.
Salles, 79.
Salliard (Hugues), 115.
Salliard (J.-B.), 78, 100, 181, 186, 188, 189, 200, 201, 202, 213, 215, 216.
Salliard (Etienne), v, vi, vii, viii, 3, 10, 15.
Sardaigne, 213, 219.
Savatte (de), 199.
Savigné alias Savigny, 12, 17, 18, 27, 74, 132, 133.
Savoie, 221.
Séguier, 236.
Serph (curé), 63, 64.
Serph (Edouard), 203, 204.
Serph (d'Esperelles), 74, 170, 171.
Serph (Jacques), 64.
Serph (Jean-Joseph), 74.
Serph (Olivier), 219.
Seudre (La), 15.
Sillard, 216.
Sommières, 43, 117, 178, 179, 190.
Soyer, 29, 149, 161, 224.
Sully, 29.
Surin, 61, 64.
Surrault de la Mirande, 71, 92, 112, 113, 116, 117.
Surreaux, perruquier, 104, 106, 123, 262, 263, 264, 276, 277, 280, 281, 282, 285.
Saint-Abre (de), vii.
Saint-Allais.
Saint-Aulaire (Beaupoil de), 63, 115.

Saint-Bonnel, 100, 101, 201, 202.
Saint-Clémentin, 71, 133. 137, 151, 161, 162.
Saint-Denys (porte), 236.
Saint-Didier (église), 170.
Saint-Exupéry (de), 210.
Sainte-Hélène, 208.
Saint-Honoré (rue), 81.
Saint-Gaudent, passim.
Saint-Jean-d'Angély, 21.
Saint-Louis (La), 178, 184.
Saint-Louis (ordre), 202, 213.
Saint-Macoux, 6, 29, 63, 64, 74. 100, 101, 102, 143, 152, 216, 262, 264, 266, 267, 268, 275.
Saint-Maixent, 21, 51.
Saint-Martin-l'Ars. 129.
Sainte-Marthe (collège), 13, 75.
Saint-Maurice, 65, 199.
Saint-Nicolas (église), 8, 9, 13, 16, 18, 27, 61, 64, 74, 118.
Saint-Pierre, 60, 74, 151, 163, 216.
Saint-Romain (près Civray), 199.
Saint-Romans, alias Saint-Romain-de-Melle, 21, 23.
Saint-Saviol, 6, 8, 29, 61, 63, 64, 65, 74, 79, 96, 98, 99, 100, 101, 102, 111, 132, 139, 151, 152, 199, 202, 231, 262, 264, 266, 267.
Saint-Simon, 192.

T

Tabard, 114.
Taine, 57, 66.
Talbot, 75.
Talleyrand (de), VIII, 141.
Taupin, 61, 63, 64.
Taveau (de Morthemer), 170.
Temple (prison), 91.
Temple (rue du), 144, 228.
Tendron, 113, 138, 161.
Tenet, 218, 219.
Texereau, 75.
Texier, 110, 273.

Theil (de), 200.
Thezillat (de), 219.
Thibaudeau, 129, 169.
Thibault, 100.
Thiers, 210.
Thoreau de l'Isle, 123.
Thorigné, 112.
Tison, 45.
Tisseuil (de), 124.
Tombe à Barbier (la), 174.
Touches (bois des), 128.
Tourangeau, 120.
Tournefort, 22.
Touzalin (curé), 133.
Touzalin (café), 192.
Touzalin (de), 165.
Tranchant, 119.
Tranchée (rue de la), 46.
Traver (avoué). x, 22.
Trêves, 142.
Trianon, 29.
Tribert (maire), 161.
Tribot de Laspierre, 64, 74, 75, 110, 111, 113, 116, 117, 120.
Trillaud (savetier), 104, 105, 262, 263, 264, 276, 277, 280, 281, 282, 285.
Trillaud (de Saint-Gaudent), 63, 92, 95, 112, 227.
Trois-Piliers (hôtellerie), 201.
Tulle, 275.

U

Uzerche, 265.

V

Vaillant, 162, 201. 285.
Vaillant (curé), 132.
Vaillant (René), 206.
Vallée, 228.
Vallée, 273.
Vallet, x.
Valliers, 75.

Vareilles (de), 179, 181.
Vasselot (de), 27.
Vaublanc (comte de), 81, 86.
Vaugelade du Breuilhac, 5, 21.
Vaux (cadet de), 31.
Vendée, 97, 111, 117, 156, 191, 199.
Venise, 16.
Verdun, 218.
Vergniaud, 84.
Vernial, 186, 204.
Verrières, 170.
Verteuil, 153.
Vertot 290.
Vieillemard, 100.
Vienne, passim.
Vienne (Haute-), 94, 280.
Vigué (chanoine), x.
Villars, 116.
Villatte, 116, 117.
Villedon (de), 124.
Villefagnan, 176.
Villeneuve, 130.
Villenon, 200.
Visitation (prison), 107, 115, 273.
Vitré (de), 78, 184.
Vivonne, 10.
Voltaire, 58.
Voulême, 74.
Voulon, 200.

U

Urgeange (d'), 142, 231.
Usson, 127.
Uzureau (l'abbé), 30.
Uzerche, 105.

W

Waterloo, 208.
Westphalie, 45.

BIBLIOTHÈQUE NATIONALE IMPRIMÉS

TABLE DES MATIÈRES

BIBLIOTHÈQUE NATIONALE R.F.

Préface v

Remerciements x

Avertissement. 1

Avant-Propos. — Les Origines : Trois familles Pressac-Celle de
Civray. — Norbert Pressac de la Chagnaye. — Pressac des Planches.
— Théodore Pressac. — Le Pays de Civray. 3

PREMIÈRE PARTIE

NORBERT PRESSAC DE LA CHAGNAYE

CHAPITRE PREMIER

Les grands-pères. — Mœurs d'autrefois. — Le bureau des traites
foraines. — Alliance avec les Barbier. — Un inventaire. — Les onze
enfants de M. de la Chagnaye. 12

CHAPITRE II

La naissance de l'aîné. — Jeunesse délicate. — Vocation. — Etudes
de cléricature. — Un scandale à Poitiers. — Vicaire de Mazières. —
L'oncle Barbier, curé de Mazières. — Il commence à donner des
soins médicaux. — Il se préoccupe des questions sociales. — Les
doléances de Mazières.
Curé de Saint-Gaudent. — La bourgade. — L'église. — Le presbytère. — Installation du cimetière. — L'association de la
Bonne-Mort. — Le frère Théodore, stipendier de Saint-Nicolas
de Civray. 18

CHAPITRE III

Norbert Pressac agriculteur. — Ses initiateurs. — Les *Affiches du
Poitou*. — Lettres d'un curé des environs de Civray. — Les
semences. — La préparation du sol. — Les déboisements. — La
météréologie et l'agriculture. — Utilité des monographies de
paroisse. — Lettre à l'Assemblée nationale. — Bureau de charité.
— Bureau de conciliation. — L'arbre de la liberté — L'ouragan
qui vient. — La blessure de M. du Roc. 28

CHAPITRE IV

Norbert Pressac botaniste. — Les suggestions de l'Intendant. — Rousseau botaniste. — Le jardin de Poitiers. — Denesle. — La collec-

tion médicinale de Saint-Gaudent. — La charité conduit le curé à la médecine par l'étude des plantes. — Une guérison à Saint-Gaudent. — La susceptibilité des médecins.................. 44

CHAPITRE V

Norbert Pressac philologue. — L'enquête de Grégoire. — Réponses au questionnaire. — Le pays de Civray et la Révolution.... 50

CHAPITRE VI

Les idées philosophiques de Norbert Pressac. — Ses idées politiques. — Ses serments et ceux de Théodore. — Les amis de la Constitution — La logomachie révolutionnaire.................. 61

DEUXIÈME PARTIE

PRESSAC DES PLANCHES ET SON AINÉ

CHAPITRE PREMIER

Pressac des Planches. — Ses études. — Son mariage. — Avocat rédacteur des cahiers. — Officier municipal. — Président du tribunal du district............................ 70

CHAPITRE II

Les assemblées primaires. — Conseiller général du département. — Député à la Législative. — Sa situation et son rôle à l'Assemblée. — Un discours. — Compte rendu de mandat. — Proclamation de la Convention... 74

CHAPITRE III

Le départ de Paris. — Arrivée à Civray. — Complot et guet-apens — Les jacobins de l'endroit. — Des Planches se cache....... 92

CHAPITRE IV

L'émeute de Saint-Saviol. — La haine de Piorry. — Courage de Norbert. — L'arrestation de des Planches. — Le calvaire. — Les sans-culottes de Civray. — Il échappe à la mort. — Transfert à Poitiers. — Le dévouement de Sophie. — Les démarches du curé de Saint-Gaudent. — Mise en liberté.................. 98

CHAPITRE V

Le curé de Saint-Gaudent sous la Terreur. — Arrivée d'Ingrand. — L'arrestation de Norbert. — Sa captivité. — Menaces de septembrisation. — Mise en liberté....................... 110

CHAPITRE VI

Deuxième incarcération de des Planches. — Une journée civraisienne. — Elargissement définitif. — Coup d'œil sur les prisons révolutionnaires de Civray.. 120

CHAPITRE VII

Des Planches agent national du district. — Commissaire exécutif du département. — Les motifs de sa démission. — Il est dénoncé comme royaliste. — Commissaire près le tribunal de police.. 128

CHAPITRE VIII

Norbert agent communal. — Le tambour Lajeunesse et les fêtes civiques. — L'affaire des marchés........................ 132

TROISIÈME PARTIE

LES TROIS FRÈRES — DE L'AN VIII à 1815

CHAPITRE PREMIER

Au lendemain de Brumaire. — L'ordre nouveau. — Sous-préfet chez lui. — L'état d'esprit à Civray. — Relations avec le préfet Cochon. — Le parti émigré. — La cérémonie du sacre. — Un scandale à Civray.................................... 141

CHAPITRE II

Le Concordat et les frères Pressac. — Les notes de l'Evêché. — Mgr Bailly. — Mgr de Pradt. — Les discours du curé de Saint-Gaudent... 150

CHAPITRE III

Les doctrines religieuses du curé de Saint-Gaudent. — L'affaire des dispenses. — L'interdiction. — Une lettre de Bigot de Préameneu 159

CHAPITRE IV

Le curé de Saint-Gaudent médecin. — Ses remèdes. — La question des inhumations précipitées. — Norbert vétérinaire........ 166

CHAPITRE V

Le curé de Saint-Gaudent et les procès. — La tombe à Barbier. 174

CHAPITRE VI

La Restauration. — Le drapeau blanc sur le clocher de Civray. — L'affaire de Sommières. — Attitude du sous-préfet des Planches.

— Le rôle des émigrés. — L'état des esprits dans l'arrondissement. — Le duc d'Angoulême à Chaunai. — La Saint-Louis à Civray. — Les cabales. — Dénonciation de des Planches. — Les incidents de Saint-Saviol entre napoléonistes et émigrés. — Les protecteurs du sous-préfet. — Scènes à la sous-préfecture. — Une accusation en règle... 178

CHAPITRE VII

Les Cent Jours. — « Vive l'Empereur ! » — Des Planches dit la joie de ses administrés. — Représailles contre un émigré. — Le rôle de des Planches et du maire Brothier. — Provocations bonapartistes. — Le sous-préfet accusé par les bonapartistes. — Les élections à la Chambre des représentants. — Théodore Pressac-Doré élu député... 198

CHAPITRE VIII

Waterloo ! — Nouvelle attitude de des Planches. — Ses difficultés avec les royalistes. — La lettre du duc d'Otrante. — Le duc d'Angoulême exige sa révocation. — Démission du maire Brothier. Le sous-préfet Jahan. — Ce qu'il pense de son prédécesseur. — Nouveaux maires. — On désarme le garde-champêtre. — Des Planches franc-maçon. — A propos du premier sous-préfet de Civray : la sous-préfecture, les sous-préfets qui lui ont succédé... 207

EPILOGUE

LA VIEILLESSE ET LA MORT

CHAPITRE PREMIER

Norbert paralysé. — Difficultés avec l'autorité ecclésiastique. — Ses maximes. — Son épitaphe. — Son testament. — Sa mort — Des Planches survit. — Les dernières années. — Sa mort. — Le cimetière de Civray. — Son éloge. — Sa succession. — Ses descendants... 223

CHAPITRE II

Le dernier des trois frères. — La fin de sa vie. — Sa correspondance avec ses neveux. — Sa vigne du Puits-Carré. — Une ombre traverse sa vie. — La mort de Doré. — Eloges et oraisons funèbres. — Epitaphe difficile. — Sa succession. — Difficultés entre ses héritiers. — La mort de Suzanne. — Le tour de Sophie... 234

CHAPITRE III

Comme on vivait alors avec quelques centaines de livres de rentes à
Civray. — Le portrait de Sophie. — Conclusions . . . . : 242

PIÈCES JUSTIFICATIVES

Généalogie de la maison de Pressac 247
Généalogie du rameau civraisien des Pressac de Lisle 248
Généalogie des Pressac (de Civray) 249
Notice explicative des généalogies 252
Lettre de Pressac des Planches aux électeurs à la Convention. 256
Procès-verbal d'arrestation de Pressac des Planches 262
Les Larmes d'un frère ou Pressac Desplanches innocent 265
Aux citoyens composant le tribunal criminel du département de
la Vienne 273
Aux citoyens composant les administrations du Directoire du
département de la Vienne 279
A propos de la bibliothèque de Civray. (Extrait de l'Histoire de la
Bibliothèque de Poitiers, par M. Pressac.) 287

INDEX ONOMASTIQUE. (291 à 300)

Poitiers. — Imprimerie du *Courrier*, 22, rue de la Marne.

LIBRAIRIE POITEVINE L. CLOUZOT

A. BOURDEAU, Succ^r, à PARTHENAY

Le Chevalier de Méré, rival de Voiture, ami de Pascal, précepteur de Mme de Maintenon. Ed. CHAMAILLARD.
Un vol. in-12 de 176 pages. . . . . **7** *fr.*

Poitou - Saintonge - Aunis - Angoumois, avec les airs originaux. 2e édition.
Deux volumes in-8°, brochés. . . . . . . **20** *fr.*

Les fiefs de la vicomté de Thouars, d'après l'inventaire inédit de Jean-Frédéric Poissin, en 1753. LA TRÉMOILLE et CLOUZOT.
Un vol. in-4°, broché, carte. . . . . . . **8** *fr.*

Les Emigrés du Poitou (Deux-Sèvres, Vendée, Vienne), SAINT-MARC.
In-8°, broché. . . . . **4** *fr.*

www.ingramcontent.com/pod-product-compliance
Lightning Source LLC
LaVergne TN
LVHW011934180726
843502LV00003B/795